U0940328

智者天行
错的不在游戏规则 而在游戏者
宋荣汉
周建顺
著
人民出版社

序言

既要“鼓与呼”，更要“思与辨”

作为一名民营经济的研究人员，拜读了《智者天行》书稿，我的心灵受到了震撼。这是因为，此前我所读到的记述企业家的书籍，多半是介绍他们艰辛创业的过程，大体上脱不了“过五关、斩六将”的套路，读后虽然会感慨一番，思想上也会受到启迪，但很难受到震撼和共鸣。宋荣汉、周建顺二位资深新闻工作者以独特的视角，从剖析楼忠福这位企业家创业过程入手，深入到思想层面，探索整个企业家群体的思想发展脉络，使读者不仅认识楼忠福这一个企业家，而且可以窥见整个企业家群体；不仅感受到改革开放30年经济层面的变化，而且可以预测到今后几十年甚至上百年中国社会的发展趋势。因此，我热忱地向读者推荐这部著作。

中国大陆改革开放后发生的最大变化，莫过于民营经济的复苏。民营经济已经创造了中国一半以上的GDP，直接或间接贡献着全国一半的税收，吸纳了80%以上的就业人口，并且每年还在继续吸收80%以上的新增就业人员。民营经济的这些贡献，是有目共睹的，谁也否认不了。但是，谈到创造这些业绩的民营企业家们，人们的认识就很不一致了。因此，我主张不仅要为当代中国的民营企业家鼓与呼，更要为他们思与辨。

《智者天行》，不是一部哲学著作，但你可以享受到哲学思想的智慧，从中品味这个群体在创业活动中对中国政治、经济、社会、文化、人性、人才、责任、道德、机遇、财富以及企业经营管理理念的感悟。这也不是一个人的传记，你可以透过楼忠福这个人，远眺中国改革开放30年的发展全景，看到千千万万个楼忠福们所经历的真实的思考、痛苦的探索、不懈的实践故事。

改革开放时代，是社会急速变革的时代。从高度集权的计划经济转向全面开放的市场经济，必然引发各种思想观念、价值理念、道德规范、行为方式的剧烈碰撞。有人欢呼新潮涌动，吐故纳新；有人诅咒人心不古，世风日下。对待民营经济的复苏与发展，也并非所有的人都欣赏，对待民营企业家们种植的思想“奇花异草”，更多的人则是不屑一顾。因为在社会转型时期，他们身上或多或少带有旧体制的痕迹，他们的思想智慧中掺杂着愚昧，谦卑中夹带着傲慢，讲信用也时有欺诈，讲名利也图功利。甚至，高尚中透着卑俗，张狂里显出猥琐……其实，这些并不可怕，也并不重要，重要的是，在历史的大潮中，是他们率先冲破了旧体制的束缚，自己创造了自己，推动了中国经济、社会体制的变革，促成了社会财富更快更优的积聚，造就了不可逆转的社会主义市场经济体制。从这个意义上看，他们的许多表现令捧惯了铁饭碗、吃惯了大锅饭的人汗颜。

回顾60年中国的发展历程，民营经济经历了诸多曲折和波澜。前30年是利用、限制、改造，后来是消灭，最后是“斗私批修”；后30年是从不合法到合法，从允许存在到鼓励、支持、引导，从体制外的补充到体制内的重要组成部分和社会主义建设的重要力量。从“看两年”、“再看两年”、“不要动”，直到承认他们是社会主义建设者，可以入党，被吸纳参政议政（各级人大代表、政协委员）。民营经济地位的变化进程，与执政党的中国特色社会主义理论的形成过程是同步的。民营经济是自发产生的，起初并非是政府有意培养的结果，而是凭着社会原始的需求和本能，顶开了旧体制坚固的顽石，赢得了“试一试”、“看一看”的一步步的放宽。执政党的英明之处在于顺应了人民群众求发展、求幸福的愿望，从允许存在到鼓励、支持和引导健康发展，最终推动了中国经济生态、社会生态和政治生态的良性变化。

必须承认，没有改革开放，就没有中国民营经济的复苏；没有思想的大解放，也就没有民营经济空前发展的环境。正如楼忠福先生所言：“我是幸运的，因为赶上了千载难逢的历史机遇，没有改革开放不可能有广厦，也决不会有我们这一代企业家。”

楼忠福们对待政策“嗅觉敏锐，顺势而为”；探索人才制度“经典反叛，集贤施用”；在机遇与危机面前“前瞻先行、无中生有、未雨绸缪、应变制胜”；在企业经营管理中“凝聚精神，实效管用”；在持续发展问题上“否定自我，探索新径”，等等，这是一个思想者智慧的结晶。

中国不缺人，更不缺官，缺的是创新人才和能把创新人才组织起来施展才能的企业家。企业家只能在市场经济这所大学校里通过竞争脱颖而出。改革开放30年来，尽管出现了一批企业家，但这个庞大的群体还没有领袖人物，也缺少现成的坐标。他们是一批勇敢的探索者、实验者，其思想体系尚有待完善和成熟。多股“独创见解”的光束，可以形成千姿百态、缤纷多彩的思想体系光芒。2000多年前，思想自由的春秋战国，成就了“诸子百家”的思想辉煌。600多年前，社会变革需求和民族意识觉醒的历史背景，催生了伟大的欧洲文艺复兴。30年的改革开放，使中国人民冲破了思想的牢笼，创造了巨大的物质财富和精神财富。思辨实业思想家的意义，既在当下，也在未来；不仅在于社会进步，更是为了人类文明。他们留给时代与社会的，将不仅是物质财富与成功的案例，还有一种被称为“思想”的精神财富与文明结晶。

经济民营，政治民主，中国才能真正实现科学发展、社会和谐。前30年，民营经济改变了中国；未来的民营经济仍是改变中国最重要的力量；未来的民营企业家，其思想将更加成熟，他们将得到社会各阶层的广泛认可。

中国的发展需要优秀的民营企业家，愿更多的人来为优秀民营企业家鼓与呼、思与辨！

保育钧

2009年11月于北京

目 录

改革开放年代，一切都可以大张旗鼓地破与立，唯有政治成为实业思想家们割舍不断的情结。是近代以来企业发展历史及中国现阶段的政治经济关系培养出了他们特殊的嗅觉。

楼忠福说：对机遇的发现、捕捉和驾驭，其实就是对政策与市场经济规律的认识与利用。把握机遇在于快人半步，而且每一步都要踩在鼓点上。

机遇俯拾皆是。对于秉性敏感的实业思想家来说，快人一步并不难，难在观时之变，用时之机，见机而行，乘势而为。自古庸者抱怨机遇，弱者等待机遇，强者抢占机遇，唯有智者才会创造机遇。

中国改革正触及深层与痛处。在此关键时刻，或许更需要当年毛泽东的大无畏气概、邓小平的变革创新精神与朱镕基闯地雷阵的勇气，中国则比以往更需要一个庞大的具有创造力的人才群体。也正因此，当代实业思想家在聚才、识才、用才之道上的经典反叛，无疑具有助推人才制度变革创新的现实意义。

楼忠福说：要给每一个人以成才的机会。人才的关键是创造，培养人才的途径在实践，衡量人才的标准是贡献。他坚持：“不用伯乐相马，而要实践赛马。”笼天下英才为我所用。

马相比于牛的最大幸运在于：人类总会给它一个竞赛的机会，而牛的一决高低却需要你死我活的残酷决斗。将斗牛场变成赛马场，不仅是千里马的最大渴求，也是中国人才制度变革创新的希望所在。

思想者是痛苦的。这种痛苦不是来自失败的畏惧，而在一次次艰难的自我否定与超越。

改革开放不仅为资本与人性的解放创造了机会，也为实业思想家的形成提供了现实可能。转型期的社会与不成熟的市场环境，让他们有了思想的冲动。而开放的实业平台则成为他们思想行动最好的舞台。

楼忠福称："没有最好的管理模式，只有最合适的管理办法。"正如当年他们开天辟地的创业没有任何现成的模式可循，今天，真正适合企业的管理体制与模式还需要靠他们自己去创造。

山有峰谷，业有兴衰，唯有思想的太阳永不陨落。痛苦的偶然与必然，彰显出思想的魅力与意义。

勇者霸气，仁者义气，智者不惑名利。而当智仁勇三者集于一身，便可义利天下，成为真正的强者。

人最为义利所惑。楼忠福却以为：利即创富，义即责任，商道即人道，义利可兼顾，两者并不对立。"天行健，君子以自强不息。地势坤，君子以厚德载物。"几

开篇　我思故我在

他们生长在一个开天辟地的时代，充当着披荆斩棘的开路先锋角色；他们将每一点滴的思想理念运用于实践的广泛探索，将精神价值转化为实业效益与人类需求的物质成果；他们充满智慧，敢思敢为，在热切的利益追逐中寻找社会责任，在现实的实体平台上构筑百年理想，在社会的褒贬声中享受成长的痛苦与快乐，在思想的过程中体现“芦苇”的尊严与伟大。

这是一个特殊的群体，这也是一段不该忽略的历程。

社会与历史应该褒奖他们的努力。

变革社会呼唤思想，伟大的时代造就伟大的思想家群体。

2000 多年前，社会变革、国力图强、思想自由的春秋战国时代，成就了“诸子百家”的思想辉煌。600 多年前，变革社会、经济发展和民族意识觉醒的历史背景，产生了伟大的欧洲文艺复兴。而中国 30 年前开始的一场波澜壮阔的改革开放，不仅为资本与人性的解放创造了机会，也为实业思想家群体的形成提供了现实可能。

“我是幸运的，赶上了千载难逢的历史机遇。”广厦控股集团董事局主席楼忠福说。于是，我们选择“幸运”的楼忠福——以楼忠福为坐标，解读中国当代实业思想家群体的思想轨迹与思想体系。

从 1984 年主动请缨承包东阳乡镇企业到 1992 年组建起浙江省首家建筑集团公司，从 1989 年“借船出海”企业走出国门到 1995 年未雨绸缪总部迁往杭州，从 1998 年开始借势而为并购国企抢占全国市场到 2000 年无中生有开发建设天都“卫星城”，从情有独钟涉足文化影视到回报社会开办大学医院，从开拓能源新产业到扩张制造工业，从“不拼不搏不是广厦人”到“为了事业敢于争雄称霸”，从“来到广厦就是登山的”到“多大胸怀做多大事业”，从“跳出建筑做建筑”到“要多元化不要乱元化”，从立志“做大做强”到“不争百强做百年”……25 年来，楼忠福像一匹骁勇的战马，一直嘶鸣着奔腾冲杀。即使身中箭矢，也会一边舔着伤口一边继续奋鬃驰骋。他允许自己及团队在拼搏中出现失误，却不能容忍拼搏意志丧失。“为了明天的广厦，我们还要继续打拼。”“拼搏论”成为楼忠福鲜明个性思想中最为重要的内容。

楼忠福关注政治，对政策、政府有着特殊的敏感与情结，但他认为“民营企业讲政治是实实在在的”，将浓烈的民族意识与爱国情怀体现在“将生命意识融入建筑”、“先做好企业家再当慈善家”、“产业报国，造福民众”、“回报家乡，奉献社会”上。他喜欢将复杂问题简单处理，实用理解政策与机遇、人才与政治、管理与效益、过程与结果、功利与公利的关系，并擅长以政治智慧应对企业危机。“抓机遇就是抓政治”，“不能因为怕蛇出洞而放弃黄鳝”，“抱团取暖不如冬令进补”，“一切事在人为”，“没有最好的管理模式，只有最合适的管理办法”……这些都成为他喜变求新、因变制胜的最大理由。“实用论”是楼忠福个性思想的另一闪光点。

楼忠福追求“差异论”，争强好胜，标新立异。他能在一句话的新闻里敏感地嗅到政策的细微变化，也能在人所共知的政策缝隙里独具慧眼地捕捉到商业机会；他擅长将政治、政策与企业实际结合，在经营中寻找“科学观”，在管理中发现“和谐”；他意识趋前，善于将新潮理论与传统文化糅合运用，提出独具见地的观点理念，别人不接受没关系，他依然我行我素；他重视在实践中发现培养人才，将整个企业当作“赛马场”，同时信奉“企业文化就是老板文化”，注重管理者的修身养性与自我责任；他坚持“要做就做一流”，“哪怕搓背也要当状元，哪怕打工也要做主管”，即使赞助也要独家，“做别人不做的，做出特色；做别人想不到的，做出意外；做别人不在乎的，做出感动；做别人做不好的，做出奇迹。”

“阶段论”是楼忠福的另一个性思想。“20 岁可以为爱情疯狂，30 岁必须为事业疯狂”，他坚持“人在不同阶段应该有不同的追求”；“错不在游戏规则，而在游戏者”，他善于根据形势、政策的变化及时修订企业发展与经营策略，作出应变处理；“民营企业要学会适应环境”，这一思想理念体现在企业经营管理中，成为他变革创新的强大动力；他常常自我矛盾，也常常自我否定，有时，其以变应变的速度令执行团队追赶不及，但这种“阶段论”的动力与其“拼搏”精神及敏锐的商业嗅觉相结合，就成为企业捕捉投资机会的特殊能力。“抬头看路，智慧应对”，“每一步都要准确踩在政策与市场的鼓点上”，因此，广厦才有可能在市场经济中永远“快人半步”。

纵观中国 4000 多年思想发展历史，这个拥有悠久文化与灿烂文明的国度并不缺乏思想者，缺少的是实业思想家。

梳理自近代“同治中兴”、“洋务运动”起始的中国百余年企业发展历史，可以称为实业家的人物也不在少数，缺少的仍然是实业思想家。

今天，我们终于可以欢呼：因为楼忠福，因为一批与他一样具有思想的实业家的出现，作为一个群体的实业思想家团队已经闪亮登场，成为中国时代舞台上形象鲜明的主角。

——他们有着强烈的民族意识与浓厚的爱国济民情怀。尤其在面对国家尊严、民族危难或与国外力量抗争之时，他们会将自己的命运自觉地与国家前途、民族荣辱结合在一起，演变成强烈的使命感与爱国精神，以铮铮正气承担起一种“社会责任”。更多的时候他们则通过产业经营、创造财富、参加慈善救助与公益活动表达这种意识中的责任与情怀。

——他们关心政治，对政策、政府有一种割舍不断的情结。这是自近代以来的企业发展历史及中国现阶段政治经济关系培养出的一种特殊嗅觉。声称远离政治也好，希望脱离机关也罢，当政治来到面前或需要一种特殊方法解决企业社会难题的时候，他们一定会首先选择政治途径或借用政府及政府外围资源的力量，借力造势，顺势而为。

——他们是传统文化思想的忠实守望者，更是改革开放最积极的思想行动家。尤其对企业经营管理有效（可能有效或经验有效）的思想、理念与理论，他们会毫不拒绝地学习与接受，并将其与意识深处的中国传统思想文化结合，加上自己的特殊理解予以取舍，并在实践中运用升华，提出各种具有前瞻意义的崭新思想与理念。他们不甘平庸，敢思敢为，永不满足，从“无知无畏”到“无私无畏”，创业初期的大胆探索与成功享受会一直延续到实业做大做强，而对企业的“强大”与财富追求，往往会永无止境。

——他们重利重义更重名声，价值取向随着事业的发展不断修正调整。他们大多草根出身，从乡镇或县城起步，由小及大，因而特别注重政府、社会、家乡对他们的评价与褒奖。创业初期对财富的渴望会在创业过程中逐渐演变成对社会的责任与成功人生的追求，道德观、文化观、财富观也随之发生深刻的嬗变。利益是他们的最大追求，而比利益更为重要的是企业形象与个人声誉。

——他们秉性敏感，喜变求新，因变制胜。成功的实业家往往具备敏感的商业嗅觉与对商业机会的判断、把握能力；能够形成思想的实业家更具有显然的趋前意识。他们善于在变革中发现与创造机会，甚至可以无中生有，在不可能中发现可能。改革让他们赢得了机会与成功，也培养出他们永不松懈的“危机意识”，甚至让他们滋生出强烈的投机心理。他们喜欢模仿，并在模仿中寻求创新。未雨绸缪是他们的睿智。他们不畏惧变革中的失败，相信成功的机会总会比失败要多一次，因此习惯于根据形势、政策与环境的变化修订企业发展与经营策略，作出应变处理。这是他们成功的要素，虽然也极有可能成为企业科学决策与现代化管理的羁绊。

——他们信奉实用主义，思维、管理、用人、办事，一切方法都不重要，重要的是结果。他们喜欢将复杂问题简单处理，而绝不愿意将简单问题复杂化；他们重视人才，往往又不愿意摒弃家长作风，乐于在企业中形成鲜明的“老板文化”；他们追求一切资源为我所有，一切人才为我所用，而绝不愿意被资源与人才牵着鼻子走；他们可以包容、借鉴各类有用的理论与思想，但一定会视实用价值在实践中取舍修正，错了就改，对了就坚持。为达目的，有时他们可以百般变化，能神能鬼，屈伸自如。

——他们自我矛盾，又常常自我否认。传统与现代，强势与懦弱，智慧与愚昧，功利与公利，豪爽与吝啬，奢侈与俭朴，谦卑与傲慢，高雅与庸俗，停滞与超越，快乐与苦恼……都会在他们身上同时存在和表现。他们从不否认自己是普通的人，却常常会有超越常人的念头与举止；他们也从不认为自己就是救世的神，但其思想光芒却已经脱俗成精灵，影响着当代与未来的经济、社会，甚至对于他们频繁的自我否认与纠正，也可以认为是“另类思想家”的特殊素质与必然过程。

在实业思想家群体中，民营实业家最为瞩目。

有资料显示，截至 2009 年 6 月，中国登记注册的私营企业已有 692 万多户，占全国企业总数的 70%左右；登记在册的个体工商户 3063 万多户，资金数额 9850 多亿元；全国 50%以上的国内生产总值、65%的专利、75%以上的技术创新和 80%以上的新产品开发均来自非公有制经济，他们直接或间接贡献着占全国 49%的税收；2008 年，民营及外资企业进出口总计 19506 亿美元，占全国进出口总额的 76.1%；全国私营企业与个体工商户提供的就业岗位合计多达 1.4 亿个左右，其中 2009 年 1 至 9 月新增就业岗位近 800 万个，占全国城镇新增就业岗位的 90%以上。

以民营实业家为主体的非公有制经济业主被称作“优秀中国特色社会主义事业建设者”。实业思想家无疑是这个群体中的典型代表。而楼忠福则是其中突出的一员。他在 2004 年首批获选“优秀中国特色社会主义事业建设者”，此前及之后还曾获得过“全国 500 位企业改革者”、“全国劳动模范”、“中国最具影响慈善人物”、“中国公益事业十大功勋人物”、“中国最具社会责任企业家”等称号，并在 2003 年当选十届全国人大代表，同年受邀参加全国“三个代表”重要思想理论研讨会，2009 年再获邀请赴京出席新中国成立 60 周年观礼活动及随国家主席胡锦涛参加新加坡 APEC 会议。

是波澜壮阔的时代为当代实业家提供了思想成长的现实土壤，是丰厚的中华传统文化和区域特色文化给予了他们思想成长的最好养分，是宽松开放的实业平台为他们的思想探索与实践准备了最佳的舞台，而特殊的家庭身世、鲜明的人物性格和艰辛的创业历程则赋予了他们凸显思想个性特征的最大可能。离开这些，小草长不出花朵。每一位实业思想家的思想上无不深深打着传统与时代、共性与个性的鲜明烙印。

虽然，他们的思想表现没有哲学层面上的高深造诣或理论结晶；虽然，他们常常自我矛盾也自我否定，其思想体系正处于变化成型的雏形期；虽然，这个群体缺少领袖人物，丰富的思想也未完整梳理总结。但“我思故我在”，① 作为一个群体，他们已经以自己超凡脱俗的思想表现体现出社会存在的真实意义与价值。

——任何一种社会制度下，人民的生活富裕都有赖于社会财富的日积月累。实业家在当今时代已然成为创造社会财富的一个重要群体。实业思想家是实业家群体中的佼佼者，他们的思想及实践探索，不仅有助于其经营实体的运行质量，并影响着中国企业群体的发展方向与企业家团队的整体素质，其意义绝不仅仅在实体自身，而在社会财富的更优、更快积聚。历史将证明，他们是推动社会进步一支特殊而不可或缺的力量。

——人性的复苏与升华，是人类思想解放的最高境界。实业思想家群体利用充分开放的经济舞台，对传统与现实、历史与未来、经济与社会、政治与文化的诸多领域进行了难能可贵的探索与实践。这种探索与实践的过程，正在助推着思想解放与社会文明，并丰富着中国与世界的哲学思想、经济思想、文化思想及企业管理理念。因此，毫不夸张地说，他们努力的意义，不仅在当前，也在未来。他们留给时代与社会的不仅是物质财富与成败的案例，还有一种被称为“思想”的精神财富与文明结晶。

他们生长在一个开天辟地的时代，充当着披荆斩棘的开路先锋角色；他们将每一点滴的思想理念运用于实践的广泛探索，将精神价值转化为实业效益与人类需求的物质成果；他们充满智慧，敢思敢为，在热切的利益追逐中寻找社会责任，在现实的实体平台上构筑美妙理想，在褒贬声中享受生长的痛苦与快乐，在思想的过程中体现“芦苇”的尊严与伟大。②

---

① 近代西方哲学家勒奈·笛卡尔名句，以此诠释当代实业思想家群体存在的社会意义与价值最为合适。

② 法国17世纪哲学家布莱兹·帕斯卡尔在其著名的《思想录》中称：“人只不过是一根芦苇，是自然界最脆弱的东西，但他是一根能思想的芦苇。”“人因为思想才伟大。”“我们的全部尊严就在思想。”

这显然是一个特殊的群体。

这也是一段不该忽略的历程。

社会与历史应该褒奖他们的努力。

本书讲述的是楼忠福与中国当代实业思想家群体的故事，歌颂的是他们的思想。

如果说，五年前出版的《中国力量》图书①“以楼忠福和广厦为坐标”，诠释了“没有中国民营经济力量，就没有中国改革的未来”的真谛，那么，今天让我们通过“楼忠福与中国当代实业思想家群体”的故事揭示这样一个事实：因为有了当代实业思想家群体，中国改革开放的未来将会更加绚丽精彩，中国思想解放与社会文明的进步也将因此提速，并充满想象。

山有峰谷，业有兴衰，唯有思想的太阳永不陨落。

让我们一起歌颂思想！

---

① 龙镇洋、周建顺著，香港商报出版社。

第一篇　曲成万物

站在巨人的臂膀上俯视当代实业思想家群体，常常会被他们思想的光束刺痛眼球，也会为他们坚强不屈的身影生发感动。

因为机遇，所以幸运；因为幸运，潜伏危机。人生自古凶吉相随，实体经营始终危机并存，关键在处吉避凶、转危为机、化解应对之道。楼忠福说：蛇可能就与黄鳝躲在一起。你不能因为怕蛇出洞而放弃黄鳝。重要的不在躲避风险，而在应对危机的办法。

幸存者的幸运不在于他们没有犯过一切可能犯的错误，而在于错误还没有把他们毁灭之前开始醒悟。思想是思想者的通行证，政治智慧是他们点化危机的魔杖。当代实业思想家们深谙“曲成万物”的哲学真谛，以超凡脱俗的智慧表现诠释着数千年以来中国传统文化的思想精髓。

开篇故事

在一个风雨交加的夜晚，你开着车子经过一个偏僻的汽车小站。只见有三个人正在等车：一个是生命垂危的老人，急需救助；一个是曾经挽救过你生命的医生，你一直希望能有机会报答于他；另一位则是你梦中的情人，一个做梦都想得到她欢心的美丽姑娘。遗憾的是，你的车子只有两个座位。

这是一个艰难的选择：就道义而言，生命垂危的老人最需要得到救助；从理智上说，医生则是你最想帮助的人，知恩必报是你的美德；而从情感上说，你最想帮助的却是那位姑娘，她可能会成为你终身的伴侣。但如果见死不救，你会受到一辈子的良心谴责；而帮助了一个也许已经来不及救治的生命，失去的却是期待已久的报恩和求爱的现实机会，你心有不甘……

没有标准答案，只有智慧的选择。而智慧选择给人的启示是：放弃有时是一种更大的智慧；有所失才有所得；最难的也许正是最容易的。

第一章　米诺娃的猫头鹰在傍晚起飞

天都呼唤思想者

2009年4月8日，当67岁的荣智健黯然离开香港中信泰富公司主席的座椅，那头标志性的白发刺痛了许多中国实业家的眼球。

一个笼罩着“红色资本家”光环在商海打拼了30多年、曾经的“中国首富”，终于跌倒在“澳元门”[①]巨赌之后，不仅个人财富缩水了75%，而且被迫无奈“辞职让贤”。当日有细心的香港媒体观察到，荣智健坐在灰白色的私家车上离开金钟中信大厦时，曾经有过意味深长的回头一望。富有想象的猜测是：此刻的他或许想起了80年前无锡创业的爷爷荣德生、30年前北京复出的父亲荣毅仁以及荣氏家族“固守稳健、谨慎行事、决不投机”的祖训，或许还有对留在中信泰富的荣家第四代——长子荣明杰和女儿荣明方的某种担忧。

一个不争的事实是：呼啸了半年多的全球“金融风暴”，终于推倒了中国标志性的一张多米诺骨牌。

---

① 中信泰富在2008年10月20日发表的公告称，为对冲澳元升值风险，锁定公司在澳洲铁矿项目的开支成本，中信泰富与香港银行签订了4份杠杆式外汇买卖合同，其中3份涉及澳元，最大交易金额为94.4亿澳元。而令其损失最为惨重的，就是其中一份澳元外汇合约。按照该合约内容，中信泰富每月以0.87∶1的固定价格用美元换澳元，合约在2010年10月期满。由于澳元在2008年下半年大幅贬值，一度跌至0.6∶1美元左右，导致损失严重。中信泰富在同年12月2日的公告股东通函中显示，由于澳元的进一步走低，中信泰富外汇衍生合约亏损总额已达到186亿港元。

楼忠福与中国当代实业思想家的故事就从这一天开始说起。

在西方，刚刚过完“愚人节”，意大利中部发生了6.3级地震，至4月8日遇难人数已经超过260人；一艘悬挂美国国旗的货船这一天凌晨在索马里海域被劫，船上21名美国人全部沦为人质；亚太地区主要股市受前一个交易日纽约股市大幅下跌等因素影响而在这一天出现全线下行；这时，还有一种开始称作“猪流感”后来又改为“甲型H1N1流感”的病毒已经在北美洲悄悄蔓延。后来人们才发现，其实在半年多前全球经济就早已染上了这种蹊跷的病毒。①

而在中国，因为“8”与“发”谐音，凡带“8”的日子以前都被当作吉日。自从2008年发生了汶川大地震之后，许多人对“8”有了忌讳。但毕竟2008年8月8日晚上8时零8分开幕的北京奥运会非常成功，因而仍有不少人对“8”保持了信心。这一天，委内瑞拉总统查韦斯在北京与中国国家主席胡锦涛会晤，议题仍然是两国共同感兴趣的能源合作；中国国务院常务会议这一天决定在上海市和广东省的广州、深圳、珠海、东莞等5个城市开展跨境贸易人民币结算试点；而一个以“挑战与机遇——开启中法新合作”为议题的研讨会也在这天于北京开幕，法国前总理拉法兰出现在了会场，这是他自一年前中法关系陷入僵局后的第四次访华；这一天，沪市大跌超过3%，上证指数失守2400点；人民币对美元汇率比上一天提高了0.003元，而对欧元汇率却下滑了0.0921元。这一天，广厦控股集团董事局主席楼忠福正在浙江天都城酒店的“五星级”授牌仪式上致辞。

金碧辉煌，高朋满座。楼忠福一如往常的西装革履，浅色领带下依然是一件花色的衬衣。

近些年来，不管在什么场合，也无论是否着西装打领带，楼忠福已经不再习惯穿着白色衬衫。

“花衬衫抢眼呀，万绿丛中一点红，镜头一准会对牢你。”楼忠福笑称。虽是戏谑，他的眼神仍然真诚地对视着你，让你接受一种率真与坦诚。于是你发现，面前的这位实业家严谨中洋溢着洒脱，共性里彰显出更多的个性。

---

① 全球首例甲型H1N1流感患者被认为来自墨西哥，确诊时间在2009年4月12日。事实上，在更早时候的3月28日，美国加利福尼亚州就已经发现类似病例。而该病毒引发的病症与金融危机之后的全球经济症状又颇为相像。

“天都城酒店正式开业当年便荣膺国家五星级旅游酒店，这是荣耀，但不是终点。对于天都城，对于广厦，这是新的开始。”楼忠福略带东阳乡土语调的粗浑声音通过话筒音响，传递出十足的自信：“广厦集团在天都城已经兑现‘先做好旅游，后做好房产’的承诺，今后仍将秉承‘产业报国，造福民众’宗旨不变，以强烈的社会责任感和历史使命感，努力将天都城打造成一个名副其实的国际生活品质示范城。”

浙江天都城酒店是建设中的杭州天都城项目重要的配套设施，而以“法兰西文化”为主题的天都城则是广厦集团联结过去与未来的标志性品牌。楼忠福在此寄托着他的一个梦想。

当年正式开业，当年评星，当年挂牌。类似的“全国纪录”在楼忠福25年的创业史上并不稀罕，可是现在的广厦太需要这种奇迹，太需要这份激情了。

楼忠福要求广厦控股公司总部高管人员悉数到场。

授牌仪式隆重而奢华，正如这座五星级酒店的装饰风格。酒店不远处天都城中央的微缩埃菲尔铁塔，此刻也在阳光中披上了笑意的光辉。

而杭州市可能修改城市地铁三号线规划，要在天都城埃菲尔铁塔下设置地铁站的消息，又使这座按一比三比例浓缩建造的铁塔顷刻间变得高大起来，吸引了越来越多的旅游者和投资者的强力关注。

2004年3月，在十届全国人大二次会议的浙江民营企业家专场记者会上，一位德国记者突然发问：“如果马克思到浙江，他会有什么感想？”楼忠福不慌不忙接过话题，告诉记者：“如果马克思来到浙江，他会有两重惊喜：一是惊喜浙江经济的快速发展；二是惊喜我们已经超越了他的部分思想。”末了，还加上一句：“我想，他会感到高兴的。”

楼忠福与德国记者的答问被媒体称为“中国民营企业家的政治智慧”。

智慧与自信的楼忠福此时站在天都城授牌仪式会场，突然冒出一个大胆的想法：马克思已经没有机会再来到浙江了，但天都城里却除了埃菲尔铁塔，还需要一个与巴黎罗丹美术馆内一模一样的《思想者》雕塑，让痛苦的“诗人”离开地狱的大门，守望“天堂”。①

---

① 法国雕塑家奥古斯特·罗丹作品，取材于意大利诗人阿利盖利·但丁的《神曲》，原为巴黎艺术博物馆门顶的《地狱之门》浮雕而作，取名《诗人》，意在象征但丁对于地狱中种种罪恶幽灵的思考。后独立而出，放大3倍，成为罗丹最为著名的代表作。“天堂”在此指杭州，语出“上有天堂，下有苏杭”之句。

此时，法国商人当然并不知道楼忠福的怪异想法，他们最关心的是刚刚结束的G20伦敦峰会能否使欧洲与世界走出可怕的金融危机，他们的总统萨科奇先生在承诺“由戴高乐将军作出的决定没有也不会改变”①以及在与中国国家主席胡锦涛伦敦会晤之后，能否尽快让法国恢复诱人的中国订单与贸易采购。

而美国的中小银行此时还在纷纷倒闭。有消息称，美国联邦存款保险公司去年共接管了25家银行，而今年以来该国倒闭银行的数量已经达到23家，预计全年关闭银行数量或会超出100家。

同样在此时，中国财经作家吴晓波8年前的作品《大败局》已经创纪录地印刷了30次，其新作《激荡三十年》和《跌荡一百年》又成为中国企业家们与彼得·德鲁克的管理理论、《杰克·韦尔奇自传》以及《论语》、《孙子兵法》一起常常翻阅的案头新书。而另一批异类作家撰写的《中国不高兴》，却让许多中国的年轻读者“高兴”了好一阵，虽然后来便有媒体开始批评这种“对他国随便不高兴”的“病态民族主义”。

与楼忠福同年开始创业的柳传志刚刚“重出江湖”不久，外界关于“联想是否会失败”的疑虑也正随之日盛，此时的他正在向媒体重复着25年前说过的那句话：“百分之五的可能要创造百分之百的机会。”海尔的张瑞敏已经好久没有心思写他的博客了，此前在回答媒体关于“冬天有多长”的采访时，他也只能含糊其辞：“没有想过冬天有多长，也没有想过怎么熬过这个冬天。因为我们始终把明天当作冬天。”万科的王石则在台北向世界青年总裁协会的客人们作“道路与梦想”的演讲，在博客里他告诉网友，当日台北的天气正如他的心情：阴转多云。

还在此时，就连精明的房地产大鳄们也未能预料中国经济最早复苏的竟是房地产市场，正在全国房价春潮暗涌之时，北京华远地产的任志强与SOHO中国公司的潘石屹还在为中国“户籍制度”开打“董事长级”的口水战。而阿里巴巴的马云，此时则在纽约的美国亚洲协会总部与人分享他的经典名言：“今天很残酷，明天更残酷，但是后天很美好。可是很多人

---

① 在2009年4月1日公布的《中法新闻公报》中，“法国充分认识到西藏问题的重要性和敏感性，重申坚持一个中国政策，坚持西藏是中国领土不可分割的一部分。这一由戴高乐将军作出的决定没有也不会改变。”当年，戴高乐领导的法国外交以在中东支持阿拉伯世界、退出北约和与中国建交为三大特征，构成了“戴高乐主义”的重要内容。而比美国提前17年与新成立的中华人民共和国建交一直是法国引为自豪的外交杰作。

都死在明天晚上，看不到后天的太阳……”

太阳很好。

杭州市旅游委员会为天都城酒店带来了20万元的“晋星”奖励，余杭区政府也慷慨地拿出50万元奖金。广厦控股董事局副主席楼明在授牌仪式上宣布：集团再奖励天都城酒店50万元。

楼忠福乐了，福态的脸上堆满了笑。不是为了区区几十万元，10年期间他已经在天都城投下30个亿。现在，他渴望收获。

这座始建于2000年的“中国第一座卫星城”，一开始就吸引了政府的高度关注，也触及了媒体的敏感。占地6579亩，预计投资80个亿，涵盖城市基本功能，规划人口10万，还有“先做旅游后做房产”的开发建设理念。这在当时就已经远远超越了传统“楼盘”的概念。

“天都城不是一个纯粹的居住空间。”楼忠福告诉政府，“这是一座新城，一座高品质的国际生活示范城”。

楼忠福提出“品质之城”的概念比杭州市正式确立“生活品质之城”的城市定位早了整整6年。

媒体却喜欢将天都城称为一种“模式”。

从1949年新中国成立到1978年改革开放之前，中国的城市化进程一直相当缓慢，在1950至1980年的30年间，全世界城市人口的比重由28.4%上升到了41.3%，其中发展中国家也由16.2%上升到30.5%，但中国仅由11.2%上升到19.4%。这一时期，政府是城市化动力机制的主体，城市运行机制尚不具备商品经济特征，其区域发展受到高度集中的计划体制制约。

改革开放初始，农村经济体制改革推动了城市化进程，“先进城后建城”成为明显特征。就人口而言，城市化率从1978年的17.92%提高到1984年的23.01%。后来，乡镇企业和城市改革进一步助推了城市化发展，到1998年，城市化率已提高到30.42%，城市化区域也从沿海向内地全面展开。但美国经济学会会长、芝加哥大学经济学教授盖尔·约翰逊却指出：美国经过经济起飞之后，农业人口下降了72%；日本经济起飞过程中，农业人口也下降了65%；而中国在1985年之后的5年间，包括临时流动人口在内从农业转移出去的人口，则不超过10%，这大大限制了中国经济总量的进一步扩张。

早在20世纪初叶，英国伦敦等发达城市就已经进入“城市郊区化”的发展期，城乡要素结合的“田园城市”和依托大城市建设的“卫星镇”

应运而生。西方发达国家城市化发展的历程已经表明：当城市化率达到50%左右时，大城市周边的卫星城或卫星镇便有可能破壳而出。

进入21世纪，西方发达国家的卫星镇建设已经开始转向所谓功能完善、环境优美、低容积率的“第三代”成熟期。而拥有1382万常住人口的北京市却仍在做大主城区蛋饼，在尚未完成五环路建设之时，就已经开始六环路的规划。中国另一个人口密度更高的超大城市上海，则已经完全没有北京不断外扩的环线空间，不得不另辟蹊径，酝酿“点状结构”式的“一城九镇”城市化战略布局。与上海相邻的杭州，2000年的人均GDP为22300元，城市化率已经达到58.64%，此时的杭州市政府正在酝酿将城市周边的萧山、余杭两市并入主城区，借此加快城市化建设。①

而当时，提出“要不失时机实施城镇化战略”的《中共中央关于“十五”规划的建议》还没有公布，由中国市长协会主持、两院院士吴良镛担任学术委员会主任、上百名专家联袂编撰的“中国城市发展战略白皮书”——《2001—2002中国城市发展战略报告》则在两年之后才隆重出炉。

在此背景下，楼忠福提出利用民营资本，在杭州主城区外的余杭境内建造一个能够容纳10万人口的“卫星城”，不仅有望缓解杭州主城区的交通、居住、就业、环保压力，而且还将带动郊区城镇化发展。此举在全国首开先河，极具“创新”意义，政府自然给予了积极回应。

媒体一开始就将天都城捧为“企业经营城市”的典范作品，“天都城模式”广受赞誉，楼忠福也成了中国“造城时代”的“英雄”。不过在三年之后，一些媒体又开始为天都城喝起倒彩，“造城英雄”一夜之间沦为了“危城惊梦”者。而当“惊梦”醒来，媒体对天都城进入反思，肯定与褒奖之声再度替代了质疑。

天都城离奇曲折的故事留在后面详细讲述。现在我们看到的是：占地1000亩的天都城“私家花园”——天都公园早已建成开放，并即将成为国家4A级旅游景区；天都城酒店成为余杭区的第二家五星级旅游酒店和标志性的高端休闲场所；600米香榭丽舍大街被规划成一条时尚潮流产业的特色商业街；途经天都城附近的杭州地铁一号线即将建成运行，而另一条在天都城设站的地铁三号线也计划在一年之后开工建设；从天都城直达市中心的水上巴士，早已超越交通功能，成为中外游客青睐的黄金旅游观光

① 参考《2001—2002中国城市发展报告》等资料。

线路；幼儿园、医院、大型超市已经投入使用；天都城第一小学及一座建筑面积6万平方米的文化体育中心也即将动工开建；华东地区首家飞机4S店、华东纺织业创意中心等一批原有规划及新增项目已经落户天都城。更为神奇的是，不到10年时间，天都城周边已经聚集起12个规模不等的楼盘，一个规划人口40万的杭州东北部未来大型生态休闲居住中心已初具雏形。当年媒体预期的天都城“创新”、“示范”效应正在显现。

因此，作为杭州临平副城高端象征的天都城酒店荣膺国家五星级旅游酒店，自然具有了特别的意义。

授牌仪式在一场别具异域风情的浪漫歌舞表演中画上句号。

此时的楼忠福应该还不知道香港荣智健谢幕的消息。至于股票汇市，也早已没有什么新闻。一周前，他刚刚从阿联酋迪拜归来，那里有广厦建设集团正在承建的一个大型跑马场项目。自从1989年出国承建工程，20年来，广厦已经先后进入美国、俄罗斯、韩国、科威特、新加坡、阿联酋、阿尔及利亚、乌干达、约旦、纳米比亚等10多个国家的建筑市场，因而对这次席卷全球的金融风暴尤为敏感。在与中国驻迪拜总领事馆参赞会晤时，楼忠福表示：广厦已经做好应对危机的各项风险预案，总部也会在人力、物力、财力上支持中东公司，全力以赴确保迪拜NAD AL SHEBA跑马场项目的工期与质量。

这是一个经济全球化的时代，正如美国作家托马斯·弗里德曼所称：“亲爱的，我发现这个世界是平的。”“世界的竞技场已经变得更加平坦。”① 因而，华尔街“蝴蝶”煽起的风暴可以推倒全球经济的多米诺骨牌，广厦的建筑队伍却仍然可以顶着金融风暴坦然进入阿联酋市场；中国可以一边严厉批评着美国的金融监管体制，一边却必须继续购买它所推销的国债；丧失理智的法国人可以公开拍卖战争中掠夺的中国文物，中国人则对奥古斯迪·罗丹的艺术精品《思想者》仍然怀着敬意。

此时的楼忠福特别希望巴黎罗丹美术馆能够同意让他复制那尊《思想者》雕塑。毕竟，埃菲尔铁塔隆重地披过“中国红”，天都城也曾经成功举办过“法国文化周”，一年前由法国等10多国驻华大使夫人在天都公园栽下的“友谊树”如今也已经郁郁葱葱。

---

① 托马斯·弗里德曼著《世界是平的》，湖南科学技术出版社。

为什么受伤的总是我

在楼忠福看来，只要想得到，就没有办不成的事；只要努力去做，就没有做不好的事。

还在5岁那年，父亲楼茂春因为反对大炼钢铁而被关进金华蒋堂的劳动农场，他与母亲带着东阳霉干菜与几根甘蔗去探望父亲。看守人员不让他们递送东西。出了农场，楼忠福却只身悄悄潜回，一个年仅5岁的孩子竟然机智地将霉干菜与甘蔗成功送到了父亲的手上。

20世纪70年代初，楼忠福爱上了同村姑娘王益芳，但几乎全村人都不相信他真能娶其为妻，两个家庭也是坚决反对，因为依然戴着"黑五类子女"帽子的楼忠福根本配不上"红五类"的美女王益芳。而楼忠福却不信邪，软磨硬缠整三年，最终还是将心仪的王益芳娶进了楼家。

1984年，楼忠福主动请缨，毛遂自荐担任东阳城关建筑工程公司经理。在许多人看来，这也是一件根本不可能的事，因为他根本不在组织内定的候选名单之内。结果，不可能最终成为了可能，1984年11月，他走马上任，豪情万丈地踏上了创业征程。

1992年，一家根本不具备条件的乡镇企业想要组建浙江省首家建筑企业集团，那更是天方夜谭。楼忠福却带着他的团队在短短不到两个月的时间里，百米冲刺般完成了所有条件的准备，并争取到浙江省建筑业"第一个"名额，让东阳三建一转身成为了广厦建筑集团。并且，当年即进入浙江省规范化股份制改造试点，第二年挂牌成立浙江广厦建筑集团股份有限公司，第三年企业法人股批准进入中国证券交易流通市场，第五年"浙江广厦"又成为"中国民营建筑企业第一股"在上海证券交易所成功上市。

1998年之后，先后并购南京国际经济技术合作公司、重庆第一建筑公司、杭州建工集团、北京第二建筑公司、湖北第六建筑公司、陕西路桥总公司等10多家国有企业，办大学，建医院，造码头，出手2.08亿元高价拍得西湖边杭州华侨饭店，再投资80亿元开始兴建杭州天都城，并在之后的宏观调控中收购上海耿耿市政工程公司、上海照明灯具公司及上海弘源照明电子公司……一项项根本不可能的纪录被楼忠福接连打破，一桩桩让人瞠目结舌的"奇迹"写进了广厦的创业史志。

今天，何况一家五星级的酒店；又何况一个《思想者》雕塑。楼忠福自有自信的理由。

楼忠福属马。马的一往无前秉性，在楼忠福身上显现无遗：冰峰雪岭，悬崖陡壁，熊熊烈火，它敢纵身驰骋；身中箭矢，血洒沙场，它仍然奋勇前行；即使系在槽头，也要昂首长嘶，奋鬃举蹄，表现出一种不屈羁绊的勇气。

“天行健，君子以自强不息。”《周易》以乾为天，喻马为乾，对“易”中首卦有过精辟象解。

这也是许许多多的浙江民营实业家共同的胆略。

1984 年，浙江温州苍南县的无名小卒方培林，竟然未经任何批准大胆办起了新中国的第一家私人银行——方兴钱庄。1991 年，与方培林同乡的王均瑶年方 25 岁，几乎是与四川的牟其中“罐头换飞机”同时，承包下长沙至温州的包机航线，次年又创办起中国首家民营包机公司，被誉为“胆大包天”第一人。

1995 年，浙江宁波金鹰集团以其投资的北京百亭鱼乐园公司出面，花 1380 万元拍得天安门城楼的两只退役灯笼。而与楼忠福同乡的徐文荣，在东阳横店陆续建造广州街、香港街、秦王宫、清明上河图等一批影视外景之后，2006 年竟然克隆起“故宫”，把首都象征的“天安门”从北京复制到了横店，引起一片争议，徐文荣却在争议声中竟然宣布还要花 200 亿元在横店再建一个一比一的“圆明园”。

还有浙江台州的“汽车疯子”李书福，1996 年就曾狂言：“汽车不就是摩托车上再加两个轮子吗？”并请求前来台州视察工作的国务院副总理曾培炎：“给我一次失败的机会！”两年后，他竟然真的生产出了中国民营企业的第一辆轿车，并在全球金融危机中高调实施并购沃尔沃计划，豪情万丈地上演汽车业“蛇吞象”大戏……

当代浙江实业家的自信与胆略，颇似于马的无畏与大勇秉性。

史料记载，马是人类驯服过的所有动物中唯一能与人携手冲锋陷阵的忠实朋友。古战场上，哪怕已经中箭负伤，只要主人一声令下，战马也会奋不顾身，滴血冲锋，直至殉职沙场。据传，唐太宗李世民所乘的“六骏”中有一匹被称作拳毛䯄的战马，曾经身中九箭而不倒，被李世民赞为“月精按辔，天马行空，弧矢载戢，氛埃廓清”。其另三匹分别唤作什伐赤、青骓和飒露紫的战马也曾数度为李世民挡过箭矢，因而“六骏”后来便以青石浮雕刻立于昭陵墓前。

一边独自舔着流血的伤口、一边嘶鸣着继续奔腾冲杀的战马被称作"忠诚"与"勇敢"。实业家在痛苦之中的选择则多了一种"思想"。

2005年，深圳万科股份有限公司董事长王石曾经来到杭州的西湖边，在一个很小的朋友圈内喃喃自语："我是怎么变成一个企业家的？我从哪里来？"

那时的中国，正值宏观调控，股市上证指数跌破了1000点，宝洁、索尼、肯德基、亨氏等一批国外品牌集体陷入在华"问题门"，中国民营经济则受"原罪清算"围攻，一批显赫的民营企业家纷纷"获罪"落马。万科虽在这一年的3月份花18.5785亿元收购了浙江南都集团的部分权益，创下国内房地产企业整合金额最高纪录，但王石仍然高兴不起来，他在登上珠穆朗玛峰之后又去了南极，在释放和证明自己的同时，也在寻找"我从哪里来"和"我往哪里去"的答案。

2005年的广厦，则正经历着企业有史以来最大的一次"内外之困"：

宏观调控让银行一下子抽走了20亿的巨额资金。用楼忠福的话来说，正如一个快速奔跑中的运动员瞬间被抽走了大量血液，又如航行中的飞机被勒令空中归还起飞前借用的燃料，其结果很可能便是机毁人亡。

最低价中标法，工程施工代垫资规则，以及由此带来的盛行全国的拖欠工程款之风，是改革开放之后建筑行业的一大弊病，其直接恶果便是：许多建筑企业由于资金大量被拖欠不得不增加贷款组织生产，另有一些企业因为资金紧缺，难以按时、足额支付职工工资与医疗、保险费用，农民工工资被拖欠事例更是屡见不鲜，影响到职工利益维护与社会稳定大局。而金融机构在信贷宽松时期对不规范放贷行为的默许又怂恿了部分企业"短贷长用"的冒险行为。

在这样的情况下，一旦遇到宏观调控，银根突然收紧，不少企业不得已只好寻求社会融资，以避免在政策的急刹车和银行的突然规范中窒息而亡。遗憾的是，社会融资在中国更是一个缺失规则与基本道德的陷阱，不少企业绕开了银行陷阱，却不幸踏入因社会融资引火烧身的雷区。

这是一个迷宫，行走线路没有规律，游戏规则也会随时改变，进去容易前行难。楼忠福与他的广厦企业这一年在迷宫里左右碰壁。

同时，一场本与企业无甚关系的"金信风波"又让广厦卷入到舆论旋涡。"金信信托"的前身为浙江省金华市信托投资股份有限公司，是以政府为最大股东的浙江省首家股份制非银行金融机构。自1997年开始，金信先后与183家单位签订委托理财合同，向1454个机构和自然人募集资金，合计金额 73.9 亿元，悉数投入股票市场。由于长期熊市，其股票交易陷入巨亏，金信借新还旧，并不断斩仓，几近卖空。至 2005 年末公司停业，炒股亏损合计 34 亿元，另有 18 亿元的外账无法收回。虽然之后 2007 年 12 月招商证券以 63.2 亿元的高价拍得金信所持 48%的博时基金股权，超出了其 42 亿元的负债总额，但金信原副董事长兼总经理葛政仍在 2008 年 7 月因“非法吸收公众存款和职务侵占罪”获刑 6 年。

作为股东之一，广厦因金信的倒闭可能损失投放其间的大部分股本，而舆论却猜测广厦与金信另有关联交易，并富有想象地与金融机构收回企业借贷、广厦不得已参与的社会融资等事件联系一起。

更让楼忠福伤心的是，在这一年，广厦房产在南京市区开发的“四季阳光”项目临交房时发现了质量问题，负责南京区域的总经理称病躲避，而派往南京的另一位负责人则借机要挟南京公司，疯狂侵吞公司资产，致使一个楼盘质量事件发展到几近无法收拾的地步，给广厦集团在南京区域造成企业形象、市场与经济的三重损失。迷宫中无端挨了一记闷棍的广厦没想到又被脚下的石块差点绊倒……

以至于楼忠福在事后感慨自言“从来没有这么累过”。

接触过楼忠福的所有人都说：这是一个不知疲倦的家伙，这是一匹骁勇的战马。其身边的工作人员也几乎从来没看见过他的忧虑与犹豫。因此，当他说出一个“累”字，竟然让许多人难以置信。

累的不止楼忠福一人。

那一年，中国民营企业家正面临着一场声势浩大的“原罪清算”。

事由一年前河北省的一份文件引起。这份由河北省委以［2004］1 号文件形式批转的该省政法委《关于政法机关为完善社会主义市场经济体制创造良好环境的决定》宣布：对民营企业经营者创业初期的犯罪行为，已超过追诉时效的，不得启动刑事追诉程序；在追诉期内的，要综合考虑犯罪性质、情节、后果、悔改表现和所在企业在当前的经营状况及发展趋势，依法减轻、免除处罚或判处缓刑。

文件一出，迅即在全国引起轩然大波，出自基督教义的“原罪”(Original sin) 一词成为颇有意思的争论话题。而随着香港学者郎咸平的介入和 2005 年之后一批富豪犯罪事实的披露，对民营企业家“创业第一桶金”的声讨及对民营经济的质疑更具有了火药味。于是，面对龙宫贴出的“水族中凡长有尾巴的，一律到龙王那里去领罚”的告示，青蛙也哭了，因为它怕龙王追究其小时候的事。[①] 而在“原罪清算”的舆论喧哗同时，一场旷日持久的宏观调控正在进行。

改革开放之后，中国已经进行了六次宏观调控。

20 多年来，中国的经济似乎一直处于炎热的夏季。为了释放室内热量，呼吸室外新鲜空气，屋子里的人都希望打开窗户；而一开窗，热浪便随窗涌入，于是关窗、打开空调；结果，全屋的人马上受凉感冒，不得不再关了空调，打开窗户；结果，又热得冒汗窒息，于是，不得已再次关窗打开空调……经济增幅就在这样的一次次冷热交替中曲线滑行。

1978 年，刚刚将工作重心转移到经济上来的中国，GDP 出现了 11.7% 的高增长，于是 1979 年马上进行第一次宏观调控，直到 1981 年 GDP 增速回落到 5.2%，才宣告调控结束。但第二年的 GDP 增速马上又回升至 9.1%，到 1984 年达到了空前的 15.2%，于是从 1985 年开始第二次宏观调控，让 1986 年的 GDP 增速回落到 8.8%。而就在刚刚宣布调控结束的第二年，GDP 增速马上反弹到 11.6%，1988 年继续保持 11.3%的高位，而物价涨幅则达到了可怕的 18.5%，于是不得不接着进行更大力度的第三次宏观调控，1989 年，GDP 增速应声回落到 4.1%。由于这是一次“一刀切”、“硬着陆”式的调控，中国经济深受内伤，1990 年的 GDP 并没有在调控结束后应声反弹，反而继续下滑到 3.8%的历史低位，直到 1991 年才回升至 9.2%。但到了 1992 年，GDP 增速又升至 14.2%，同期出现集资热、股票热、房地产热、开发区热和高投资膨胀、高工业增长、高货币发行与信贷投放、高物价上涨的高烧病症，于是在 1993 年开始第四次宏观调控，使 1996 年的 GDP 增速回落到 9.6%的正常状态。然而，刚刚宣布调控取得成效，1997 年爆发了亚洲金融危机，中国随之出现通货紧缩，经济增速应声下滑，于是实施扩张性宏观调控政策，将 GDP 增速从 1999 年的 7.1%低位拉升至 2002 年的 8.3%。可是，刚刚催热的中国经济在 2003 年下半年又出现了能源资源全面紧张、固定资产投资规模增长过快、潜在通货膨胀压力显现、银行信贷资金过度投放等病灶，于是，再宣布实施第六次宏观调控。

宏观调控体现在表层的是 GDP 增幅与物价指数的曲线变化，动荡于背后的则是信贷与投资政策的跌宕起伏。具有强烈的投资与扩张欲望的民营

---

① 寓言故事：一天，龙宫里贴出告示：水族中凡长有尾巴的，须一律到龙王那里去领罚。大家都哭了，青蛙也跟着哭。乌龟就问它：你哭什么呀？青蛙答道：我怕龙王追究我小时候的事啊。

经济，于是在一次次的调控中坐着过山车，承受着资产与精神的双重挫折。虽然并非每一次政府的调控都是针对民营经济，但总有一批又一批的民营企业家在此中应声跌落，败走麦城。

于是，宣称“三年内赶超宝钢”的“铁本”倒了，法人代表戴国芳被羁押；德隆总裁唐万新因非法吸收公众存款罪和操纵证券交易价格罪获刑 8 年；身为创维数码公司主席的黄宏生因涉嫌诈骗与挪用公款被香港廉政公署拘捕；入主科龙不久的顾雏军也在“郎顾之争”①中引火烧身，2005 年 7 月被警方拘押。

那一年的某个晚上，电视上正播放着“铁本事件”的专题片，楼忠福叫来妻子王益芳和儿子楼明、楼江跃一同观看。看完了，长叹一口气。妻儿看着他，他看着妻儿，又说：“别看我现在风光，一招不慎，也会毁了广厦……”

在那个时间段里，类似的场景和类似伤感的话题，不时出现在楼忠福家里。

200 多年前，德国哲学家威廉·黑格尔曾经这样解释哲学：“米诺娃的猫头鹰在傍晚起飞。”寓意人类总在活动结束或遇到挫折之后才开始寻求思想的努力。

那个时间里，中国的许多民营企业家与理论家们开始放飞“米诺娃的猫头鹰”：2004 年，一本“以楼忠福为坐标”、“从一个人的成长透视一个国家力量”的《中国力量》图书在香港出版后引起了轰动；而吴晓波的“关于中国企业失败的 MBA 式教案”——《大败局》在出版三年之后也开始热销。2005 年，中国民营经济研究会会长保育钧指出：“中国民营经济除了机制灵活外，其他都不如人家。民营企业再大，在政府的一个科长面前还是很小。”2006 年，王石开始写他的《道路与梦想》，反思“我与万科 20 年”。2007 年，冯仑出版《野蛮生长》，希望能像汤唯一样“清清白白干干净净地脱”，袒露出民营企业家的“色”与“戒”；同年，一首由四位知名企业家联合作词的励志歌曲《在路上》走红中国，听起来有些伤感的旋律

---

① 2004 年，香港学者郎咸平先后炮轰 TCL、海尔及格林柯尔的股权改革，顾雏军挺身迎战，对郎咸平提起法律诉讼，从而引发一场全国性的关于 MBO 的争战。郎咸平最生动的比喻是：家里很脏，请了个保姆，结果保姆反过来成了这个家的主人。“这是一件很荒谬的事情。”他认为。顾维军在这场争战中引火烧身，“涉嫌侵占、挪用科龙财产”，锒铛入狱。

倾诉着创业者思想的痛苦：

那一天
我不得已上路
为不安分的心
为自尊的生存
为自我的证明
路上的辛酸已融进我的眼睛
心灵的困境已化作我的坚定……

法国17世纪哲学家布莱兹·帕斯卡尔在其著名的《思想录》中曾经说过："中国使一切都变得模糊不清，但依然有光明可寻。去寻找吧。"2005年2月，法国作家埃里克·依兹拉莱维奇在巴黎出版了一本名为《当中国改变世界》的图书，他正是顺着当年帕斯卡尔的指引，在"模糊不清"中寻找到中国依然可寻的"光明"，引发整个欧洲一阵不小的轰动。

"我注意到当今世界最重要的经济现象之一，就是中国的崛起。"依兹拉莱维奇的判断固然没错，但他不会知道那一年许许多多的中国企业家究竟在想些什么和做着什么。

要执著更要清醒

2005年10月，楼忠福应邀来到浙江大学校园，为近千名大学生作"创业"主题演讲。那天，他没带讲稿，信马由缰地谈了近一个小时，却赢得大学生们的一片喝彩。

一位当日参加听讲的大学生记录下了楼忠福的精彩言论：

创业没有一帆风顺的。不要怕困难，不要怕失败，不要怨天怨地，重要的是要有清醒的判断和分析。也就是要执著，更要清醒。

这是楼忠福的悟性。他很快不再抱怨"为什么受伤的总是我"，更没有停下脚步等待来年又一个“春暖花开”的时节，而是自觉反思，检讨自我，寻求企业该如何“适应变化了的环境”。

在2006年年初的集团工作会议上，楼忠福又作了一个振聋发聩的长篇讲话：《广厦向何处去?》。

在这篇至今读来仍觉颇有思想的讲话稿中，楼忠福引用了西汉初年淮南王刘安的《淮南子·人间训》名句：“天下有三危：少德而多宠，一危也；才下而位高，二危也；身无大功而受厚禄，三危也。”以古寓今，从人谈到企业，从当前谈到未来，又从广厦谈到国家形势与民企命运。

并且，楼忠福还特意选择在22年前开始创业的浙江东阳家乡举行这次重要会议。

“广厦正处在发展的十字路口上。”楼忠福分析，“国家宏观调控使企业在体制、战略与文化上的问题提前暴露出来”。一直乐观看好民企地位与发展前景的他，在这次讲话中第一次发出了“对民营企业的弱势地位估计不足、对中国现行金融体制依赖过大、对企业承受风险能力过度乐观”的检讨。

接着，楼忠福提出了一系列全新的观点：“中国民营企业的许多失误都在机遇与诱惑之中”；“多元化还是专业化只是手段，企业效益与发展才是最终目的”；“民营企业更要讲政治”；“讲政治是实实在在的，不实事求是就不是民营企业”、“宏观调控最能锻炼人，也最能考验民营企业”等。

也就在那次会议上，广厦作出了“调整发展战略，确保两大主业”、“改行业集团管理为区域集团管理，全面实施产权制度改革”和“重视企业文化，重新研究企业核心价值观”等重大策略调整。

对于广厦，这是一次具有重大意义的战略调整。后来的事实证明，正由于楼忠福对政策形势的清醒判断和在企业发展战略上的及时调整，才使广厦躲过了一“劫”。

2005年2月，国务院曾经出台一份《关于鼓励支持和引导个体私营等非公有制经济发展的若干意见》，多少缓和了当时舆论对民营企业家“原罪清算”的紧张气氛。这是新中国成立以来首个以促进非公经济发展为主题的中央政府文件。文件内容共36条，因此又被简称为“非公36条”。

邓小平曾经智慧地设想将“资本”与“资本主义”区分开来：“计划经济不等于社会主义，资本主义也有计划；市场经济不等于资本主义，社会主义也有市场。”“计划多一点还是市场多一点，不是社会主义与资本主义的本质区别。”可是，已经成为“社会主义市场经济的重要组成部分”的中国私营经济，还是一直被小心翼翼地以“非公经济”称呼，接受着来自各方面的“引导、监督和管理”。直到2007年，理论家们又杜撰出一个“两新组织”的新词，将包括私营企业、外资企业、港澳台资企业、股份合作企业、个体工商户及各类非公独资经济组织统统装进“新经济组织”的麻袋，而将合伙制律师事务所、民办学校、民营医院等非官办社会团体及民办非企业组织统称为“新社会组织”，以此将他们与“公有制经济”明显区别开来。

阳光总在风雨后。不管如何称呼，改革开放政策却助推着新中国的私营经济在野火灰烬中顽强地“春风吹又生”。

1954年9月20日由第一届全国人民代表大会第一次会议通过的新中国的第一部《宪法》曾经明文规定：“国家依照法律保护农民的土地所有权和其他生产资料所有权；依照法律保护手工业者和其他非农业的个体劳动者的生产资料所有权；依照法律保护资本家的生产资料所有权和其他资本所有权。”而随着1956年“三大改造”的提前完成，以上条款两年后即被事实上废止，公有制很快一统中国天下。至1978年，全国仅剩下个体工商户约14万户，大部分躲在城市之外的偏远地区，并多为修车、补鞋的小行当，几乎没有什么产值。

农村实行家庭联产承包责任制后，出现了专业户、专业村，冒出一批跑运输、做买卖的生意人，雇工也随之出现。这是中国改革开放之后最早批量出现的个私经济，“傻子瓜子”年广久是当时的典型人物。之后，一批经营不善、效益不好的社队企业被承包给了农村能人经营，于是应运而生私人企业。同时，浙江温州等地出现大批家庭工业与市场经营者，珠三角地区则有了由港澳商人投资的第一批“三来一补”企业及外资独资、合资公司，个私经济有了明显发展。20世纪90年代后，一批效益低下的国有企业或卖给了原企业经营班子，或被民营企业收购兼并，苏南地区乡镇企业也逐渐转成私营或联营，民营经济开始壮大发展。

与此同时，国家法律法规也在不断修改完善。虽然此举更大的意义在于对“夹缝中艰难生长”的私营经济事实予以“补充承认”，并且，在执行中还常常被打了折扣。

1982年12月，五届全国人大第五次会议终于把保护个体经济重新写入《宪法》，规定：“在法律规定范围内的城乡劳动者个体经济，是社会主义公有制经济的补充。国家保护个体经济的合法的权利和利益。”在此前的1981年，全国城乡登记注册的个体工商户已经达到182.9万户，从业人员227.4万人。1982年，国内“三资企业”累计总数也已有909家，次年温州则出现了10万供销大军、40万家庭工业从业人员和400多个集贸市场。

1988年3月，七届全国人大第一次会议修改的《宪法》增加规定：“国家允许私营经济在法律规定的范围内存在和发展。私营经济是社会主义公有制经济的补充。国家保护私营经济的合法权利和利益，对私营经济实行引导、监督和管理。”私营经济的法律地位首次以宪法形式被重新确立，但经济学家厉以宁则认为：“它其实是对现有事实的承认。”当年，全国（除西藏、山西、黑龙江外）注册登记的私营企业数已有4.06万家，雇工72.38万人，加上大量挂牌集体企业和混杂于个体工商户、个人合伙及乡镇、街道企业中的私营企业，全国实际私营企业总数已经达到20多万家。城乡登记注册的个体工商户则有1454.9万户，从业人员2304.9万人。而在当年全国14928.3亿元的GDP总量中，非国有经济已经达到8137.8亿元，远远超过国有经济所占比重。

1997年，中共十五大明确“非公有制经济是中国社会主义市场经济的重要组成部分”，这无疑提高了民营经济在整个国民经济发展中的地位。而在此前的1996年底，全国个体工商户总数已经达到2703.68万户，从业人员5017.06万人，私营企业总数81.93万户，从业人员1171.13万人。1997年，非国有经济与国有经济在GDP总量中的比例已被拉大到64.9:35.1。

2001年，被称为“中国特色社会主义事业建设者”的优秀私营企业主终于被明确允许加入执政党。但到了2004年，与宏观调控同时进行的则是一场声势浩大的对民营企业的“原罪”清算与讨伐。此时，民营经济创造的增加值占GDP百分比已由1979年的不足1%上升到2003年的65%，单位就业量(包括农业劳动力)占全社会就业比重上升到了90.8%。至2002年底，全国私营企业总数已达243.5万户，投资者623万人，雇工2787万，注册资本24756亿元，分别是1989年的27倍、30倍、12倍和295倍。中国证券市场研究中心与全国工商联经济部联合进行的一项研究也显示：民营企业500强的平均经济效率明显优于中国企业500强，与世界500强相比，其销售净利润率业已相差无几。

然而，当年国务院严控钢铁、电解铝、水泥、房地产、汽车五大行业措施的出台，却使刚刚摩拳擦掌跻身这些上游垄断产业的民营企业很快被国企收容，与此同时，金融机构骤然收紧信贷，对民企放贷更是大幅剧减。温州当年二季度金融机构对民企的贷款增幅从39.5%跌为27.4%。

在此背景下，国务院在2005年2月出台了“非公36条”，允许非公有资本进入“法律法规未禁入的”垄断行业和领域，并承诺为它们提供融资上的支持。这份文件使民资终于获得与国资、外资平等的身份。国家发改委此前的调查已经显示，非公经济在近30个产业领域存在“限进”情况。在沿海某省，国有经济可以进入80多个行业，非公经济中的外资也可进入60多个行业，而民资仅被允许进入其中40多个行业。

在中国，对民营经济的产业限制一直非常严格。因此，复星集团董事长郭广昌在“非公36条”出台后显然有些兴奋：“民企的哪一寸生存空间不是靠自己努力争取得来的？”卓达集团董事长杨卓舒则有些“得巧卖乖”：“我们真正需要的不是划入另册加以保护，而是公平。一视同仁就是最大的善待。”

楼忠福也保持着一份清醒。

那时的他正如一匹中矢的战马。只是，他比战马多了一种智慧。

沉默是他的智慧选择。

有人告诉过他，走出迷宫的最好办法是右手永远不要离开墙壁，摸着墙壁坚持往前行走，定然会看到希望的光亮。既然将民营企业家比作根本无法洗白的“木炭”①，又何必再去执意辩白清洗？

2006年之后，他有意选择“消声”，很少再在媒体的聚光灯下出现。虽然他的沉默还是带来了舆论的种种猜测，各类富有想象的对广厦处境与前景的担忧也开始见诸网络与报端。但之后三年他在各个场合说得最多的就是三句话：“要执著，更要清醒”；“民营企业更要讲政治”；“错不在游戏规则，而在游戏者”。那时候，读者能够看到的广厦新闻大抵也只有三个词：机制创新、关爱民工、企业公民。

其实，楼忠福心里很清楚，这时候他该做什么和不该做什么。

能屈能伸，刚柔相济，以政治智慧化解企业危机，这是楼忠福的高明之处。事实上，这三句话不仅遮掩着他内心的矛盾与痛楚，并在当时多少帮助他抵挡住了不少舆论的暗箭。

天分阴阳，地有刚柔。阴阳必相替，刚柔当相济。中国古代智者早在3000多年前就对自然与社会的辩证关系提出了朴素的哲学思想。这些哲学

---

① 北京科技大学经济管理学院教授赵晓曾提出“木炭理论”，他认为，很多民营企业家的诞生本身可以看做是一根木炭，如果你试图去把它洗白，那么最终的结果是把整根木炭都洗掉，木炭还是洗不白。

思想一直还在影响着包括实业家在内的当代许多思想者。

西汉刘向在《说苑·说丛》中有言："非所言勿言，以避其患；非所为勿为，以避其危；非所取勿取，以避其诡；非所争勿争，以避其声。明者视于冥冥，智者谋于未形，聪者听于无声，虑者戒于未成。世之溷浊而我独清，众人皆醉而我独醒。"说的正是人在特殊时期保持清醒的一种智慧。

古希腊哲学家亚里士多德也认为："庄重是自傲与顺从之间的中庸，高尚是卑屈与顽强之间的中庸。"他将中国儒家以"度"衡量的"中庸之道"理解成了一种美德。

当年，中国民营企业家们正是在摒弃了"中庸"之后才开始"出人头地"地创业，但在创业与守业过程中，"中庸哲学"又常会被他们自觉运用到人生与经营的重大决策。

楼忠福说："当你渴望成功的时候，可以昂着头，大模大样挥舞双手，走在马路中央，那是一种自信。而当你已经成功的时候，则需要低着头走在马路的边上，把捏紧拳头的双手放在身后。那是一种谦虚，也是一种更大的自信。"

勇者的"沉默"并非怯懦。

同时期与楼忠福一样保持着清醒的万向集团董事局主席鲁冠球也曾这样告诫过自己："什么时候都不要妄想，要有自知之明，知道自己是什么身份。路不要多跨一步，话不要多讲一句，老老实实做自己的事。"

《易传·系辞上》有云："范围天地之化而不过，曲成万物而不遗，通乎昼夜之道而知，故神无方而《易》无体。"老子也说："曲则全，枉则正，洼则盈，敝则新，少则得，多则惑。"无论"曲成万物"或"曲则全"，均深藏哲学玄机，成为后人领悟不尽的思想之源。

凶吉相随，危机并存。关键在处吉避凶、转危为机、化解应对之道。当代实业思想家们显然深谙"曲成万物"的哲学真谛，以超凡脱俗的智慧表现诠释着数千年以来中国传统文化的思想精髓。

现在，让我们先离开天都城，回头去看看2005年底的广厦以及这之后三年世界与中国究竟发生了什么。

第二章　伊甸园里的蛇诱惑了谁

快一步中慢半拍

2005年的广厦，已经拥有80多家下属企业，市场遍及全国28个省区市及海外10多个国家和地区，产值达到256亿元，实现利税18.2亿元，资产总额167亿元，位居“中国1000家最大企业集团”第99位、“中国民营企业500强”第6位，综合指数连续三年稳居浙江省第一位。然而，楼忠福的目标决不仅于此。萌发于2001年的一个“梦想”时刻在诱惑着他。至2001年，广厦已经成功收购重庆第一建筑（集团）公司、杭州建工集团公司以及北京、上海、南京等地的近10家国有企业，集团拥有紧密层控股企业13家、参股企业2家，还有半紧密层控股或参股企业27家，员工总数超过2.5万人，2000年还先后拍买、收购了杭州华侨饭店和浙江省金华市第三人民医院，号称“中国第一座卫星城”的杭州天都城也已经开始起建，除建筑、房地产主业外，广厦开始涉足网络、传媒、医疗、教育、旅游等多个产业。楼忠福个人也在1999年登上了有些争议的“胡润富豪榜”，2000年被评为绝对权威的“全国劳动模范”，2001年又接受了颇有影响的美国《福布斯》杂志采访。一切都如早晨的太阳，事业似乎才刚刚开始，前景那么诱人。于是，在2001年的5月18日，广厦260人包机浩浩荡荡来到收购不久的重庆一建公司，在这里举行了集团年中工作会议。也就在这次会议上，楼忠福发出了“第三次创业”的动员令：做大做强，到2010年，广厦要成为在国际上具有较强竞争力的现代企业集团。

这就是楼忠福的“梦想”，也是那个年代许许多多像楼忠福一样拥有

“鸿鹄之志”的实业家们共同的民族情怀。

刺激他们的是1999年9月在上海举行的“财富全球论坛”。在那次会议上，中国企业家们第一次认识了号称“全球第一CEO”的美国通用电气公司总裁杰克·韦尔奇，还有与他一起来到中国的60多位世界500强企业总裁。

笔者当时作为与会记者，曾经亲睹会场内外中国企业家们的那份亢奋与激动。近40场专题讨论会场场座无虚席。张瑞敏侃侃而谈海尔的国际化战略，他觉得“慢慢走已经不行了，海尔要加快脚步”。赵新先则提出了三九集团进入世界500强的时间表。北大方正的王选、联想集团的柳传志和新希望集团的刘永好也是跃跃欲试。近200位与会的中国企业家似乎觉得世界500强已经近在咫尺。而会场之外有不少企业家则把目光盯住了降落浦东机场的40多架富豪们的私人飞机。

其实，早在1989年，中国银行已经率先闯入世界500强；1992年，王石的万科开始了“多元化”的努力，史玉柱的巨人集团则紧随其后；1995年，张瑞敏提出海尔要在2006年进入世界500强；到了1999年，中国已经拥有中石化、中粮集团、中国化工进出口总公司、中国银行和中国工商银行5家企业进入世界500强榜单。

经济学家樊纲在“上海财富论坛”上曾经对中国企业的“入强”热情泼过冷水：

> 中国企业正处于从计划经济体制快速向市场经济体制转轨的过程中，中国企业到海外发展还是个刚刚开始的自发行为，在进入世界500强的道路上，仍是任重道远，面临重重关阻。今后的关键是要把体制调整好，同时发挥传统产业和劳动力优势，脚踏实地，不能好高骛远、贪大求洋，也不能靠人为地捆绑企业、做大规模，忽视企业的竞争力。
>
> 既然目标瞄在了世界500强，就应首先认识它们到底强在哪里。500强评选的主要标准是营业额大小，但是真正衡量一个企业是不是世界之强，不能光看营业额，还要看其资本总额、资产质量、市场规模、创新能力、管理水平、盈利能力和发展潜力等。

但他的这番提醒显然没有引起企业家们的注意。

干柴烈火，企业家们的激情达到了100℃的沸点。上海“财富全球论坛”之后，宋如华的托普公司开始在全国大规模复制他的“西部软件园”，三年时间在全国十几个省圈地1.2万亩，一口气建起了27个“托普软件园”；赵新先的三九集团发起更为疯狂的“摘桃运动”，到2001年，共计并购140家地方企业，平均每个月并购2家；唐万新的德隆集团横扫全国各大产业，号称已经拥有500多家企业、30万名员工、控制资产1200多亿，2002年当选为全国工商联副主席的唐万新哥哥唐万里对外宣称：“德隆将在三年内进入世界500强”；黄光裕的国美也开始在全国连锁，与此同时，张近东的苏宁则开始了在江南的大举扩张……

就是在这样一个近乎狂热的背景下，楼忠福提出了“做大做强”的企业目标。不过他还不敢夸口广厦何时能够进入“世界500强”。

亚里士多德说过：“放纵自己的欲望是最大的祸害。”南德、巨人、托普、三九、德隆后来都悲壮地倒在了扩张的路上。海尔也没能如期实现“冲强”目标。倒是聪明的王石在1994年最早醒悟，干净利落地逃脱了“多元化”的陷阱，否则，很可能也没有了今天“专业化”的万科。

不能将一切的“祸害”归咎于“多元化”的策略。那本是一个什么都可以设想、什么都可以大胆尝试的年代。不幸的企业总是相似的，幸存的企业却各有各的幸运。

广厦的幸运在于，它比大多数人“快一步”的同时，又比少数最快的人慢了半拍。2003年底开始的国家宏观调控，阻止了广厦实现梦想的进程。而楼忠福的悟性在于，他并没有去抱怨政策的“紧箍咒”，而是自觉“适应变化了的环境”。

> 民营企业最大的优势在体制机制，最大的毛病也在体制机制。广厦的问题不在资本，广厦并不缺钱，是体制机制不能适应变化了的形势和发展的需要。
>
> 一个人、一个企业的能力是有边界的。在发展战略上，广厦能力在哪里？到底能做什么？应该有所选择与舍弃。大好形势下的机遇往往很多，也很诱人。很多人、很多企业正是在机遇与诱惑中掉进陷阱的。广厦在这方面也曾经有过投资教训。现在，不能再犯晕了，要学会在机遇与诱惑中选择。
>
> 广厦的成功重要的是“快人一步”，但眼下宁愿牺牲一点规模和速度，也要彻底进行体制机制的调整，用制度确保科学发展。

这“快一步”与“慢半拍”具有十分的奥妙与玄机。哲学家称之为“时机”，《周易》称之为“时辰”。楼忠福的“快一步”在于他的敏锐与果敢，而他的“慢半拍”一半是因为企业起步与区域局限，另一半则来自他果敢中的谨慎。在本书后面的故事中，我们还会用具体的案例图解这种奥妙与玄机。

生长在农村的楼忠福对孩时挖泥鳅、钓黄鳝的经历记忆深刻。于是，就有了以下对机遇与风险的生动比喻：蛇可能就与黄鳝躲在一起。你不能因为怕蛇出洞而放弃黄鳝。重要的是在捕捉黄鳝时尽量不去惊动蛇，并且时刻做好蛇可能会出洞的准备。

鲁迅在他的散文《从百草园到三味书屋》中借长妈妈之口讲过一个“美女蛇”的故事：“这是人首蛇身的怪物，能唤人名，倘一答应，夜间便要来吃这人的肉的。”虽然他得出的教训是：“倘有陌生的声音叫你的名字，你万不可答应他。”但对一直没有能够遇到美女蛇还是甚有些遗憾：“叫我名字的陌生声音自然是常有的，然而都不是美女蛇。”

诱惑常常伴生着勇气。一个对机遇麻木或缺失激情的人决成不了真正的实业家。

李嘉诚曾经说过：“感觉迟钝、闭门自锁的公司老板常常会无所作为。”“竞争既搏命，更是斗智斗勇。倘若连这点勇气都没有，谈何在商场立脚，超越置地？”但他同时也承认：“我凡事必有充分的准备然后才去做。天文台说天气很好，但我常常问我自己，如果五分钟后宣布有台风，我会怎样？在香港做生意，亦要保持这种心理准备。”

当年，荣智健的爷爷荣德生曾经这样说过儿子荣毅仁：“你的疯劲不像我，倒像你大伯。”荣毅仁的大伯荣宗敬与荣德生是上个世纪二三十年代江南商界显赫的荣氏兄弟，一个在上海滩拼杀，另一个在家乡无锡做后盾，性格与做派完全不同的两兄弟相映成趣，鼎盛时期，几乎掌控了中国纺织产业的大半壁江山，荣宗敬执掌的上海申新总公司更成为了当时中国最大的民族纺织企业。具有疯狂创业欲望的荣宗敬，在上海滩上几度举债扩张，也曾经历过多次生死危机。但凭着勇气与智慧又一次次化解，直到1937年日寇的炮火将荣家积累了30年的庞大产业几近全部毁灭。

荣宗敬当年的“疯劲”远胜于其弟荣德生，也让后辈荣毅仁、荣智健等望尘莫及。当年荣宗敬在上海滩曾经夸过海口：“只要有人肯借钱，我就敢要；只要有人肯卖厂，我就敢买。只有欠入，赚下还钱，方有发达之日。”“吾今已届 60，纱锭数达到 60 万；我还要活到 70 岁、80 岁，纱锭要达到 70 万、80 万。”多年来，荣智健在香港也曾常以“固守稳健、谨慎行事、决不投机”的祖训告诫自己，但机遇的诱惑显然会超出古训的约束。

将风险比作蛇的楼忠福也差点被蛇所诱，即使在 2003 年之后，楼忠福也不是没有想过重提“做大做强”的目标。他在犹豫，等待一个最佳的时机。结果，又是“快一步中的慢半拍”帮了楼忠福。2008 年下半年，由美国次贷危机引发的金融危机开始呈现，并很快蔓延全球。楼忠福发现了这种形势的变化对企业将可能产生的影响，及时调整工作思路，企业从以经营为中心转向以管理、质量和效益为中心，强调建立企业内部可控的发展体制与机制。

执著难，清醒更难，清醒比执著更重要。现在回头去看，是楼忠福自己救了自己。因为谁也没有能够预料，2006 年之后的三年，这个世界竟会染上一种叫做“甲型 H1N1 流感”的病毒：热一阵，冷一阵，头痛，呕吐，食欲不振，浑身乏力，又打喷嚏又咳嗽，难受并迅速传染着。

幸存者的幸运

幸存的中国民营企业，大多在 20 世纪 90 年代完成了由小及大的演变。而实现“做大”梦想之后，他们又共同奔向第二个目标——“做强”。

为了做大做强，他们在国企改革的落潮中四处拾蟹，活的死的，大的小的，概拾不弃，不惜承担起改造国企与并购的风险。也正因此，相助政府顺利完成了那一轮艰难的国企改革；不少民营实体也借此成功进入了国有垄断行业，以资本换取了梦寐以求的市场。

为了做大做强，他们冒险尝试多元化。事实上，他们中的很多人并非不知道专业化的利益和多元化的风险，但敏感于政策与制度的民营企业家，对机遇有着太多的钟爱。为了扩展生存空间，为了增强市场博弈实力，也为了追逐迅速膨胀的收益，他们愿意冒险迎合陷阱的诱惑。

为了做大做强，他们挖空心思寻求企业上市，希望能够更多地摆脱机制桎梏，在自由市场中获取更多的资金，实现企业利益最大化，并赢得更为广大的生存空间。

同样为了做大做强，不少民营实体不自量力地背上了沉重包袱，有的则悲壮地倒在了扩张征途。

按照楼忠福的规划，2001年之后，广厦应该开始“第三次创业”，在“做大”之后向“做强”目标发起总攻。

1985年至1996年的“第一次创业”，广厦完成了原始资本积累，构建起以产权为纽带的集团企业框架，培植和形成了建筑主导产业。1997年至2000年的“第二次创业”，通过企业上市、国企并购以及从产品经营向资本经营与产品经营结合的经营手段转变，实现了初步规模化经营、企业资本与规模快速扩张、形成建筑与房地产两大主业支撑的多元化产业体系和国内国外两个市场的庞大市场体系，初步形成企业文化与企业品牌等预期目标。也就是说，到本世纪初，广厦已经实现了“做大”的目标，并具备了继续“做强”的基本条件。

于是，在2001年的8月，楼忠福提出了“到2010年，广厦要成为在国际上具有较强竞争力的现代企业集团”的“第三次创业”目标。

当不少人还在留恋着20世纪80年代的政策机遇，期待着90年代“国退民进”机会的再次出现，本世纪初一场持续5年之久的宏观调控和对民营企业家的“原罪清算”，让许多民营实体不得不停滞了“做强”的脚步，并开始反思“做强”的真正价值与意义。

“当太多的中国民营企业从事业的巅峰跌落，他们的企业连同掌门人的传奇在一夜之间也失去了光辉。虽然创业的成功一定会有传奇，但它的真谛绝不仅限于传奇，也绝不仅仅是冒险和投机。”显然，这时的楼忠福已经多了一份冷静与反思。

虽然“冒险与投机”是中国许多民营实业家的共性及成功之道；虽然包括华尔街在内的不少西方自由经济市场也充斥着“冒险与投机”的瘴气。

2005年8月，一场名为“卡特里娜”的五级飓风正面袭击美国，路易斯安那州府新奥尔良市数十万居民惊恐大逃亡，灾难造成至少1833人死亡，财产损失超过812亿美元。这是美国历史上损失最为惨重的一次自然灾害，死亡人数仅次于2001年的“9·11”恐怖袭击。

灾难过后，很多人想起了32年前气象学家爱德华·洛伦兹在华盛顿美国科学促进会上一次演讲中说过的话：一只南美洲亚马逊河流域热带雨林中的蝴蝶，偶尔扇动几下翅膀，可能会在两周后引起美国得克萨斯的一场龙卷风。

这句名言来自洛伦兹1961年实验中的一次偶然发现：初始条件的极小偏差，将会引起结果的极大差异。洛伦兹将这种现象称为“蝴蝶效应”，并写出了《混沌学传奇》与《分形论——奇异性探索》等书。其实，洛伦兹还打过其他类似的比喻：亚洲蝴蝶拍拍翅膀，将使美洲几个月后出现比狂风还厉害的龙卷风。

后来，“蝴蝶效应”的概念被广泛运用于政治、经济及企业管理的哲学解释。

那一年，美国终究无法找到南美洲或亚洲的肇事蝴蝶，失职的新奥尔良市警察局长埃迪·康珀斯成了布什总统的替罪羊。

但到了2008年，世界却开始追究起美国的责任。因为一场席卷全球的“金融风暴”正是由于一年前美国“次贷危机”的“蝴蝶”扇动了翅膀。

2008年9月15日，拥有158年辉煌历史的美国第四大投资银行雷曼兄弟在遭到政府拒绝援救之后被迫申请破产保护。在此前后，美国政府慷慨相救了贝尔斯登、美林、房利美、房地美等金融与房贷融资机构。而雷曼兄弟的出局，不仅令华尔街风声鹤唳，也推倒了全球经济的多米诺骨牌。“华尔街融化了！”美联社惊呼。美国联邦储备委员会前主席艾伦·格林斯潘也悲观地预言：美国正陷于百年一遇的金融危机。

世界经济终于在冰与火的淬炼中真实地走进了危机。从国际原油期货价格的起伏曲线可以看出世界经济最近三年的冷暖变化：2006年1月3日为每桶58.32美元，8月25日升至每桶72.51美元；2007年1月19日降回到每桶50.98美元；2008年1月2日回升至每桶100.00美元，7月11创下每桶147.27美元的历史最高纪录，而到了12月18日又跌至每桶37.91美元的最低点。

而在这三年中，最让中国百姓刻骨铭心的，除了冰雪灾害、汶川地震、奶粉事件、北京奥运会和神舟七号，还有一个莫名其妙的股市。2005年6月6日，上证指数曾经跌至998.22点低位，而到了2007年10月16日，竟然攀升至6124.04点的疯狂高位，再到2008年10月28日，又一落千丈地回跌到1664点的低谷。

与股市一起“脱缰”的还有消费者物价指数，这是一个被简称为“CPI”的新词，近些年才被国民重视与关注。经济学家告诉大众：该指数过高的升幅往往不被市场所欢迎，而当它大于3%的增幅时就会被称作“通货膨胀”，若大于5%增幅，“严重的通货膨胀”已经出现。

且看这三年中国的CPI升幅变化：2006年1月为1.9%，3月降至0.8%，12月升至2.8%；2007年6月再升至4.4%，12月达到6.5%；2008年4月竟然达到8.5%的高位，7月回落到6.3%，12月继续回落到1.2%。国家统计局称：2007年全年CPI上涨了4.8%，涨幅高于上年3.3个百分点；而2008年全年的上涨幅度为5.9%，再高于上年1.1个百分点。

在这样诡异的经济曲线中，华尔街神话破灭了，冰岛国家破产了，美国五大投资银行全军覆没，印度巨富阿尼尔·安巴尼财富缩水了325亿美元，就连股神沃伦·巴菲特也承认因他的“失算”致使公司年内损失数十亿美元。据香港工业总会副主席孙启烈还透露，珠三角地区原有的5.8万家港资加工贸易企业，已有1.5万家失去了联络。

广厦是幸运的，因为楼忠福“快一步中慢半拍”的清醒，让其再次躲过了蛇的诱惑。

“有时，你明知道风险就躲在机遇旁边，可你还是经不住诱惑。”楼忠福说，“问题的关键不在躲避风险，而在应对危机的办法”。

2006年，广厦开始收缩战线，明确以“产权与管理体制改革、机制与制度创新、回笼资金、确保两大主业发展”为工作重点。10月份还特别强调：制度优先，兼顾发展。结果，该年仅房地产回笼资金就高达52.93亿元，建设项目夺得2个“鲁班奖”，广厦集团在“中国1000家最大企业集团”排名位居第95位，比上年提升了4位。全年实现产值316.58亿元，比上年增长23.6%，利税21.59亿元，同比增长18.56%。用楼忠福的话来说：广厦经受住了考验，企业平稳运行发展。

2007年，工作思路再调整为：以经济效益为核心，以控制经营风险为中心，确保又好又快发展。7月份的年中会议上还特别强调：发展一定要稳妥，风险一定要可控。尽管如此，该年度总产值仍然达到408.9亿元，同比增长29.12%，广厦集团在“中国1000家最大企业集团”的排名再次提升4位，进入到第91位。

2008年初，楼忠福强调广厦仍处于“调整期”，要“以管理为中心，以效益为标准，确保稳健有序发展”。在年中会议上，他继续强调做好建筑和房地产两大主业，从片面追求规模扩张、产值增加向提高经济运行质量与效益转变，严厉强调公司上下须严守“管控红线”，“年内一律不准扩大投资”。这一年，广厦的产值只比上年增长了10%，但在“中国1000家最大企业集团”中的排名却提升了6位，并依然稳坐“浙江省百强民营企业榜”头把座椅。

《周易》的“日中则昃，月盈则食”和老子的“曲则成”、“反者道之动”的朴素辩证思想，曾被明代思想家方孝孺运用于“祸常发于所忽之中，而乱常起于不足疑之事”的治国理论。“祸兮福之所依，福兮祸之所伏。”“乐往必悲生，泰来犹否及。”当代实业家们显然深谙其中的哲学真谛，并自如地运用于企业的“危机意识”与“风险管理”。

幸存者的幸运不在于他们没有犯过一切可能犯的错误，而在于错误还没有把他们毁灭之前开始醒悟。

古希腊神话中有个潘多拉，那是宙斯为报复人类创造的绝色美女，集妩媚与狡诈于一身。潘多拉诱惑了普罗米修斯的弟弟衣皮米修斯，并为他生育了七个儿子，分别叫贪婪、杀戮、恐惧、痛苦、疾病、欲望与希望，宙斯把他们关进了魔盒。有一天，潘多拉打开了魔盒，六个儿子飞了出去，肆虐人间，只有希望仍然留在盒子里。

在古希腊语中，普罗米修斯是“深谋远虑”的意思，而衣皮米修斯意为“后悔”。“深谋远虑”的普罗米修斯不可能接受潘多拉的诱惑，只有容易“后悔”的衣皮米修斯才会做出后悔一生的事。

然而，毕竟“希望”还在，女神雅典娜在帮助普罗米修斯创造人类的时候也已经赋予了人类“智慧”的精灵。没有了普罗米修斯的时代，人类只能靠自己的智慧去寻找希望。

第三章　智慧与危机的美丽邂逅

1987　有生于无

现在，让我们再回到天都城。时间仍然是2009年的4月8日。

酒店授牌仪式结束之后，楼忠福在这里主持召开了控股公司管理层的核心会议。议题是：如何落实“不争百强做百年”的战略思路。

议题有些沉重，气氛却颇为轻松。

轻松的是楼忠福的心情。

“广厦不争百强，要做百年。”这是楼忠福在“冬眠”了三年之后的2009年初蹦出的一句狠话。

“自从说出这句话，我就觉得自己像孙悟空逃离了五指山，浑身轻松。”这是楼忠福的开场白。

> 盲目争强做大，那就是五指山呀，压了我500年。
>
> 现在我想通了，500个亿与100个亿有时它就是一样的。关键是要效益。不能出效益，你还不如不去做。

广厦控股公司党委书记卢志信就认为：“从争强好胜，一味追求快速做大，到归真现实，提出做百年广厦，楼忠福经历了思想分娩的痛苦过程。对于一个眼看就能够做大做强的企业来说，有时放弃比争取更不容易。”

相伴着楼忠福走过25年创业之路的东阳三建公司董事长楼正文惜字如金，他对广厦现状与未来的评价只有四个字：“事在人为。”挂在办公室墙上女儿6岁时的书法习作“聪者听于无声”，似乎成了他意犹未尽的另一种解释。

而从东阳城关建筑公司到广厦集团曾经担任过30多年办公室主任的吕育土也算得上是最了解楼忠福的“广厦元老”之一，他认为：“在广厦，岂有真可以不干事的人。楼忠福说的‘不能出效益不如不去干事’话中之意是：以效益论英雄，出不了效益就请让位。”如今仍然担任着广厦股份有限公司监事会主席要职的吕育土以上理解是对楼正文“事在人为”的最好诠释。

从老子的“万物生于有，有生于无”到庄子的“无己”论，从西汉“清净无为”的黄老思想到魏晋“贵无”的玄学思潮，从佛教的“空无”境界到道教的“不著一物，心乃合道”理论，从程朱理学的“太极”论到王学流派的“心学”观，从元代邓牧的“无君”论到近代严复的“自由”观，一种被称作“唯心主义”的“无而有为”理论，一直伴随着中国数千年的思想历史，并影响着政治、社会与经济的管理方法。直到现代，关于计划经济与市场经济的争论，关于“无为而治”或“有所作为”的政府管理方式选择，也与这些理论不无关系。“有舍才有得”、“退一步海阔天空”等通俗理解，更成为中国人的一种人生哲学。

无而太极，极本无极。有生于无，无而生有。期间显然包含着深刻的辩证哲学思想。从无到有，有而生无，无然后有。若想始终占有，则可能由有而无；从有到无，则可能无能生有。

两山之间必有壑，两峰之间必有谷，人生与企业大凡如此。睿智者往往以势谋局，必要时有所舍弃，从而实现对更高目标的追求。

显然，楼忠福与他的团队对此已经深有感悟。

> 所以，要抬头看路，智慧应对，扎实工作。看路看什么？一看国际形势，二看国内现状，三看广厦自己。看清了，就有了应对的办法，也就有了扎实工作的方向。广厦不缺战略，不缺资金，也不缺智慧，以前缺的就是清醒，清醒的应对办法。现在，这点我们也不缺了。剩下的只是扎实工作。扎扎实实地把内部体制机制调整好，控制风险，提高效益，打造百年广厦。
>
> 冬天还没有过去。抱团取暖不如冬令进补。趁冬天补好身子，把广厦养得健健康康，壮壮的，再去拼杀，对付下一个危机。
>
> 广厦就是从困难中、从危机里走出来的。中国民营企业都是

从机遇与危机的夹缝里发展成长起来的。

除了出席重要会议与隆重场合，楼忠福的讲话稿一般都由他自己起草提纲。而所谓“提纲”，其实也就是他自己看得懂的几句话，有时只有简单的几个字，分别写在几页纸上，然后将这几页纸放在台桌上，偶尔看一眼，侃侃而谈。奇怪的是，无论信马由缰跑题多远，他总能在关键的时候返回到主题。而在一跑一回之间，已经多了许多生动的比喻与思想智慧的火花。这颇有些像他的唱歌：豪迈，激情，洒脱，偶尔跑调，却总能够踩准节奏，并在需要的时候及时回到调上。“从上海跑调到北京，还能够再从北京回到上海。”楼忠福自称其为“楼调”，即使面对著名歌唱家的指点也矢志不变：“我要的就是‘楼调’，变了就不是‘楼调’了。”

这天，在谈到机遇与危机时，楼忠福又有了一个新的生动比喻：

> 你的车子120码的速度开在高速公路上，突然，前面的车子刹车灯亮了，你不能不刹车吧，但又不能把刹车踩死，踩死了会翻车的。你就想一边减速，一边从前面几辆车子的空隙里钻过去，能够钻过去就可以恢复120码的车速，但如果钻不过去就会出事故。这就是机遇与危机。敢不敢钻？能不能钻得过去？完全取决于你的正确判断和驾驶能力。

此乃有感而发。

1987年，楼忠福承包东阳第三建筑公司的第三个年头。公司刚刚进入不久的宁波市场出事了。

8月28日，当地的《宁波日报》刊出一条与东阳三建有关的消息：该市原住宅开发公司技术处的一位副处长因索贿受贿21097元，被当地法院判刑10年。这2万多元的受贿款中就有东阳三建宁波施工队一名副队长送去的2000元。

在这之前，东阳三建已经对这名副队长作出了严肃处理。但宁波城乡建设委员会还是借此事件，开展了一场全市范围的“治理整顿建筑市场”活动。东阳三建被列入12家勒令清退名单。

这一年，中国政治、经济正在发生重大变化：邓小平7年前的《党和国家领导制度的改革》讲话被重新发表，《人民日报》配发了《把政治体制改革提到日程上来》的社论；国务院提议设立海南省；中葡两国签署联合声明，中国政府宣布在1999年12月20日恢复对澳门行使主权；中共十三大提出分三步走实现中国现代化的经济发展战略部署；而此时，中国高度集中的计划经济在经济生活中所占的比重，已由9年前的100%下降为50%左右。

楼忠福的东阳三建此时还只是一家年产值几千万元的乡镇企业，他既不明了政治体制改革究竟对他意味着什么，也意识不到海南省的设立与他的企业会有什么关联。此时的他只清楚一点：东阳三建需要宁波市场。这是他刚刚完成布局的企业三大主战场之一，失去宁波意味着斩断东阳三建的一条腿脚。

怎么办？聪明的楼忠福从事件中发现了两条缝隙：一是被列入清退名单的12家工程队全是外地企业；二是清退决定已下，清退名单尚未下发。

机会，这就是机会。楼忠福机智地下出三步险棋：一是沟通媒体，申诉委屈；二是痛心疾首，亡羊补牢；三是邀请宁波房地产开发公司经理考察东阳。

很快，省城媒体开始关注宁波"清退事件"。媒体调查发现：包括东阳三建在内的不少将被清退的外地建筑队其实在宁波市场的声誉不错，各项工程质量也均合格，宁波以"经营作风不正"为由清退外地建筑队，存在建筑市场地方保护之嫌。一篇《也谏逐客》的文章甚至借2200多年前秦国李斯的《谏逐客书》，以古喻今，提出：古秦王尚能采纳李斯之谏，取消逐客令；今为开放城市的政府管理部门，应否更为开明？此文颇能触及痛处，因为宁波市刚刚在三年前的1984年列入中国大陆14个进一步对外开放沿海城市。

媒体热热闹闹开展讨论的时候，楼忠福却主动来到宁波市的主管部门，又是口头检讨，又是递交书面整改意见，并且还在宁波举行了一次全公司队长以上人员参加的现场会议，整顿作风，大表决心。会场上甚至挂起大红横幅，奏响《义勇军进行曲》，一派"壮士断臂"的悲壮场景，颇让与会的宁波市城乡建委领导与客户代表为之动容。

与此同时，宁波房地产开发公司的经理真的被楼忠福请到了东阳。在这之前，东阳三建与该公司已经达成一项460万元工程额的项目意向，楼忠福要赶在宁波城乡建委清退名单下发之前正式签下这份合同。三建在东阳有不少建筑精品，客户对三建的评价更是无可挑剔。宁波房地产开发公司经理经过两天时间在东阳的实地考察，放心地签下了合同。楼忠福的如意算盘是：有了这份合同，即使东阳三建仍被列入最后的清退名单，却可以以“工程未结”为理由暂留宁波市场。

苦肉计、反间计、连环计，楼忠福的三计终于使东阳三建走出危机，成功地留在了宁波市场。

这是楼忠福创业早期较为典型的一个成功处置危机的案例。不难看出，期间既有中国古代兵家的智慧与思想，也有早期农民企业家的狡黠与伎俩。

起始于1978年的中国改革开放，正像一趟晚点的列车，一路停靠，一路缓缓向前行驶。安徽小岗村的农民挤上去了；江苏华西村、天津大邱庄的农民也在吴仁宝、禹作敏的率领下挤上了车；北京复出的荣毅仁、深圳蛇口的袁庚、浙江萧山的鲁冠球、安徽芜湖的年广久、四川万县的牟其中、中科院的陈春先、首都钢铁厂的周冠五、浙江海盐的步鑫生也以各自不同的方式挤上了列车；港商李嘉诚、霍英东、曹光彪、刘天竹也已捷足先登，在列车的卧铺车厢拥有了席位；甚至连日本的松下幸之助、法国的皮尔·卡丹和美国亨达公司也早早在中国列车上占好了优势位置。

10亿中国人都在盼着等着这趟车，谁都想早点挤上去。因为他们知道，这趟列车的前行方向就是富裕。

列车每停靠一站，成千上万的人就会拼了命地往上挤。买到票的或是没买票的，扛着行李或空着双手的，独自一人或拖儿带女的，总之都拼了命地往上挤。车门口是推搡的人堆，车窗上也到处是人头。已经先上了车的可能会帮助车下的人，也可能会关上窗户阻止下面的人爬越，而下面急于上车的人可能会隔着玻璃哀求车上的陌生人，或者踩着别人的身子翻过人墙。也有关系亨通的，早托了熟人或塞过红包，这时已经从餐车门口轻松地进入车厢。

总之，这个时候，没有了秩序，没有了规定，甚至已经缺少了道德。也没有多少人会去指责他人的不是，因为自己可能也就是这样挤上车来的。一切以结果论英雄。上了车的甚至还可以向人吹嘘你的勇敢与手段，没上车的只剩下后悔与抱怨，眼巴巴地看着车子从身边开走。

这是中国改革开放初期很多火车站的真实场景。也是中国经济生活一段特殊的历史。

描述这段历史，可以帮助我们了解楼忠福在处理宁波清退危机中的思想与手段。楼忠福是在1984年11月好不容易才挤上改革开放列车的。那一年，他毛遂自荐，承包了浙江省东阳县吴宁镇的一家集体企业——城关建筑工程公司。车是上去了，可简陋的车厢里仍然很挤，挤得让你依然没法遵守秩序。为了求生，他们不得不做“能屈能伸”的“小丈夫”；为了不被挤下车去，他们使出浑身解数，甚至不择手段。

后来，中国的一些理论家们突然想起了这段历史，要求清算那些不守秩序挤上车子、后来成为企业家们的“原罪”。

“原罪”一词出自基督教义，指人类生而俱来、洗脱不掉的罪行。正是当年亚当、夏娃偷吃了禁果，人类便犯下原罪。而因为有了“原罪”，才需要“救赎”，人类也便有了“救世主”的需要。

以“现代救世主”身份出现的理论家们认为：凡能在中国做企业成功之人，创业初期都有犯罪行为。如果他遵守法律、按部就班地经营，在高税收、严管制的大环境下根本不可能成功。

直到2007年，还有人堂而皇之地提出：“清算原罪是和谐社会的前提。”将对民营企业家的“原罪清算”与“和谐社会”、“科学发展观”联系在了一起。

这似乎有些可笑。在那个时代有过乘坐火车经历的人定然记得，你若循规蹈矩排队，肯定上不了车。要不就是你的级别够高，可以慢悠悠地登上卧铺车厢。或者，你是宁愿上不了车也要做遵守秩序的老实人。

时任中国工商联第一副主席兼中共中央统战部副部长的胡德平曾经气愤地指出：清算民营企业家的原罪无异于否定改革成就。他认为，如果不将改革开放放在一个特定的历史阶段来考察，那么，改革开放本身就不合法，所谓家庭联产承包、引进外资在最初都是缺少法律依据的。

经济学家厉以宁也认为：民营企业家实际上并不存在所谓的“原罪”，而应叫“原始创业积累”。由当初政策不清所产生的一些问题，只要不是违法所得，就没有什么好负罪的。清华大学NGO研究所副所长贾西津也指出：宗教上“原罪”概念与法律上“犯罪”概念不能混淆，他更愿意把出轨的民营企业家称为“闯红灯者”，要不要追究他们所犯的过错，要看其行为是否违反了当时的法律法规，而如果当初他们没有不违法的选择，则可能又当别论。

时任重庆市委书记汪洋在“第六届重庆民营企业家年会”上也说：民营经济作为改革开放以来迅猛发展的新的经济力量，创业初期的“不规范”既是其与生俱来的“胎记”，也是其生机勃勃的活力所在。他希望有关部门能给民营经济“最大程度的宽容和理解”，“努力营造一种容忍失败、鼓励探索的宽松环境”。

今天，当交通发达到可以不去拥挤也能够悠然登上车子的时候，秩序之外又有了文明。这时候，你可以评判当年的混乱与恶劣，不管你是经历过还是没有经历过那段历史。毕竟，在那段历史中确实存在过不守秩序、不道德甚至卑劣的行径。但如果你一定要在动车组的豪华车厢里排查当年不守秩序挤过火车的人，不显得十分无聊与滑稽吗？

柳传志就坦承联想曾经卖过走私货；王石也不回避他在深圳的“倒爷”历史；李书福在创办冰箱厂之前曾从事过不被国家政策允许的黄金白银提炼与交易；刘永好也承认早期卖过高水分的玉米饲料，赚了昧心钱；史玉柱更是在负债2.5亿元的大败局中悄悄离开只盖了首层大堂的巨人大厦，隐姓埋名北上躲债好几年……

那是一段开天辟地的历史，那是一个披荆斩棘的群体。

没有人去设想，如果没有这个群体担当改革开放的“排头兵”，或者，所有的中国人都按照传统道德和理论家们划定的线路小心翼翼地行走，当年邓小平设计的中国改革开放蓝图是否还能够变为现实？至少，其进程必将延缓相当长的时期。

2003　　借势而为

到了2003年，处理杭州天都城危机，楼忠福的智慧显然已经今非昔比，高人一筹。

启动于2000年的杭州天都城项目，一开始就获得了政府、舆论和消费者的热捧。这个当时预计投资80亿元、建筑总面积400多万平方米的项目，已经超越了传统“大盘”概念，它其实就是一座“卫星城”。广厦提出“先做旅游，后做房产，总体规划，滚动开发”，承诺用6至8年时间完成整体项目，预计届时入住人口将达到10万左右。

这是一个适应中国“城市化”发展需要，并具有趋前、创新与示范意义的超大型项目。虽然“6至8年完成整体项目”的计划不免有些“大跃进”式的冲动，早于天都城的深圳华侨城建设，其规模远小于天都城，却用了整整20年的时间。

早在1980年的全国城市规划工作会议上，中央政府就提出了“控制大城市规模，合理发展中等城市，积极发展小城市”的城市发展总方针。

1983 年，社会学家费孝通提出“加强小城镇建设是中国社会主义城市化的必由之路”。至 1990 年，县及建制镇数量从 2854 个发展到 10126 个，1992 年开始的乡镇“撤扩并”，又增加建制镇近 5800 个。1986 年国家修订“建市”标准，11 年间县级市数量净增加了 286 个。到 2000 年，中国城市总量已经达到 662 个，小城镇 2 万多个，城镇总人口超过 4.8 亿。①

“随着农业生产力水平的提高和工业化进程的加快，我国推进城市化条件已渐成熟，要不失时机实施城镇化战略。”这是 2000 年 10 月中共中央在关于“十五”规划的建议中提到的一段话。而在楼忠福与当地政府签订天都城建设项目时，这个建议稿尚未正式公布，被称作“中国城市发展战略白皮书”的《2001—2002 中国城市发展报告》也在两年之后才最后形成。这份长达百万字的《报告》预测：到 2050 年，中国的城市化率将从现在的 36%提高到 75%以上，城市人口将增至 11 亿左右，并形成结构合理、功能互补、整体效益最大化的大中小城市体系。但《报告》同时指出：只有基础设施的健全与完善，城市才能担当起新一轮财富集聚的经济增长点。而城市化发展进程已经对城市基础设施建设的速度与质量产生了巨大压力。预计到 2050 年前后，中国城市发展所需要的基础投入大约在 40 万亿至 45 万亿元人民币，相当于每年平均投入 8000 亿至 9000 亿元，这大约是 2001 年全国 GDP 总量的 1/10。

楼忠福显然已经提前嗅到了这份商机。

因此，当广厦提出利用民营资本，在杭州主城区外建造一个能够容纳 10 万人口的“卫星城”想法时，迅速得到了政府的响应。

杭州余杭市（2001 年 3 月并入杭州主城区，改称余杭区）政府承诺提供距离杭州市中心 10 公里的星桥镇 6579 亩土地，整体签约，分期供应；杭州市政府决定筹建中的地铁一号线延伸到天都城；国家建设部也将天都城列入了“小城镇建设试点项目”。

当时正值全国性的“房地产热”，杭州的房产热度已经攀高。2001 年 9 月 8 日，天都城第一次公开展示，其每平方米低于 2500 元的实惠价格顿时吸引了 8000 多人追捧，首期 1000 多套房源一天之内即被订购一空，而且平均每套房子多达三个以上买主预订。当时，杭州主城区的房价已经达到每平方米 7000—10000 元，城市外围区域的房价也在每平方米 4000 元

---

① 参考《2001—2002 中国城市发展报告》、《数字中的中国小城镇》（佚名）等资料。

以上。

然而，到了2002年5月，国土资源部出台了一个11号文件，叫停中国土地市场沿用多年的协议出让方式，要求从当年7月1日起，各类经营性用地必须一律以招标、拍卖或挂牌方式进行公开交易。再之后，就是全国性的开发区整顿、中央提出科学发展观和新一轮的宏观调控，接着便是银根抽紧、土地冻结、房地产热降温……

天都城项目没有任何违规动作，问题出在土地供应上。当时，广厦与余杭市政府签订了6579亩的土地出让协议，但实际办理购买手续的仅为其中一小部分。由于国家土地政策的突然变化以及随后对“造城运动”的舆论转向，天都城项目有被拦腰斩断的危险，广厦先期投入于天都城环境、旅游建设的数亿资金极有可能全部泡汤。而要命的是杭州市政府已经传出可能取消地铁一号线延伸的说法。

对于广厦，面临着一场远比当年宁波清退更大的危机。

2002年11月，浙江省委常委兼杭州市委书记王国平、浙江省政协副主席龙安定走进天都城；一个月后，王国平再次陪同时任浙江省委副书记、常务副省长的吕祖善来到天都城，肯定广厦信守“先做旅游，后做房产”的承诺；之后，浙江省委副书记李金明和乔传秀、省人大副主任俞国行、副省长陈加元、省委常委斯鑫良、杭州市市长茅临生、杭州市人大常务副主任吴健以及国土资源部规划司司长潘文灿等先后来到天都城考察，对广厦给予肯定与鼓励。

此时的楼忠福已经当选为全国人大代表。他起用广厦集团公司副总裁郑可集，替换原来的天都城实业有限公司董事长。楼忠福阵前换将，让集团公司的一位副总裁屈就天都城董事长，体现了其“天都城就是广厦，广厦就是天都城”的良苦用心。

同时，他要求天都城继续做好计划之中的各项工作。规划不能变，建设不能停。然后，利用邀请参加“中国特色城镇化论坛”机会，发表了极具影响的《小城镇　大文章》的演讲。

这个于2003年9月在北京钓鱼台国宾馆举行的研讨会，堪称“高规格、有影响”。主办单位为国务院发展研究中心和经济日报社，协办单位是国家发展改革委员会宏观经济研究院，受邀参加的嘉宾包括：全国人大副委员长蒋正华、全国政协副主席郝建秀、建设部部长汪光焘、国家发改委副主任朱之鑫、农业部副部长刘坚、劳动和社会保障部副部长王东进、国务院发展研究中心主任王梦奎、中共中央政策研究室副主任郑新立、国土资源部土地利用司副司长吴海洋、经济日报总编辑冯并等，包括港澳地区在内的40多家媒体也云集会场。

这是一个再好不过的机会。楼忠福的演讲果然引起与会人员对天都城项目的高度关注，几乎所有重量级的嘉宾对天都城案例都给予了充分的肯定。

全国人大副委员长蒋正华强调：要防止城市盲目扩张带来的负面效应，应重视中等城市的作用发挥。国家发改委体改司司长范恒山也认为：要优先发展大城市郊区和辐射区、沿海、沿江及沿交通干线的小城镇，使其发挥“龙头”作用。农业部副部长刘坚也认为：要优先将一部分基础较好的县城镇和中心镇建设成为规模适度、规划科学、功能健全、环境整洁、具有较强辐射能力的农村区域性经济文化中心；要按照市场经济的办法，吸引企业、个人及外商以多种方式参与小城镇教育、文化、卫生等公益事业的建设，走出一条在政府引导下依靠社会资金建设小城镇的路子。

中共中央政策研究室经济局局长李连仲则明确指出：

> 应在实践中充分尊重广大群众的创新精神。浙江广厦集团作为一家以建筑工程和房地产为主导产业的上市公司，近年来积极参与推进杭州市的城市化进程，利用自身资金和机制优势，通过市场平台，参与城市开发和经营，投身小城镇开发建设。在协助政府为市民解决“安居”问题、为农民解决“进城”问题上探索出了比较成功的做法和模式，既解决了城市建设中长期存在的资金缺乏难题，转变了投融资方式，又促进了城市经营管理体制改革，促进了政府和市场“两个轮子”在城市开发、经营、管理的各个环节中的协调运行。特别是在解决农民“进城”问题上，他们充分考虑搬迁农民的利益，不仅补偿到位，提供了农民赖以生存和发展的“创业钱”，还帮助农民全部办理养老保险，解除村民后顾之忧，并尽可能地提供培训机会，帮助他们走上就业之路，使周边农民切实感受到走城镇化道路给自己带来了生活、就业和子女教育等方面的重大变化。可见，只要各项关系处理好了，小城镇建设可以给农民带来实在的利益，并使这种利益不断扩大。

接着，2004年3月31日，国土资源部联合监察部下发了一份《关于继续开展经营性土地使用权招标拍卖挂牌出让情况执法监察工作的通知》，把土地市场“历史遗留问题”的处理期限推迟到2004年8月31日。

至此，天都城的“土地危机”迎刃而解。与天都城一起被“解套”的还有一大批房地产商与“问题工程”。国务院发展研究中心研究员郭励弘则在2004年9月发表的《关于民间投资城市基础设施情况的调查》中，以广厦天都城为案例，分析指出：“民间资本壮大到一定程度，就出现了规模化、专业化、产业化地投资于城市基础设施的高级形态，不管其初衷是出于资本增值目的还是广告效应或者是公益光彩考虑，总之已经进入到自由的、主动的投资阶段。”

而我们所看到的是，楼忠福的这次危机处理，体现出了高超的思想智慧。借势而为，无而生有，树上开花。穿着西装坐上动车组的中国民营实业家已经不再靠着粗大嗓门、动辄卷起袖管舞拳弄棍，其维权智慧让人刮目相看。

“反者道之动，弱者道之用，天下万物生于有，有生于无。”中国道家鼻祖老子在《道德经》中揭示的辩证思想比德国哲学家黑格尔的“正反合”辩证思考法早了2000多年，其哲学内涵却颇有相似之处。

在一个风雨交加的夜晚，你开着车子经过一个偏僻的车站。只见有三个人正在等车：一个是生命垂危的老人，急需救助；一个是曾经挽救过你生命的医生，你一直希望能有机会报答于他；另一位则是你梦中的情人，一个做梦都想得到她欢心的美丽姑娘。遗憾的是，你的车子只有两个座位。

这是一个困难的选择：从道义上说，生命垂危的老人最需要得到救助；从理智上说，医生则是你最想帮助的人，知恩必报是你的美德；而从情感上说，你最想帮助的是那位姑娘，她可能会成为你终身的伴侣。但如果见死不救，你会受到一辈子的良心谴责；而帮助了一个也许已经来不及救治的生命，失去的却是期待已久的报恩和求爱的现实机会，你心有不甘。

据说这是一家全球大企业招聘高管人员时设计的考题。考题没有标准答案，全凭智慧选择。而最后被录用者作出的选择是：

将车钥匙交给那位医生，让医生带着老人去医院，自己留下来陪伴梦中情人一起等候公交车。

放弃显然也是一种智慧。而唯有智慧的选择与放弃，才可能拥有更多你想得到的最好东西。有所失才有所得，最难的也许正是最容易的。这便是“开篇故事”给我们的启示。

楼忠福在这个时期对市场风险与企业危机的智慧处置，正与“开篇故事”有着异曲同工之妙。

走出危机的天都城，蓄力后发。

2005 年，集团公司常务副总裁何勇接任天都城实业公司董事长职务。何勇 2001 年 1 月从浙江省机械厅“空降”广厦，楼忠福寄望这位前政府机关的处级官员，能像一枚定海神针，镇住天都城。

果然，天都城里很快风平浪静。土地、交通、配套、舆论以及前期工程质量等许多遗留问题纷纷得到解决。这时，楼忠福却又对天都城提出了“增强品质，树立品牌，提升品位”的更高要求。风平浪静只是阶段目标，楼忠福有时更像一位政治家和战略家，他喜欢惊涛骇浪。

2007 年，《天都城控制性详细规划》通过杭州市政府审批，天都城建设拥有了法规保障。之后，委托同济大学对天都城进行整体“城市设计”，从城市空间到文化特色，从城市色彩到景观小品，天都城确立了未来建设的高尚品位。天都城“城市设计”概念的提出，在全国首开先河，一年之后，其所在的杭州市也开始了“城市设计”的实施。

同年，天都城销售房产 1500 套，成交金额超过 9 亿元，成为杭州楼市名副其实的成交大户。虽然天都城整体建设速度因为政策与形势的变化调整延后，但在天都城周边已经迅速聚集起 12 个新的楼盘，一个规划人口 40 万的未来杭州东北部大型生态居住中心也已初具雏形。4A 级景区、五星级度假酒店、学校、文化体育中心等一批原有规划及新增项目已经落户天都城或即将动工兴建。而“法国文化周”、“国际休闲论坛”、“国际小丑嘉年华”等活动的成功举办，则有效聚集了人气，丰富了城区文化内涵，提升了“天都城不是一个纯粹的居住空间”的理念。

“天都城就是广厦；广厦就是天都城。”楼忠福曾经在集团内部核心会议上多次说过这样的话。

今天，他再次重复，并加上一句：“百年广厦，从天都城做起。”

也许，并非每一位与会者都理解他这话的真正意思。楼忠福寄托于天都城有一个梦想，这个梦想我们留在后面让楼忠福自己告诉大家。

不过，楼忠福今天的心情真的不错。他让省市区三级领导见证了天都城的成功，并且，还得到了一个关于《思想者》雕塑的意外收获。

楼忠福轻松地走出会场。

太阳开始西沉，天都公园里依然游客如织，埃菲尔铁塔下还有穿着漂亮婚纱的准新娘在摆着标准的POSE，售楼处门口停满了客户的车辆，而美丽的天鹅湖畔，有不少业主正在休闲垂钓……

杭州，一座美丽得让人想入非非、休闲得有些疯狂的城市。

城市中间有山有水，水中还有山水。雨日里白堤上仍然会有撑着花伞悠闲漫步的男女；而天气刚一转暖，大街上便到处可以看到穿着短袖、露出白皙腰围的时尚美女；拥有上千家茶楼的市区竟然常常会订不到坐席；而元旦短假市中心四家商场三天的销售额竟然能够达到2亿元；周末的开放式公园草地上到处是席地而围的"城市主人"；而西湖边、广场上晨练的大伯大妈也会一边舞动手脚一边讨论着股票与楼市……

他们中的许多人并不认识香港的荣智健，也不在乎远在巴黎的"思想者"，更没有"春天里的冬天"之类的忧虑与烦恼。金融危机对于他们来说，只是今天捂紧了钱袋，明天可能又会把钱袋掏空，或者用刚刚从政府窗口领到的"消费券"买回几副扑克与几袋点心，再约上三五好友，开上私家车，来到郊外的农家乐，品茶玩牌，谈房论市。而就在这份休闲之间，杭州主城区的当月商品房成交量却超出了上年同期的198%，成交均价也维持在每平方米11648元的高位，二手房成交量更高达4217套，再次刷新城市月度交易历史纪录。

楼忠福的广厦集团总部在1995年迁入这座城市。那一年，他41岁。

41年的根，深扎在一座名为东阳的浙中小城。

下面的故事，我们回头从东阳说起。

第二篇　乘势待时

改革开放年代，一切都可以大张旗鼓地破与立，唯有政治成为实业思想家们割舍不断的情结。是近代以来企业发展历史及中国现阶段的政治经济关系培养出了他们特殊的嗅觉。

楼忠福说：对机遇的发现、捕捉和驾驭，其实就是对政策与市场经济规律的认识与利用。把握机遇在于快人半步，而且每一步都要踩在鼓点上。

机遇俯拾皆是。对于秉性敏感的实业思想家来说，快人一步并不难，难在观时之变，用时之机，见机而行，乘势而为。自古庸者抱怨机遇，弱者等待机遇，强者抢占机遇，唯有智者才会创造机遇。

开篇故事

有一位木匠，造了一辈子的房子，每一幢都受人称赞。某日他决定退休，希望老板能给他一笔不多的养老金。老板却说：现在不行，你还得再帮我造一间更大更好的房子。木匠不悦，暗恨老板吝啬。于是，他用了最次的材料和最简陋的方法草草将房子建成，然后将钥匙交给老板。老板一句话让木匠愧恨无语……

机遇，有时如虚掩的门，一推便开；有时又如过隙马驹，稍纵即逝。庸者抱怨机遇，弱者等待机遇，强者抢占机遇，唯有智者才能创造机遇。

第四章　偶然的机遇　必然的选择

没米也能煮成饭

东阳的历史与楼忠福少年的故事，我们留在后面篇章中详细介绍。这一节，说的是楼忠福创业之前的故事。

1978 年，已为人父的楼忠福告别妻子，搂了搂两个儿子，再次出门。虽然干的还是工程队里的小工。

8 年前，16 岁的楼忠福曾经跟随东阳城关建筑队队长于永炎到嘉兴建筑工地干过半年小工。因为那时楼忠福的父亲楼茂春还戴着“黑五类”的帽子，因此不久他便被从嘉兴召回参加生产队劳动。

小工也称初工，是工程队里最底层的普通成员。他的领导是师傅，师傅的领导是队长，队长的领导才是经理。小工为师傅当下手，干最苦最累的活：挑砖，扛石头，拌砂浆。师傅说：砂浆没了。你马上得把装着砂浆的泥桶拎上去。师傅说：拿砖块来。你得知道他要的是什么样的砖块，马上递到他的手上。甚至师傅说：去，买包烟。你也得乖乖地赶紧小跑着去把烟买来。

虽然你与师傅都是一个村子里出来的，或者可能按辈分他还得管你叫叔伯，但你还得十分尊敬他。因为他有手艺，而你没有。那时候，建筑队里仍然十分严格地沿袭着师傅带徒弟、师尊徒卑的传统管理模式。哪天师傅不高兴了，他甚至还可以骂你打你。因为你是一名小工。

很多师傅都从小工做起，而要想从小工成为师傅，还得先当徒弟，拜师学艺，非得熬上七年八载不可。因为师傅手上的手艺是他吃饭的本钱，他若看不上决不会轻易地教你。

与8年前赴嘉兴打工不同的是，这时的历史已经发生了巨变，中国正在换一种姿势奔跑。

1978年，一场“实践是检验真理的唯一标准”的讨论引发了全国理论思想上的大解放。很快，右派摘帽，知识分子落实政策，“天安门事件”平反，彭德怀、陶铸、薄一波恢复了名誉。全国政协会议、全国人大会议、全国科学大会、全国教育工作会议、全军政治工作会议、工青妇代表大会等相继在北京召开，中共十一届三中全会更是明确把全党工作重点转移到社会主义现代化建设上来。

这一年，中日签订和平友好条约，中美发表建交联合公报，中国则有12位副总理和副委员长以上要员率队访问了50个国家，邓小平自己就出访了朝鲜、日本、泰国、马来西亚、新加坡五国，痛感社会主义中国的贫困：“我们太穷了，太落后了，老实说对不起人民。”接着，他提出了“先让一部分人富裕起来”的口号。

这一年，世界上第一个试管婴儿已经在英国诞生；美国则开通了全球第一个移动电话通信系统；当年美国家庭的电视机普及率为70%，而10亿人口的中国电视机实际拥有总量也不过区区100万台；那时，中国农民的人均纯收入仅有134元，还有2.5亿人口没有解决温饱问题。

这一年，安徽凤阳小岗村的18户农民秘密签订契约，将集体耕地承包到户，悄悄搞起了大包干；浙江萧山的鲁冠球办厂却已经10年，产值超过了300万元；吴仁宝领导的江苏华西村则已经拥有百万固定资产和百万银行存款，成为《人民日报》宣传的典型；天津大邱庄的禹作敏也在村里悄悄办起了冷轧带钢厂，为后来成为“中国首富村”埋下了伏笔。这一年，邓小平被美国《时代》周刊评选为“年度风云人物”，那一期的杂志封面上与邓小平照片一起的还有一则含蓄的标题：《与中国打交道》。刊内“序言”则充满激情地告诉读者：一个新中国的梦想者——邓小平，向世界打开了中国的大门。这是人类历史上气势恢弘、绝无仅有的一个壮举！这一年，邓小平提出“合资经营也可以谈”；随之，美国亨达公司进入中国；通用、大众公司也开始觊觎中国市场；广东顺德办起了中国第一家“三来一补”企业；港商曹光彪则捷足先登，在珠海创办了香洲毛纺厂；荣毅仁复出，当选为全国政协副主席，这年，他向邓小平提议创办中国国际信托投资公司，其儿子荣智健则开始独自赴香港创业。

一切正如当年《人民日报》、《解放军报》、《红旗》杂志“两报一刊”元旦社论所言：“坚冰已经打破，航路已经开通。”10亿中国人也如当年郭沫若先生一样激情澎湃：“这是革命的春天，这是人民的春天，这是科学的春天！让我们张开双臂，热烈地拥抱这个春天吧！”

这一年，楼忠福还不知道这么多，他只是建筑工程队里一名普通的小工。他更不知道，后来与他同年开始创业的王石，此时也正与他一样，白天顶着烈日在工地上干活，晚上与几十个工友一起挤在简陋的工棚里睡觉。不同的是，大学毕业来到深圳的王石这时已经是一名技术员了，回到工棚里可以看书听音乐，床上的蚊帐也能够帮他抵挡“专欺负外省人”的广东蚊子，而楼忠福却只能在工棚的地铺上裸露臂膀任由蚊虫叮咬，最大的乐趣也只是与工友们喝喝酒，谈谈女人。

不过，师傅蒋立天却已经发现楼忠福的非同一般。白天干活，他总是往师傅身边靠，一有空就缠着师傅教点手艺，学个本领。平日里对工友豪爽大方，乐于相助，时不时地还会流露点雄心壮志，那心思好像不仅仅在赚几块钱上。

一个晚上，公司领导来到工地看望大家，说起眼下的建筑物资短缺，一脸愁容。

那个年代，中国改革刚刚起步，一切似乎都还没有理顺。深圳特区成立了，个体户出现了，投机倒把依然是一桩大罪；国企开始改革试点了，外资企业也在抢占中国市场；电视机允许敞开供应了，猪肉、豆腐还得凭票购买；上海个别商场开始撤掉柜台、尝试开架销售了，全国物资的流通仍然主要靠指标调控。钢材、水泥、木料甚至沙石、红砖，建筑工地上几乎所有的材料都需要计划调配。巧妇难为无米之炊，物资短缺是当时建筑企业面临的最大难题。

公司领导试探大家：“公司现在缺少木料，你们谁有办法能够弄到？”

对于小工们来说，这个问题太大了。大家面面相觑。

“或者需要公司提供什么条件？”领导继续启发，“谁有好办法就让他当公司的材料科长。”

大家都以为是玩笑。“向物资局要批文。”“找关系开后门。”“拿东西去换指标。”大家七嘴八舌。

“我什么条件都不要，给我十天时间，准能搞到。”楼忠福认真地说。

大家认为这更是玩笑。

“真的。想吃饭还怕找不到米。我就不信!”楼忠福一脸认真。

公司领导也很爽快：“行！你从明天开始就是公司的材料科长了。说说看，到哪去找木料?”

楼忠福提出：东阳水库旁边有座老祠堂，已经荒废多年不用了。那里的村民几年前因为修水库已经全部外迁，但祖宗的祠堂还在。他明天就带人去把砖块木料拆来，拿到工地上应急。

拆祠堂，这可不是闹着玩的。在当地农村，拆祠堂犹如拆祖坟，绝非一个难字可以了得。谁敢贸然去动它!

“我知道难。”楼忠福说，“不难公司还能许愿当这个材料科长。”

几天之后，楼忠福竟然顺利地拆了祠堂，将那里的砖块、木料全部运回了工地。至于细节，至今他也没有谈起。

不过，后来大家发现，他还真是一块“材料科长”的料。

一次，他为木材的事又找到了东阳县木材公司的经理王加仁。自从当上材料科科长之后，楼忠福已经结交了许多朋友，他甚至已经可以自由出入一些政府部门与国有企业领导的办公室了。

“木材有啊，可我正犯愁拿不到手呢。”王加仁说。

原来，答应供应木材的福建方面向王加仁提出了一个不算苛刻的条件：钱不要，须拿金华火腿来换。

东阳盛产金华火腿，远近闻名。清《本草纲目拾遗》重订本有记：“兰熏俗称火腿，出金华者佳，金华六属皆有，唯出东阳、浦江者更佳。”民国二十九年《浙江工业》有载：“金华火腿……尤以东阳之上蒋腿最为著名，所谓‘金华火腿出东阳，东阳火腿出上蒋’是也。”新编《东阳市志》也有记载：1914 年，东阳即已成立腿业公所；1920 年之后，先后在杭州、南京、上海设立东阳火腿公司；1933 年，又成立火腿运销合作社，当年火腿产量高达 50 万只，占金华七县总产量的 59.7%。严济慈《东阳市志·序》又云：“东阳火腿，尤以上蒋火腿为最，清代中叶曾为朝廷贡品。1915 年，雪舫蒋腿在巴拿马万国商品博览会上获金牌奖。蒋雪舫厚记、正记上蒋腿，1929 年获西湖博览会特等奖。中华人民共和国成立后，东阳火腿厂生产的东岘牌特制金华蒋腿多次荣膺国优、部优称号。”

可就是这样一种东阳土特产，在当时却也难为了木材公司王经理。因为在那个连瓜子都属于省级计划调配、连猪肉豆腐都要凭票供应的物资短缺年代，所有的火腿指标当然全由物资局掌控，而没有指标你就休想拿到一只火腿。

“火腿指标我去想办法，木材你给我解决。”楼忠福照搬“物物交换”原则。

王加仁当然乐意：“行！只要你能帮我弄到火腿，木材你要多少我给你多少。”

“当真？”

“当真！”两人就欠“拉钩上吊”了。

楼忠福开着公司的拖拉机在县城里转悠了几天，真的拿到了王加仁需要的火腿指标。就这样，一桩那个特殊时代典型的“物物交换”生意做成了，福建、王加仁、楼忠福三方皆大欢喜。

物物交换是在货币产生之前人类最原始的商品交换方式。而早在夏商时代，中国就已经开始从牲畜、布粟、械器等实物货币发展为玄贝、铜、珠玉等货币形式。2000多年前，孟子曾经提出“夫物之不齐，物之性也”的价值概念，与亚里士多德的“没有等同性，就不能交换；没有可通约性，就不能等同”的商品价值观相似。马克思曾经评价“亚里士多德在商品价值表现中发现了等同关系。正是在这里闪耀出他的天才的光辉”。《墨子·经说下》又说：“为屦以买，不为屦。”与亚里士多德的另一个观点也十分相像：“每种货物都有两种用途：一种是物本身所固有的；另一种则不然，例如鞋，既用来穿，又用来交换。”

木材与金华火腿，此时显然早已超越了商品本身的价格与价值。当年的材料科长楼忠福已经显现出卓越的市场运作天赋与把握机会的能力。

可是，对于楼忠福，事情还没完。福建方面拿到了火腿，答应的木材却要至少两个月之后才能运出。这又是那个特殊时期中国经济的一大弊病：国营企业，效率低下，干快干慢一个样，干好干坏一个样。

楼忠福却等不及，工地上等米下锅呢。怎么办？

“好办！”楼忠福出了个傻主意，“给他们加点钱。”

“利益激励”、“金钱杠杆”是楼忠福若干年之后才知道的新词，可那时候他就已经这样去做了。

无知者无畏。楼忠福的傻主意却是立竿见影。本需要至少两个月才能运出的木材在10天之后竟然全数到了工地。改用当时源于深圳的一句时髦口号，叫做：“金钱就是时间，利益就是效率。”

当年有人说，楼忠福的材料科长是要来的。

楼忠福说：有机会为什么不要呢？

要来的职位倍加珍惜，楼忠福干得十分出色。

三十岁推开一扇门

改革开放的列车到达楼忠福跟前，已经是 1984 年的 11 月。

这一年，东阳城关建筑工程公司要换经理了。而楼忠福现在是这家公司里的一名材料科长。

这是东阳市吴宁镇所属的一家集体企业。1964 年 2 月组建，时称城关综合社。1968 年成立城关工程队，次年改称城关建筑大队，1973 年更名为城关修建社，1978 年又改称城关建筑社，1980 年才有了现在城关建筑工程公司的名称。几百号人，几十万元的资产，在东阳云集的建筑施工队伍中，实在很不起眼。

楼忠福已经在这家不起眼的公司里干了 6 年。虽然当上了材料科长，但他觉得自己还有浑身的劲没处使，当个经理也能胜任，他希望有一个更大的施展舞台。

这一年，中国不少的能人都有楼忠福一样的冲动，他们与楼忠福一样，隐约中听到了改革开放由远而近的列车轰鸣声。

这一年，中国改革开放的列车正在提速。

1 月：中央下发农村工作第三个“一号文件”，要求在稳定和完善生产责任制的基础上，提高生产水平，梳理流通渠道，发展商品生产。明确要求“土地承包期一般延长到十五年以上”，“生产周期长的和开发性的项目还应当更长一些”。

2 月：邓小平结束深圳、珠海、厦门经济特区及上海的视察，指出“我们建立经济特区的政策是正确的”，强调对外开放“不是收，而是放，要增加开放城市”。次月，中央决定开放大连、秦皇岛、天津、烟台、青岛、连云港、南通、上海、宁波、温州、福州、广州、湛江、北海等 14 个沿海港口城市。

3 月：中共中央、国务院同意将社队企业名称改为乡镇企业，并强调：乡镇企业是农村多种经营的重要组成部分，是农业生产的重要支柱，是广大农民群众走向共同富裕的重要途径，是国家财政收入的新的重要来源。

乡镇企业已经成为国民经济的一支重要力量，是国营企业的重要补充。

4月：国家体改委提出加快城市经济体制改革试点步伐，简政放权、搞活企业，开放市场、搞活流通。6至7月，国务院先后决定在武汉、沈阳、南京、大连进行经济体制综合改革试点。

5月：由福建省55名厂长（经理）联名信引发的国营企业“放权松绑”的呼吁终于有了结果，国务院颁布《关于进一步扩大国营工业企业自主权的暂行规定》，决定扩大国营工业企业在制订生产经营计划、产品销售、确定产品价格、物资选购、资金使用、资产处置、机构设置、人事劳动管理、工资奖金发放、联合经营等十个方面的自主权。

6月：邓小平提出：社会主义阶段最根本的任务就是发展生产力，贫穷不是社会主义。明确四个现代化的最低目标，就是到本世纪末达到小康水平，即年人均国民生产总值达到800美元。

7月：北京天桥百货商场正式宣告成立天桥百货股份有限公司，实行董事会领导下的总经理责任制，中国出现首家股份制商业企业。

10月：邓小平在国庆阅兵仪式上讲话指出：“当前的主要任务，是要对妨碍我们前进的现行经济体制进行有系统的改革。”同月，中共十二届三中全会通过《中共中央关于经济体制改革的决定》，提出“发展社会主义商品经济”，改革重点从农村转向城市。

这一年，非国有经济（含集体经济）的GDP已经达到3617.4亿元，首次超越国有经济总量。

同样在这一年，东阳县成立了建筑工程总公司，而楼忠福所在的东阳城关建筑工程公司经理陈福根到了退休年龄，组织上正在物色新经理的人选。

东阳素有“建筑之乡”美誉。新编《东阳市志》记载：早在唐宋时期，其建筑业就已经初具规模，明清时期，更将木雕艺术与木结构建筑技艺融为一体，形成了独特的建筑风格。1949年11月，东阳成立建筑工会，当时谋生于杭州、金华等地的建筑工人，成为组建浙江省第一、第三建筑公司的主力。1952年，境内建筑工匠共有2万多人。1964年，东阳陆续组建公社综合社，跨县出省承包建筑工程，虽然之后县革委会明令禁止，限令外出工匠回乡务农，但仍有一些散工继续逗留在外。1979年，恢复组建公社工程队59个、村级施工队11个，从业人员约1.3万。1982年，东阳县将发展建筑业列入振兴东阳经济的一项战略，当年全县建筑施工企业发展到75个，从业人员增加到近2万人，建筑产值达到3263万元。

城关建筑公司是当时东阳县 70 多家建筑施工企业中的一员，为吴宁镇所属。因此，其经理人选的物色与任命，权力也在镇里。

作为一家镇属乡镇企业的经理更换，不是什么大事。通常是在副经理中选择一位合适的，或由经理推荐人选，组织考察，再开个会就可以确定。何况当时这也不算一家什么好的企业，几间破旧的平房，一些简陋的工具，再就是一批能干活、找饭吃的工人，没有多少人会认为那个经理的职位有多少油水和有多大的前途。

但即便如此，这个位置无论如何也轮不上楼忠福。按学历，排资历，论技术，凭关系，谁也不会想到他。

楼忠福自己想到了自己。他已经能够清晰地听到改革开放的列车正在驶近，他想挤上去。对，一定要挤上去！否则，可能再也没有机会了。

于是，他找到镇里的领导，主动请缨。没有人答应他，只是佩服他毛遂自荐的勇气。楼忠福又去争取公司领导的支持，老经理先是怀疑：行倒行，只是能轮得到你吗？后来，干脆应付：我已经推荐你了，不知镇里会不会同意？背着楼忠福推荐的却是另外的人。

打铁匠的儿子天生一副不服输的硬劲。当年要娶王益芳，有人说我癞蛤蟆想吃天鹅肉。可我将天鹅娶进了门。怎么的？今天谁都看我资历不足，不让我当经理，可公司里有几个像我这样认真地想过它的将来，谋划过公司的发展？

这话倒当真。自从当上材料科长之后，楼忠福世面阔了，关系广了，听到的、看到的也多了，尤其在最近的一年，他已经不止一次地分析过自己所在公司的问题，悄悄谋划过它的发展。不在其位谋其政。谁会相信他呢？

这时，他想到了一个人，一个可能会相信他、帮他说话的人。

这人叫郭懋阳。

1973 年，也就是楼忠福与王益芳成亲的那一年，郭懋阳在吴宁镇（时称城关公社）担任书记。下村蹲点期间，他曾经到过楼忠福家几次，并对楼茂春的秉直与楼忠福的执著有过很高的评价。这是党的书记第一次登门与“黑五类”家属促膝谈心，令楼茂春一家温暖感动。楼忠福对这位务实能干、体恤民情的书记也有了很好的印象。当年，邓小平复出，经济形势出现微妙变化，郭懋阳重新组建起公社集体性质的城关修建社。1977 年，郭懋阳担任东阳县委副书记，1980 年改任县委书记，1983 年升任金华地委副书记。

多年来，楼忠福与这位他所崇敬的老书记一直保持有联系，担任城关建筑公司材料科科长之后，还会偶尔与老书记谈起这家他所关心的乡镇企业的情况。郭懋阳对楼忠福的为人与能力也有了更多的了解与赞赏。

这回，听找上门来的楼忠福说他想当这家建筑公司的经理，而且还想“承包公司，打破大锅饭”，郭懋阳为这位年轻人的勇气与闯劲暗中叫好。恰巧，几天之后，吴宁镇的工办主任杨文清也来看望老领导，郭懋阳趁机将楼忠福推荐给了他：“让能人走上舞台，承包乡镇企业，可以试试嘛。”其实，杨文清与楼忠福熟悉，他也欣赏楼忠福的胆魄。于是，公司经理候选人名单上多了一位楼忠福，但他还不是唯一的人选。

在那个论资排辈、组织包办一切的年代里，能人的脱颖而出不仅需要等待偶然的机会，而且更需要“脱颖”者敢于冒尖的勇气。老经理还在竭力推荐着他认为最合适的人选，并准备赶在退休前撤去楼忠福的材料科长职务。有人私下代表组织劝说楼忠福退出竞争，以保住材料科长之职。

楼忠福说：“论人品，凭能力，组织上认为我合适，我该上；认为我不合适，我没意见。”并表示：不发第一枪，也可以让人先打自己三枪，但即使被逼到了墙角，也不会转身退让。

被认为更合适的人选都在等待，谁也没有像楼忠福那样主动地去创造和争取机会。于是，机会最终就属于了楼忠福一个人。

1984 年 11 月 12 日晚上，楼忠福拿到了镇里盖有公章的任命书。那一晚，他彻夜难眠。妻子王益芳笑他比 11 年前娶她的那个晚上还要激动。

快刀斩乱麻。第二天，召开公司职工大会，镇工办负责人宣读了对楼忠福的任命通知。楼忠福也不含糊，拿起泥瓦刀，在公司公章上嚓嚓嚓就是三刀。他宣布：“从今天开始，盖着这个印章的所有事情我都认账，没有这个印章的事情一概与我无关。”

这是一个后来被演绎得近乎传奇的故事，所有的听众也不再去探究其中的真实细节。总之，这一招，把公司上下全惊呆了。原本对楼忠福还有怀疑与不太信任的人，此时也唯有暗中佩服。

那枚被刮开了三道口子的印章如今昭然陈列在广厦展示厅的橱柜里。

那是一个刚刚开始变革的年代。那是一趟晚点的列车。楼忠福以他自己独有的勇气与智慧挤进了车厢，登上了改革开放的行程。站台上，还有很多人没有挤上车来，望着开走的列车，除了羡慕，只有懊悔。

英国哲学家赫伯特·斯宾塞说：“水磨不可能用已流逝的水来磨面。”19 世纪法国浪漫主义作家亚历山大·仲马则认为：“谁若是有一刹那的胆怯，也许就放走了幸运在这一刹那间对他伸出来的香饵。”机遇，有时如虚掩的门，一推便开，有时又如过隙马驹，稍纵即逝。犹豫与怯懦者往往得不到机会的青睐。

几乎是与楼忠福承包东阳城关建筑公司同时期，浙江一位青年女作者的一篇只有1250字的小小说《风雪夜归》被推荐给了著名作家茹志鹃，这篇后来发表于《文学报》并获茹志鹃点评的微型作品讲述了一个堪称经典的机会故事：一位大龄姑娘看完电影回家，大院的门已经紧闭，于是为喊叫院子里的哪位邻居开门孤独地犹豫了半天。谁都可以，谁又都不合适，风雪中她一直等待着突然出门或者比她更迟回家的人。然而没有。于是她抱怨电影抱怨风雪抱怨自己抱怨该死的门抱怨院子里所有不知道她回家的人。无奈之下，只好试着敲门喊叫，并在心中暗暗发誓：不管谁来开门，都将感激他一辈子。一伸手，不想门却“吱”的一声开了。——原来那门一直就虚掩着。

1984年，30岁的楼忠福豪情万丈地推开了一扇创业之门。

当年年底，他与吴宁镇政府签订了企业承包经营责任合同。约定自1985年开始，由他承包城关建筑工程公司五年，自主经营，自负盈亏，企业产值、利润均以超出公司历史最高指标为基数，每年分别递增20%以上，完不成指标由个人承担亏损，并支付违约金。楼忠福只有一个条件：五年之内，除非个人触犯法律或者病亡，任何人不得随意撤换他的经理职务。

就这样，楼忠福背着行囊，带着公司的几百号人，悲壮上路。行囊里装着机会，也装着风险。

这一年，与楼忠福一起推门挤上车去的还有很多人。在之后的日子里，他们与楼忠福一起，改变着中国当代企业发展历史，书写出一个个或激昂悲壮、或让人潸然泪下的创业故事。

中国改革开放之后的第一代实业家不完全是起个大早捡到钱包的幸运儿，历史证明，他们留下的不仅仅是成功或失败的案例，还有凝聚在成功与失败中的思想。

这一年，有一个词很响亮：承包。3月，46岁的石家庄造纸厂业务科长马胜利在厂门口贴出了一份《决心书》：“我请求承包造纸厂。”他承诺：承包后，实现利润翻番，工人工资翻番，达不到目标甘愿受法律制裁。当年，国家下达该厂的利润指标是17万元，原厂长讨价还价要求允许亏损10万元。马胜利承包后却奇迹般地赢利140万元。在他之后承包该厂的四年时间里，利润增长了21.94倍。“一放就活，一包就灵”，后来被认为是治理亏损企业的灵丹妙药。楼忠福显然也是这帖猛药的最早临床试验者。

这一年的7月，13岁开始辍学修鞋的南存辉与小学同学胡成中一起在温州乐清一间破屋里办起了一家作坊式的开关厂，加入到当地刚刚掀起的低压电器创业热潮。后来，这家乐清县求精开关厂成为了中国低压电器行业最大的企业——正泰集团公司。

也在这一年的冬天，40岁的柳传志离开中国科学院计算所机关，“下海”到新创办的新技术发展公司担任副经理。这家当时设在20平方米的传达室平房里、总共只有11个人的小公司，后来在柳传志手上成为了世界500强的联想集团。而在上任之前，柳传志夸下的海口也只是：“将来我们要成为一家年产值200万元的大公司。”下海，是那一年中国社会另一个时髦的词汇，柳传志是其中成功的代表人物。

与柳传志同年下海的还有广东容桂镇的工业与交通办公室副主任潘宁。那一年，他带着一班人马在全国各地进行了一番市场调查后得出结论：电冰箱是一个具有广阔发展前途的家电产品。于是，下海担任厂长，办起了科龙公司的前身——顺德珠江冰箱厂，这家乡镇企业很快便造出了以“容声”为品牌的中国第一台双门冰箱。

35岁的张瑞敏在这一年的冬天被派到濒临倒闭的青岛日用电器厂担任厂长。他在进厂后出台的第一份规定是：不准占用、盗窃工厂物资；不准在车间里吸烟、打扑克、聊天；还有一条，不准在车间和厂区随地大小便。可见担任厂长之初的日子并不好过。

这一年的8月，四川的牟其中第二次出狱。半个月后，他举行了中德复业恳谈会，之后又将中德贸易公司升级为中德实业开发总公司，以后才有他那名声显赫的南德集团。牟其中也将这一年定为他公司的创始年。

还有广东三水县酒厂的李经纬，在这一年天才般地发明了一种叫做“健力宝”的运动饮料，成为美国洛杉矶奥运会中国代表团的指定饮料。中国奥运健儿摘得的每一块金牌，都在为他的“魔水”做着广告。当年，这家小企业的销售额就达到了345万元，“健力宝”随后一度成为中国民族饮料第一品牌。

这一年的2月26日晚上7时25分，中央电视台“新闻联播”节目突然中断正在播出的国际新闻，插播了一条由新华社浙江分社和浙江日报记者共同采写的消息：《浙江省委充分肯定步鑫生的改革创新精神》。第二天，全国各大报纸均在头版头条刊发这一消息。这一年，步鑫生毫无异议地成为改革的典型，“端掉铁饭碗，打破大锅饭”也成了各地企业改革争相效仿的经验。

这一年，被称作“中国公司元年”。

上路的楼忠福并不孤单。

第五章　踩着鼓点奔跑

1985—1989　　轻松第一跳

1985 年 4 月 22 日，浙西山城江山县青少年宫破土动工。动工仪式十分隆重，几乎所有的党政领导悉数到场。工程不大，总投资也就几十万元。之所以引人关注，有一个原因，承建该工程的施工队是该县第一次引进外地的建筑企业。这个企业来自浙江东阳，叫卢宅建筑队。

这是一个较为封闭的县城。时任江山县县长卢锦良是东阳人，他想让东阳卢宅建筑队这条小小的鲶鱼刺激江山建筑市场的竞争与开放。为此，他必须承受那个封闭环境下来自各方面的怀疑与批评。

为了减少同乡县长的压力，卢宅建筑队负责人在工程开工仪式上作出两项承诺：一是保证创全优工程，二是为江山青少年宫捐款一万元。

卢宅建筑队是东阳一家规模比城关建筑公司更小一些的乡镇企业。一个多月后，这家建筑队连同塘西、亭塘两个建筑队一起并入了楼忠福承包的公司。而这时候，城关建筑工程公司已经更名为东阳县第三建筑工程公司。

也就是从这时候开始，楼忠福用了五年时间，完成了他第一个漂亮的跳跃。

1985 年 5 月，国务院批准撤销金华地区，设立金华市，下辖兰溪、义乌、东阳、永康、武义、浦江、磐安、金华、婺城等 9 个市县区。楼忠福敏锐地意识到，金华撤地设市，是全国加快城市化建设的一个信号。城市要发展，建筑市场必然会扩大。这是做大企业、抢占市场的最好机会。

可是，想揽瓷器活，缺少金刚钻。一个设备东拼西凑仅有几十万元的乡镇企业，如何去与实力雄厚的国有建筑公司争抢市场？

“困难困难，困在家里就难。”楼忠福想起了老人们常说的一句话。

对，出去走走。楼忠福带上公司的副经理、书记，还有刚刚从镇长位置上退休，便被他邀请到公司担任顾问的赵学飞，心急火燎地离开了东阳。

一行人先来到杭州——这里有东阳城关建筑公司承建的项目；然后乘坐飞机直奔武汉——这里也有他们的项目工地；再乘船沿江而下，下一站便是宁波。

无法想象这帮“游击队”首领第一次乘坐飞机是怎样的心情。据赵学飞回忆，楼忠福那天竟然在飞机上脱掉了鞋子，一边翻阅报纸，一边美美地品尝空姐送来的饮料，先是可乐，后是咖啡，然后又要了一杯茶水，反正一副悠然自得的样子，不知道的人还以为他是飞机上的常客。

“我是装出来的。”趁没人注意，楼忠福悄悄告诉旁边的赵学飞，“其实我挑了公司这副担子，就像现在坐在飞机上，想飞得再快一点，但又有一种悬空的感觉。”

“两岸猿声啼不住，轻舟已过万重山。”在离开武汉的轮船上，楼忠福的感觉已经从飘忽变为亢奋。“风樯动，龟蛇静，起宏图。”他似乎也已有了一种“当惊世界殊”的豪情。于是，就在船舱里，楼忠福召集大家举行了一次特别的“轮船会议”。

多年以后，赵学飞还在各个场合津津乐道于这次会议，他在以后的一篇回忆文章中称，楼忠福在这次会议上一连提出了五个“大胆”，包括市场、人才、设备投资与企业内部管理等。那是楼忠福初步设计的“第一跳”规划。

在宁波，楼忠福看完工地，突然不见了人影。大家也没太在意。

宁波建设热气腾腾，但建筑公司云集，竞争已经十分激烈。东阳城关建筑公司在宁波开发区有一个施工队，也就几十号人，因为设备差，资质低，只能干点人家不愿干的活，打不开更大的市场。队长张昌魁也是心有余而力不足。

晚上 11 点多，楼忠福突然把大家一个个从睡梦中叫醒。聚到房间，他给大家递上一份当地的《宁波日报》，神情还有些神秘兮兮：“这是我从宁波城建委办公室里偷出来的。”

睡意蒙眬中，大家也没看出什么意思。

“往哪看？看这里。”楼忠福指手画脚。

那是一版上一条并不十分起眼的消息：国务院决定成立宁波经济开发协调小组，中央书记处书记、国务委员谷牧担任该小组的组长。

“看不出来吗？说明国家对宁波建设非常重视。宁波还要大发展。”楼忠福兴奋地说，“明天我们不回去了，大家分头去拜访有关部门和领导，一定要争取他们的支持。大家腿脚勤快点，嘴巴也利索点。现在是关键时期，我们一定要借机在宁波站住脚，打开局面。”

“什么办法都行。”最后，楼忠福还不忘再提醒大家一句。

赵学飞对这次宁波之行也有过文章回忆：

> 那晚，楼忠福的一席话像一把火，一天的疲劳被烧得雾消云散。
>
> 第二天，大家纷纷出征，走亲访友，广交同行，并和宁波第二建筑公司定下了联营协议，扩大了公司在宁波的建筑工程，为立足宁波开发区打响了第一炮。

“出路出路，走出去就有路。”这是楼忠福结束半个多月的市场调查，回到东阳之后说的话。

很快，城关建筑工程公司更名为东阳县第三建筑工程公司，具有了暂定建筑三级资质。卢宅、塘西、亭塘三个乡镇建筑队也随着当地乡镇的“撤扩并”，一起并入了三建公司。

接着，楼忠福将公司市场分成三块，确立了“立足东阳，巩固杭州，开发宁波”的战略思路。其中“立足东阳”包括了东阳周边金华市的大片传统领地；“巩固杭州”则需要在省会城市站稳脚跟，并通过杭州辐射全省；“开发宁波”已经有了“搭船出海”的办法，好戏正在开演。

再之后，他决定借贷160万元，为公司添置机器设备。对此，公司内部不少人提出反对。160万，在当时是一种什么概念？当年，东阳县的财政预算内收入为4917.9万元，人均国内生产总值665元。机关及国营单位职工人均年工资收入1148元，集体单位职工人均年工资不到800元。而在东阳三建，将过去10年的投资总额加起来也不到100万元，1984年企业几百号人辛辛苦苦干了一年，利润总额也才38.5万元。不知天高地厚的楼忠福竟敢一出手就是160万元。况且，企业还是集体的，你也只承包了五年，跟钱过不去呀，犯得着将钱往水里打漂吗？

楼忠福却说：“讨饭还得要有饭碗呢！没有像样的机器设备，怎么能够揽到工程？又怎么去跟人家竞争？”显然，这是楼忠福的远见。20世纪80年代中期，中国乡镇企业正如雨后春笋，蓬勃发展，而设备低劣、人才匮乏，是那时乡企的共性。楼忠福希望站在一个更高的起点，做好了长远竞争的准备。

“今天不投入设备，今天没饭吃；今天不储备人才，明天没饭吃。”楼忠福说。至于同期他在人才储备上的高瞻远瞩，我们在下一个篇章中详细介绍。

22年后，楼忠福对媒体谈起创业初期的负债投资，仍然心存得意：

> 魄力大小不以投资额多少来衡量。我现在拿出100个亿，算不算有魄力？不算。而创业初期需要确定战略目标和思路，一个只有几十万资产的企业，把目标瞄准了全国市场，而为了抢占制高点，就需要舍得装备自己。因此，当年那160万的投资才是大魄力。

其实，次年的企业效益就已经证明了楼忠福决策的正确。1986年，东阳三建的产值从1984年的950万元猛增到2837万元，企业利润也从1984年的38.5万元增长到139万元。

之后三年，楼忠福共计再投入800万元，继续添置精良装备，使得企业固定资产很快提升到1200多万元，拥有了能够承建大跨度、高层次建筑的千余台机械设备，加之大批人才储备，堪称兵强马壮，东阳三建成为一家让人刮目相看的“明星企业”。

《中国广厦集团志》记载：

> 1985年：东阳三建加入中国集体建筑企业协会。当年企业实现利润67万元，比上年增长74%；上缴税收32万元，比上年增长近4倍。
>
> 1986年：公司在杭州设立工程处，当年杭州区域产值达到1400万元。同年，“借船出海”，公司输送百名建筑工人赴埃及施工。当年，企业实现利润139万元，上缴税收69万元，分别在上年基础上再翻了一番。
>
> 1987年：公司推行干部聘任制、职工合同制、任期目标制等项管理制度改革。同年，兴建东阳三建大厦。同年，楼忠福被评

为浙江省首届“十佳青年经理”及金华市优秀共产党员。当年企业实现产值 4400 万元，比上年增长了 55%；实现利润 202 万元，比上年增长 45.3%；上缴税收 200 万元，比上年增长 190%。

1988 年：东阳三建分拆成东阳市第三建筑工程公司、吴宁建筑工程公司和市政建筑工程公司三家公司，统一管理，独立经营，楼忠福改任公司总经理，同时兼任吴宁镇建筑管理委员会主任。同年，成立东阳房地产开发公司，开始涉足房地产业。同年，职工人数已经超过 5000 人，拥有承包工程队 57 个，施工班组 148 个，公司业务扩展至北京、上海、安徽、陕西、江西、青海、湖北等 7 个省市及浙江省内全部 11 个地市。同年 3 月 15 日，中央电视台新闻联播节目播出《三建公司在前进》新闻。同年，楼忠福获“全国新时期集体建筑企业家”称号，东阳三建连续第二年获得“浙江省先进集体”荣誉。

1989 年：公司出国承建苏联符拉迪沃斯托克建筑业务。同年，楼忠福被评为“金华市优秀厂长经理”。至年底，楼忠福的首轮五年承包期满，五年间，企业总计完成施工面积 101.8 万平方米，年均竣工面积比承包前的 1984 年增长 4.22 倍；合计实现产值 20158 万元，年均产值比承包前的 1984 年增长 3.24 倍；合计创利 713 万元，年均利润比承包前的 1984 年增长 2.7 倍；合计上缴税收 670 万元，年均税额比承包前的 1984 年增长 19.6 倍；固定资产达到 1200 万元，比承包前增加了 12 倍多；职工队伍达到 7000 多人，比承包前的 1984 年扩大了 6.78 倍；职工人均年收入达到 2500 元，比承包前的 1984 年提高了 1.78 倍。

邓小平后来曾经有过总结：中国“经济发展比较快的是 84 年至 88 年”。楼忠福正是在这时期带着他的东阳三建轻松完成了漂亮第一跳。这一跳的深远意义，楼忠福也是在后来回过头去才有清晰的认识。当时他不知道，东阳三建跳过的不仅是一个企业发展初期的必要积累与市场占有，而且，他还成功跳跃了国家的一次宏观调控，并为应对接踵而至的下一次调控做好了准备。

中国改革开放之后的第一次宏观调控开始于 1979 年，1981 年继续添加力度。当年1月，国务院下发《加强市场管理、打击投机倒把和走私活动的指示》，规定“个人（包括私人合伙）未经工商行政部门批准，不准贩卖工业品”。“农村社队集体，可以贩运本社队和附近社队完成国家收购任务和履行议购合同后多余的、国家不收购的二、三类农副产品。不准贩卖一类农产品”。“不准私人购买汽车、拖拉机、机动船等大型运输工具从事贩运”。4月，全国基本建设会议提出要“继续严格控制基本建设规模”，当年全国基本建设投资比上年减少了126亿元。7月，国务院再发出《关于制止商品流通中不正之风的通知》，明确规定“一切社会主义的企事业单位、经济单位之间的购销活动，一律禁止提取回扣”。

在此背景下，浙江温州宣判了“投机倒把”的“八大王”；四川的牟其中也以“投机倒把罪”再次入狱；浙江萧山的鲁冠球坦言“1981年的日子很难过”，因为各项成本都在上涨，而原先签订的一些订货合同就因为“上级规定不能再进乡镇企业的产品”都被中止；天津大邱庄的冷轧带钢厂也因为“与国营企业争夺原材料”而被清查。那一年，刚刚萌芽的中国乡镇企业遭遇了第一次寒流。

楼忠福登上改革开放的列车比鲁冠球、牟其中、禹作敏要迟一步，因此有幸躲过一劫。

1985年，因为1984年底开始出现的“经济过热”而导致国家第二次宏观调控。1986年1月，全国经济工作会议和全国计划会议确定经济工作的中心是“巩固、消化、补充、改善”，着重抓好改善宏观控制。1987年1月召开的全国经济工作会议提出“特别要注意把过去膨胀的预算外投资规模和过高的非生产性开支压下来，进一步缓解社会总需求超过社会总供给的矛盾，为深化改革创造一个比较平稳的经济环境”。同年9月举行的全国计划会议和经济体制改革工作会议仍然强调“保证必要的重点建设，压缩一般性建设，停建一批无效益的项目和楼堂馆所；从紧安排各项财政支出；从紧安排各项银行贷款，严格控制货币发行”。

这一时期，楼忠福的东阳三建刚开始成长，市场份额不大，并正专心于做他的建筑，对资金、价格、开放敏感度不高，加之他选定的东阳、杭州、宁波三个重点市场区域在这一次的宏观调控中冲击也不明显，因而不仅没有受到国家宏观调控的影响，反而利用这一时机积蓄了企业能量。而当他成功完成了第一跳，正需要喘口气休整时，1988年的第三次宏观调控开始了。

快人一步，让楼忠福抢占了先机；而又因为他比快的人慢了半拍，因此才躲过20世纪80年代的三次宏观调控冲击。这是他的幸运。

虽然这时的“慢半拍”完全不是楼忠福的主观所为，但客观上却让他的东阳三建轻松地实现了漂亮的第一次跳跃。而正因为有了这次的“第一跳”，我们才能看到他接下来的另外两次更为精彩的跳跃。

1992—1995　惊险第二跳

婺剧是流行于浙江中西部的地方戏剧剧种。在东阳，最早称“东阳戏”，它是历史上流行于当地的侯阳高腔、昆腔、乱弹、徽戏、滩簧和时调六大声腔的总和。清道光年间，东阳曾有“六十面锣”(60个戏班)，民间戏曲兴盛。20世纪80年代末，境内除拥有专业婺剧团外，还有146个业余剧团活跃在全县农村。在当地，每逢节日盛典，必会邀请大小剧团搭台唱戏，而且一唱便是几天几夜，村民们也会借机邀请外村亲朋前来观看，同庆同乐。

接任东阳三建公司经理之后，楼忠福已经多次邀请本地与外地的多家剧团与文艺团体在东阳擂台闹场，乐了乡亲邻居，也乐了他自己。

不谙乐理的楼忠福喜欢听传统戏曲里急促的锣鼓点，那番“咚锵—咚锵—咚锵”声煞是能够鼓舞士气。

因此，在完成了第一次跳跃休整几年之后，楼忠福又寻找鼓点，开始了他的第二次更大的跳跃。

1992年4月26日，遍布在天南海北的60多位施工队长被楼忠福召集回东阳，在那座落成不久的三建大厦会议室里，楼忠福说出了一个让大家既惊又喜的计划：组建建筑集团公司。公司名称已经想好，就叫“广厦”。挂牌时间定在当年6月3日。

大家面面相觑。虽然到会的没几个真知道集团公司与现在的东阳三建究竟有什么区别，但大家觉得楼总这次的饼画得有点大了。

“大家知道现在是什么形势吗？”大家瞪着眼睛听楼忠福从国家形势开始讲起。

正如楼忠福所感觉到的，这确实又是中国改革开放历程中一个非常重要的年份。这一年的1月18日至2月21日，邓小平视察武昌、深圳、珠海、上海等地；2月28日，中共中央以文件形式将邓小平的这次讲话下发党内内部传达；3月26日，《深圳特区报》刊发长篇通讯《东方风来满眼春》，公开报道邓小平“南方谈话”内容；五天之后，《人民日报》转载了这篇文章。于是，后来被公认为是邓小平警句名言的许多通俗而深刻的话语迅即在全国广泛传播：

革命是解放生产力，改革也是解放生产力。

不坚持社会主义，不改革开放，不发展经济，不改善人民生活，只能是死路一条。基本路线要管一百年，动摇不得。只有坚持这条路线，人民才会相信你，拥护你，谁要改变三中全会以来的路线方针政策，老百姓不答应，谁就会被打倒。

改革开放胆子要大一些，敢于试验，不能像小脚女人一样。看准了的，就大胆地试，大胆地闯。深圳的重要经验就是敢闯。没有一点闯的精神，没有一点“冒”的精神，没有一股气呀、劲呀，就走不出一条好路，走不出一条新路，就干不出新的事业。

计划多一点还是市场多一点，不是社会主义与资本主义的本质区别。计划经济不等于社会主义，资本主义也有计划；市场经济不等于资本主义，社会主义也有市场。计划和市场都是经济手段。

允许看，但要坚决地试。看对了，搞一两年对了，放开；错了，纠正，关了就是了。关，也可以快关，也可以慢关，也可以留一点尾巴。怕什么，坚持这种态度就不要紧，就不会犯大错误。

不搞争论，是我的一个发明。不争论，是为了争取时间干。一争论就复杂了，把时间都争掉了，什么也干不成，不争论，大胆地试，大胆地闯。农村改革是如此，城市改革也应如此。

右可以葬送社会主义，“左”也可以葬送社会主义。中国要警惕右，但主要是防止“左”。

抓住时机，发展自己，关键是发展经济。

能发展就不要阻挡，有条件的地方要尽可能搞快点，只要是讲效益，讲质量，搞外向型经济，就没有什么可以担心的。低速度就等于停步，甚至等于后退。要抓机会，现在就是好机会。我就担心丧失机会。不抓呀，看到的机会就丢掉了，时间一晃就过去了。

稳定和协调也是相对的，不是绝对的。发展才是硬道理。

“这就是形势！这就是机遇！这就是我们发展的机会！”楼忠福像一团火，灼热着自己，也灼热了所有与会人的心。

“大家知道现在全省有多少家像我们这样的建筑企业吗？”接着，楼忠福又提出第二个问题。

大家摇头。

“告诉你们，大大小小有3490多家。而且，规模比我们大的，资质比我们高的，实力比我们雄厚的，多了去了。但全省就是还没有一家建筑集团公司。”楼忠福看着大家疑惑的眼神，继续说，“你们会问：既然这样，为什么这个集团公司不是人家，而一定就是我们呢？”

是呀，当时的东阳三建公司固定资产1000多万元，年产值也就8000来万元。虽说小日子过得挺不错，但与实力雄厚的国有建筑公司相比，实在只能算个幼儿园的孩子，甚至可能连同台竞争的资格都没有。

“告诉大家，因为我们想要，东阳三建想要成为这样的集团公司。”这时的楼忠福已经有了一些霸气。

11年之后，楼忠福与媒体谈起当年的霸气，自有一番理论：正气提升了成为豪气；豪气与自信、实力结合，就可能出现霸气。霸气不是狐假虎威，不是为非作歹，而是无所畏惧的气概。

“当然，理由不是没有。”楼忠福接着分析。

“我们东阳建筑业的历史已经有1000多年了吧。到现在建筑企业还只能盖房子、修马路，大家也还是顶风冒雨地围着脚手架干又苦又累的活。难道我们就只能靠着老祖宗传下来的这点手艺混饭吃？而且这口饭到现在已经越来越不好吃了。建筑业是微利行业。要做大，要走出去，只有发展规模经营，搞多业并举，走多元化、集团化之路。这是我们东阳三建的希望，是东阳建筑业的希望。也只有这样，我们才能对得起老祖宗，对得起建筑后人！”

会场上鸦雀无声，楼忠福也早已激奋地从主席台上站了起来。

“小平同志都说了，要抓住机会，不要丧失机会。现在全省还没有一家建筑集团公司，有实力的可能想不到，想到的也不一定马上就会去办。这就是机会，不抓就没了。我们想到了，而且要马上抓紧去办，一定要抢在别人的前面。一定！一定要！”楼忠福拿拳头狠狠地敲着桌子。

这时，与其说楼忠福是在说服大家，不如说是首先在说服自己。他犹如一匹阵前的战马，眼睛发红，喘着粗气，拳头捏出了汗水。

会场上仍然一片寂静。大家似乎听到了楼忠福怦怦的心跳。一摸心口，发现那心跳声似乎又来自自己的胸口。

“楼总，干吧！”突然，坐在楼忠福旁边的副总经理楼正文轻声而坚定地说了一句。在楼忠福的创业历程中，楼正文始终是最坚定的支持者。在这次会前，他与楼忠福就已经有过多次深入的分析讨论。

“干吧，楼总！”

“楼总，我们跟着你干了！”

“楼总，说吧，需要我们做什么？”

顿时，就像一块烧红了的铁丢进水里，全场群情激奋。不少人眼眶里已经含着泪水。一匹战马变成了一群战马。

这群战马在楼忠福的带领下，渴望跳出东阳，冲杀疆场。此时，他们比相信任何人都更相信自己的领头人。大家已经从楼忠福坚定的目光中看到了公司的未来和希望。

虽然，下了决心的楼忠福仍然不敢真的去想这事的胜算到底有多少。

“安得广厦千万间，大庇天下寒士俱欢颜，风雨不动安如山！”唐代诗人杜甫《茅屋为秋风所破歌》中的诗句，让楼忠福颇为得意地提前取好了集团公司的名称“广厦”。但距离他自己提出的6月3日挂牌时间，此时已经剩下不到两个月。

在任何一位再大胆的理论家或管理部门行家看来，不到两个月的时间里要想批准成立一家集团公司，那是一万个不可能。更何况这还是浙江省的第一家建筑集团公司，东阳三建又是一家条件尚不够格的企业。简直胜过天方夜谭。

好在当时楼忠福手下并没有一位真正懂得集团公司为何物的行家里手。先定酒席再请客人。一群无知无畏的乡镇企业“草寇”就这样向一个并不知底而让很多人望而生畏的目标发起了冲锋。

集团公司有规模要求，而当时的东阳三建真的不具备条件。这时，楼忠福四年前戴上的那顶“吴宁镇建筑管理委员会主任”的红帽子发挥了作用。他将自己承包经营范围内的企业作为未来集团公司的“核心层”，而将那顶“主任”帽子可以管得到的相关企业动员进来，组成“紧密层”，再说服几家他还管不着的其他企业加入进来，组成“松散层”。这样，凑足了20家成员公司，集团公司的硬性条件算是具备了。至于“紧密层”

与“松散层”企业的清产核算，楼忠福提出“先结婚，再算柴米油盐”。由于有东阳市与吴宁镇政府的支持，大家也表示了同意。

其实，当时归并进来的企业大多规模不大，效益不佳，有的已经成为镇里的“包袱”。一个愿甩，一个愿接，两相情愿。

接下来，要解决的是集团公司必要的章法与形式。有人告诉楼忠福，就这起码也得三五个月，因为涉及太多的部门，过五关斩六将，有的还不是东阳或金华市可以说了算的。

楼忠福说：“这好办。干脆把所有的相关部门都请到公司里来，带上他们的公章，按照他们的要求，怎么说就怎么办，一次性完工，当场盖章。”

也只有当时不知天高地厚的农民企业家才想得出这样的“绝招”。楼忠福凭着自己头顶上的各类荣誉与光环，动用了各种资源与关系，硬是将金华、东阳两级的各位“婆婆”悉数请到了公司，并很快完成了集团公司所需要的基本文件与资料。

现在，剩下的只有最后一关：到杭州，找省主管部门审批。

“东阳三建？”省建设厅的办事人员看着楼忠福，又看看陪同前往的东阳市委书记童德成，笑着直摇头，“省里是想组建一家建筑集团公司。可凭什么就是你们？”

“凭什么就不是我们……”楼忠福刚说半句，就被童德成书记拦住了。他们开始耐心地介绍企业已经具备的条件，以及地方政府如何重视支持。省厅人员打断了他们，朝着陪同前往的金华市工业局长一顿数落：“他们不懂，你们也跟着瞎起哄。这审批集团公司有这么简单吗？全省条件比你们好的企业多了去了。回去吧，有条件的时候会考虑的。”

几个来回，毫无希望。这时候，时间已到了5月26日。

那天，楼忠福突然告诉楼正文：明天他要去宁波奉化参加浙江省建筑企业协会理事会的会议。

都火烧眉毛了，还有闲心参加这种例会？楼正文不解。

楼忠福说：“我打听到了，省建设厅厅长要参加这次会议。这可能是我们最后的希望了。”

当天晚上，楼忠福就冒昧地敲开了厅长的房间。

一见楼忠福，厅长就笑了。他已经知道东阳三建想成立集团公司的事。

楼忠福一边向厅长递上香烟，一边厚着脸皮坐下。不管厅长愿不愿意听，他把已经早在心里打好腹稿的理由一五一十地全部陈述了一遍。末了，还加上一个冠冕堂皇的结尾："小平同志说了，要大胆地试，大胆地闯。我们就想按照他的要求，试一试，闯一闯的。"

厅长笑着说："你的这些情况我都了解了。现在你们公司在行业里不是最大，也不是最好的，对吧？审批集团公司控制很严，等时机成熟了再争取不行吗？"

楼忠福软磨硬泡："厅长啊，条件成熟的国有企业他们随时都可以成立集团公司，乡镇企业不容易呀。厅里应该对我们多些支持帮助。再说，我们都已经做好全部准备了。现在有谁像我们准备这么充分呀？"

厅长掐了烟，不说话。

楼忠福再把烟递上，问："厅长，你看我们现在的情况到底有没有申请成立集团公司的资格？"

厅长说："资格嘛，不是没有……"

楼忠福站了起来，向厅长告别："谢谢厅长。一晚上我就等你这句话。"

厅长把楼忠福送出门口："谢什么？我可没答应你们。"

第二天，厅长讲话。楼忠福早早地在第一排正中位置坐下，眼睛一直望着主席台上的厅长。终于，厅长在讲话结束前提到了建筑企业集团的事。意思是：成立集团公司，有条件的可以搞，但不要一哄而上。

楼忠福心里踏实了许多。因为他知道，当时省内有意向成立集团的建筑企业不少，但正式备好材料提出申请的，就他东阳三建一家。

5 月 30 日，楼忠福再赴杭州，虽然主管部门的批文还是没有拿到，但工商局的大章却已经破例提前盖出。

6 月 1 日凌晨一点多，楼忠福赶回东阳。楼正文、吴小伟等骨干们还在公司里焦急地等着他。精疲力竭的楼忠福告诉大家："既然营业执照已经拿到，一切按原计划去做。大不了先生孩子再补领准生证。后天举行仪式，集团挂牌。"

"准生证"还是在仪式举行前的最后一刻领到了。1992 年 6 月 3 日上午，浙江广厦建筑集团公司成立仪式在东阳市隆重举行。"建筑之乡"东阳有了第一家集团公司。这是东阳千年建筑史上的壮举，新一代建筑人开始以他们自己选择的方式改变着传统产业。东阳三建摇身一变，从一家乡镇企业成为了拥有 18 家成员企业、5000 多万资产、10000 多员工的浙江省第一家建筑企业集团公司，楼忠福也从乡镇企业的经理成为了集团公司的总裁。

这绝对是中国改革开放中期一个典型的特殊个案。

首先，它发生在一个特殊的时间。“1992 年 / 又是一个春天 / 有一位老人 / 在中国的南海边写下诗篇 / 天地间荡起滚滚春潮 / 征途上扬起浩浩风帆 / 春风啊吹绿了东方神州 / 春雨啊滋润了华夏故园 / 啊中国 / 中国 / 你展开了一幅百年的新画卷 / 你展开了一幅百年的新画卷 / 走进万象更新的春天 / 捧出万紫千红的春天……”邓小平的“南方谈话”重新点燃了中国的改革激情，正如《春天的故事》歌曲中所描述的，“天地间荡起了滚滚春潮”。海南洋浦、上海浦东以及东北 4 个边境城市、长江沿岸 5 个中心城市、边境（沿海）地区 4 个省会（首府）城市、内陆地区 11 个省会（首府）城市相继对外开放。这一年，中国第一家点子公司、第一家拍卖公司、第一家评估公司、第一家期货经纪公司、第一家公关信息咨询公司纷纷出现；尹明善离开出版社，创办了重庆轰达车辆配件研究所；冯仑打着万通实业股份有限公司的招牌，开始了海南创业。这一年，海尔在青岛征地 800 亩，开始建造中国最大的家电生产基地；柳传志起用杨元庆，推出了中国第一个家用电脑品牌“联想 1+1”；王石的万科已经是一家拥有 50 多个子公司、联营企业遍及全国 12 个城市的“多元化”企业集团；鲁冠球的万向节产品已经拥有了国内 60%的市场份额，这一年，他让自己 21 岁的儿子鲁伟鼎出任万向集团副总裁。这一年，史玉柱决定建造巨人大厦，这座大厦后来压垮了他的巨人集团；沈太福利用北京长城机电科技产业（集团）公司开始上演集资大骗局，两年后因此而被判死刑；天津的大邱庄在这一年成为中国首个亿元村，导致庄主禹作敏欲望膨胀，第二年与其儿子一起双双入狱。这一年，全国至少有 10 万机关干部下海经商，北京、四川、浙江、江苏等地的新办公司数量均超出上年一倍多……楼忠福的浙江广厦集团就出生在这样一个激情澎湃的岁月里，所有的不可能也就变成了可能。

其次，它发生在一个特殊的地点。1992 年之前的浙江，已经出现了全国著名的“温州模式”和“四千精神”（走遍千山万水、说遍千言万语、想尽千方百计、历经千难万险），敢想敢为的浙江人经常会给全国带来一些惊喜。1990 年，全省集体经济在 GDP 中的比重是 53.1%，1991 年，工商登记注册的个体工商户和私营企业已经达到 153.2 万户和 9.2 万家，合计从业人员 172.7 万人。而楼忠福所在的浙江省东阳市，早在 1982 年就已经将发展建筑业列入振兴经济重点，多年来对乡镇企业与个私经济的扶持呵护绝不逊色于相邻的义乌市对市场的钟爱，因此才有市委书记一次次不厌其烦地陪同企业争取项目、相关部门为了企业一路绿灯的特事特办。这是楼忠福理直气壮的最大理由。

再次，它发生在一个特殊的人物身上。楼忠福对政策与市场的特殊敏感、自幼而成的争强好胜秉性、快人一步的投资经营理念、复杂事情简单处理的工作方法、只要有百分之一的希望就尽百分之百努力的自信以及不撞南墙不回头的倔犟，促成他奇迹般完成了这桩理论上“根本不可能完成”的特殊案例。

爱因斯坦说：“机遇只偏爱有准备的头脑。”而楼忠福认为：所谓“准备”，就是提前研究天时、地利、人和。天时就是政策，地利就是社会环境，而人和则在企业自身的实力和努力。

正是由于楼忠福的先人一步，抢到了浙江省第一个建筑企业集团公司的“沙发”，而且在次年《公司法》颁布之后，像广厦集团这样的非规范股份制公司一律不再审批，实谓“过了这村，不再有店”。

韩国有个寓言，称世界上有一种怪物，前脸长满了头发，所以当他迎面走来时，永远看不清真实面目。但当它从你身边走过，你突然知道它正是你所想要找的对象，一伸手，才发现它的后脑勺是个秃子，所以你什么都抓不住，眼睁睁地看它走远。这个怪物就是人们朝思暮想的机遇。

《周易》认为：事物若要臻于完善，其运行就必须在恰当的地位、恰当的限度和恰当的时间。“时”在《周易》看来，既是客观存在，又可以通过人的努力，识时之义，知时之行，观时之变，用时之机。其关键又在“知几”。《易传·系辞》有解：“几者，动之微，吉之先见者也。君子见几而作，不俟终日。”“几”被看做事物发展的细微前兆，凡能在事物发展萌芽阶段分析发现趋势，并准确把握其微妙时机者，则为“知几”。

《周易》之奇妙，正在于数千年之后尚能以实例验证古人之智慧。

楼忠福，“知几”者。

尽管与第一次跳跃存在相同的幸运因素，但不同的是，这时的楼忠福已经能够自觉地寻找宏观经济与政策的鼓点，踩着鼓点而行。因而，虽然事后有很多人都觉得这桩案例实在“悬乎”，但还是没人忍心去提醒他“下不为例”。

事实上，楼忠福也没打算“下不为例”。在完成广厦集团组建之后，他觉得机会还在，他想借力让这一跳跳得更高更远些。

邓小平南方谈话之后，浙江省政府成立了一个股份制试点工作协调小组，旨在全省选择一批国有企业进行规范化股份制改造试点。这本没有非公企业的什么事，但已经吃到第一只螃蟹的楼忠福却想把筷子伸进龙虾的盘子。

那确实是一盘龙虾。楼忠福已经清晰地意识到，只有实施规范化股份制改造，才能最终解决企业的产权问题，并有效实现企业的融资与经营机制的转变。

集团公司刚成立，工作千头万绪，等吃完这顿再准备下一顿吧。有人劝楼忠福。

“渡轮马上就要开了，错过时间就再没机会追赶了。”楼忠福却说，“我宁愿一手提着裤子，一手拉着大家跑。等上了渡轮再系裤带不迟。”

于是，又是一番艰苦公关与卓绝努力。正由于楼忠福的积极主动，当年 12 月，浙江省股份制试点工作协调小组将广厦集团列入了试点名单，这是当年试点企业中唯一的一家乡镇企业。

紧接着，由广厦建筑集团、浙江省信托投资公司与东阳市信用联社三家单位共同发起，按定向募集的方式，设立浙江广厦建筑集团股份有限公司。总股份为 1 亿股，其中广厦集团以其全资子公司——东阳三建全部经营性净资产折成 3003.43 万股，浙江信托投资公司与东阳信用联社以现金认购 3796.57 万股，内部职工合计认购 2000 万股，其余小部分为公众股。

1993 年 6 月，浙江广厦建筑集团股份有限公司正式挂牌，这又是浙江省第一个股份制建筑企业集团公司。这时的广厦集团已经拥有了成员企业 28 家，涉及建筑、建材、房地产与影视四个行业。

这还不够。法人股只有进入法人股市场，才能真正解决企业融资与产权问题。1993 年底，浙江省证券委员会批准广厦集团参加法人股流通试点，并向中国证券交易自动报价系统（STAQ）发出推荐函。同时，北京标准股份制咨询公司也为广厦作了推荐。

因为最后需要北京方面定夺，事情办得并不顺利。1994 年元旦之后，楼忠福亲自及派人多次往返北京，均无功而返。

正在惆怅之际，楼忠福灵敏的嗅觉又闻到了一个机会。

3 月 29 日，浙江省政府在杭州举办中国法人股市场现状与发展高级研讨会，时任中国证券市场研究中心高级顾问、北京标准股份咨询公司总经理刘纪鹏应邀与会。楼忠福曾经在北京拜访过刘纪鹏。现在，需要把他请到东阳实地考察，并请这位高人指点迷津。

这一招果然见效，楼忠福的“借力之术”立竿见影。1994 年底，浙江广厦建筑集团股份有限公司被正式批准确认为规范化股份有限公司，其法人股随即进入中国证券交易自动报价系统的流通市场。

广厦公司也趁机将原来归吴宁镇政府所属的资产折算为股份，予以赎买回购。办法其实很简单：归属镇政府的资产划定三块，一是减免税部分，二是行政划拨土地价值，三是行政支持作为无形资产，三块相加，折出股份 23.7%，然后企业用现金将其一次性全部买断赎回。

就这样，后来成为乡镇企业最为棘手的产权问题，被楼忠福在最合适的时机和以最简单的方式轻松解决。不能不说，这是楼忠福的智慧之举，一朝果敢免却了企业日后漫长时期的产权纠葛。而随着时间的拖延和企业的做大，这种产权纠葛会越来越难以理清，甚至可能颠覆企业。

与楼忠福同样机智的还有鲁冠球。1988 年，鲁冠球以 1500 万元向萧山市宁围镇政府买断了万向节厂的股权。

2000 多年前，中国古代儒家代表人物孟子有云：“虽有智慧，不如乘势；虽有镃基，不如待时。”强调“乘势”与“待时”在把握机会中的极端重要性。同时代的法家代表人物商鞅在变法时也十分强调“势”之重要：“飞蓬遇飘风而至千里，乘风之势也……故托其势者，虽远必至。”兵家代表人物孙子在《孙子兵法》中则说：“故善战者求之于势，不责于人，故能择人而任势。”儒、法、兵三家在“乘势”之说上几近异口同声。

楼忠福的第二跳虽然惊险，却是“乘势”、“待时”之为，因而在跳越中不仅吃到了螃蟹，夹到了龙虾，还顺手摘得了一个产权改革的仙桃。这个桃子非常重要，可以让亚当夏娃成为真正的男人和女人，可以让猴子孙悟空精变成仙，更令日后两手空空出走加拿大的潘宁和被软禁于病榻上的李经纬羡慕不已。

1998—2002　潇洒第三跳

1999 年，杭州玉古路上新耸立的一幢漂亮大厦里入主了一家国家级企业集团公司——中国广厦建设集团公司。4 年前，广厦总部从东阳迁到了杭州。

这是杭州市区一个不是黄金地段的黄金位置：对面是具有百年历史的浙江大学玉泉校区；背后是浙江省规模最大的黄龙体育中心和黄龙商务圈；左侧不远处是杭州风景点植物园与宝俶山，而穿过植物园就是美丽的西湖；右侧跨过天目山路则是浙江大学的西溪校区和繁华街市。

这时的广厦集团已经有足够的资格在这里排兵布阵，楼忠福也已经可以自信地在这幢闹中取静的广厦大厦里运筹帷幄了。

10多年前东阳市吴宁镇的一家乡镇企业，如今已经赫然成为国家级企业集团试点单位和浙江省“五个一批”骨干企业，“浙江广厦”获准上市，企业也被评为“中国五百强最佳经济效益企业”和“中国建筑优秀企业”，楼忠福在连续获得三届“浙江省十佳青年经理”之后，也入选了“浙江省优秀建筑企业家”、“全国优秀集体建筑企业家”和“中国经营大师”。

在1994年完成惊险的第二跳之后，广厦集团经历了三年的调整期。而在调整期里，借着跳跃的余力，楼忠福完成了四件大事：总部迁往杭州；“浙江广厦”在上海证券交易所上市；完善管理机制，建立现代企业制度；核心企业东阳三建获国家一级建筑资质，浙江广厦建筑集团则成为中国广厦建设集团，获得建设部“一级工程总承包”资质。在此期间，楼忠福24岁的小儿子楼江跃则在杭州成立起了由他掌舵的广厦房地产开发公司。

1998年，养精蓄锐之后的楼忠福再次嗅到了机会，他要带着已经羽翼丰满的广厦开始更高难度的第三跳。

这时候，新一轮的国家宏观调控刚刚开始。

1997年，一个叫做乔治·索罗斯的美国投资家掀起了一场破坏性极强的亚洲金融风暴，中国在“人民币不贬值”的承诺下，外贸出口受到严重冲击，国内市场应声萧条，95%以上的工业品供大于求。同时，一场百年一遇的洪水又使中国经济凭空损失了2500多个亿，于是，物价急剧回落，经济增速下滑，下岗失业人员增加，国内经济出现了明显的通货紧缩。中央政府果断提出实行积极的财政政策和稳健的货币政策，将扩大内需作为宏观调控新的立足点。

楼忠福能够明显感觉到经济气候的冷暖变化，因为政府拉动内需的第一招便是催热房地产。

1998年，国家计委与财政部联合下发文件，取消了建筑行业的48项“不合理收费”；4月，央行宣布个人房贷期限最长可放宽到20年、贷款额度最高可达房价的70%；7月，国务院下发《关于进一步深化城镇住房制度改革加快住房建设的通知》，取消了延续50年的住房实物分配制度，要求“加快建立和完善以经济适用住房为主的住房供应体系”；随后，央行颁布《个人住房贷款管理办法》，允许商业银行开展住房按揭贷款业务，并安排1000亿元规模的住房贷款指导性计划。

与此同时，为了实现“三年内国企解困”目标，一场大规模的“国退民进”浪潮也在中国大地涌起。1997年出炉的第三次全国工业普查结果显示：国有企业的资本收益率仅有3.29%，国有工业负债总额已经占到所有制权益的1.92倍，39个大行业中有18个出现全行业亏损。于是，国务院提出“减员增效、下岗分流、规范破产、鼓励兼并”的国企改革办法，1998年更加大了“促进优势企业兼并劣势企业”的政策力度。楼忠福将他的第三次跳跃锁定在两个目标上：一是国有企业并购，二是正在升温的房地产市场。

1997年，重庆成为共和国的第四座直辖市。楼忠福的眼睛盯上了这片滚烫的土地。

当年，他就派出集团投资部经理王明和赴渝蹚水市场。一个月后，王明和给楼忠福呈上了一份详细的市场调研报告，结论是：重庆作为中国六大老工业基地之一，老牌国企多，困难企业更多，其中建筑行业深闺之中养着“八朵金花”。这八家建筑企业历史最早的成立于1950年，算得上是“共和国的长女”了，但如今却已是“半老徐娘”，因为它们历史包袱沉重，机制僵化，资金短缺，明显缺少发展后劲。当年，这些企业在职职工与退休人员的比例已经达到1∶1.2，每家企业仅支付退休职工养老金、社会保险、医疗等费用就高达600万至800万元，而全市建筑行业的总体亏损面已经达到60%。

楼忠福在调研报告上写下了两个字：“机会！”于是，由王明和率领的广厦集团购并企业考察组再次出发来到重庆，开始了实质性的考察与洽谈。

重庆市政府正为国企解困犯着愁，自然张开双臂欢迎来自浙江的财神，计委、建委、体改委、经济协作办公室、建筑工程管理局等部门也是轮番介绍，把“八朵金花”和盘托出，那意思就是，你看中了谁，娶谁都行。这时的广厦确实像个强壮的小伙子，资本雄厚，机制灵活，品牌响亮，因而也让“八朵金花”怦然心动。

半个月后，一份新的市场调研报告再次摆到了楼忠福的桌子上。报告分析了重庆的建筑市场前景：刚刚成为直辖市的山城重庆，旧城改造与新区开发正在同步进行，城市建设发展潜力巨大，而由于国有建筑公司竞争力普遍不强，市场份额正被一批规模不大的外来建筑企业与民营企业瓜分。

这次，楼忠福在上面写下了两句话："以资本换身份，以身份拓市场。"

上市之后的广厦公司，已经不再囊中羞涩，而对集团组建初期的一批小而杂的成员企业实施租赁经营之后，企业正需要寻找新的投资项目。建筑起家的广厦，自然把投资的第一目标锁定在建筑行业。而建筑业具有极强的区域性，当时的全国建筑市场也处于相对封锁阶段，一家浙江的建筑公司要想进入重庆市场，必须跨过很多、很高的门槛。因而，并购当地知名建筑企业，先以资本换取合法身份，再以身份拓展当地市场，是一条有效的捷径。

广厦很快向重庆市住宅建筑工程总公司、重庆第一建筑（集团）公司和重庆市第四建筑工程公司三家企业抛出绣球，并成立了由楼忠福亲任组长的企业并购领导小组。王明和再上山城"谈婚论嫁"，楼金生的审计监察部也多次赴渝展开并购企业的资产评估工作。之后，楼忠福也来到了重庆。最后，他们选定了重庆一建作为合作对象。

这是一家成立于1950年的国有老牌建筑企业，前身为重庆第一建筑工程公司，1993年组建为集团，是西南地区唯一一家国有二级建筑企业，具有国家一级建筑资质，技术、人才优势十分明显，早在公司组建之初，就进北京参加过首都十大工程建设，计划经济时代曾经承担过包括重庆长江大桥在内的一大批国家大型重点项目建设。

合作意向虽然很明确，两家联姻之后的优势也很显然，但实质性商谈仍然十分艰难，最大的困难在于如何安置多达3800名的企业离退休职工和可能被分离的下岗人员。在重庆市政府的多次直接协调下，市财政局、建管局、社保局与企业一起终于找到了一个多方满意的解决方案：广厦集团以3060万元购买新公司51%的股份；重庆市建管局行使国有资产管理职能，拥有28%的股份；企业职工持股21%；建管局作为转让方获得国有资产出让金，原企业不良资产和分离人员与新公司完全脱钩，全部由建管局接收；而分离人员的安置费用就来源于广厦集团的3060万元出资和新公司28%的国有股收益以及剥离资产的收益。

这是一起被普遍认为成功的典型购并案例。1998年9月23日，新组建的广厦重庆一建（集团）有限公司挂牌成立，重庆市副市长李德水、浙江省副省长卢文舸及国家建设部体改法规司司长赵晨等前往祝贺，《经济日报》等国家级媒体纷纷报道，《中国建设报》将其评选为1998年中国建筑行业十大新闻之一，若干年后，该案例还被编写进了中国高中政治教科书。

“国退”大潮涌动。楼忠福与那时的许多民营企业家一起，为并购国有企业、扩张资本与市场忙得不亦乐乎。

1998 年：除控股重庆一建之外，广厦还购并了中国南京国际经济技术合作公司和上海合力建筑工程有限公司。而广厦重庆一建公司到改制五年之后的 2003 年，产值已经达到 13.2 亿元，在改制前 2.287 亿元的基础上翻了两番多；利润达到 2052 万元，比改制前的 200 万元增长了将近 10 倍；上缴税收 2794 万元，比改制前的 834.7 万元增长了 4.8 倍；职工人均年收入也由改制前的 7340 元提高到 17300 元。

1999 年：控股上海环球网络有限公司，这是广厦首次涉足虚拟经济。

2000 年：2 月，收购浙江省金华市第三人民医院，改组成立民营广福医院，这是国内第一起民营企业并购国营医院案例，7 月，广厦又以 2.08 亿元的高价拍得位于杭州西湖之滨的华侨饭店，创下单宗国有资产拍卖最高标的纪录；同年，广厦还并购了北京中地建设公司和上海易通电讯网络科技公司。其中北京中地公司三年之后产值即达到 3.07 亿元，比改制前的 644.58 万元增长了 46.6 倍；利润由改制前的亏损 47.44 万元变成了赢利 343.5 万元；上缴税收 713 万元，比改制之前的 21 万元增长了 32.5 倍；同时，国有资产也在三年间猛增 3.4 倍。

2001 年：广厦出资 8809 万元，以 55.1%的股权绝对控股了新组建的杭州建工集团有限责任公司。该公司在两年之后产值达到 20 亿元，在改制前 5.15 亿元的基础上翻了将近两番；利润达到 3682.6 万元，比改制前的 6.78 万元增长了 542 倍；上缴税收 1.2 亿元，也比改制前的 2066.6 万元增长了 4.8 倍；职工人均年收入则由改制前的 8000 元提高到 30000 元。

2002 年，楼忠福的目光盯上了北京第二建筑工程有限公司。

早在 1997 年，楼忠福派出的国企并购三个市场调研小组中，除了重庆，还有一个专赴上海，另一个则来到北京。

拥有技术与市场的北京二建缺少资金与机制，而拥有机制与资金优势的广厦正是看中了北京二建的市场与技术。此时，北京已经成功申办 2008 年奥运会，楼忠福冀望通过北京二建在奥运经济中舀得一勺美羹，同时拓展广厦在东北的广阔市场。虽然此前广厦已经成功兼并了北京中地建设公司，但与北京二建相比，中地建设的规模与知名度实在太低，难以承受广厦之重。

可是，那时的北京建工集团下属建筑企业还没有让民营企业参与重组改制的先例，皇城根下的老牌国企更难以接受在“北京”两字之前冠上“广厦”的事实。揭不开的锅它还是国企的锅，再说，在北京，揭不开锅的又何止二建一家。

谈判异常艰难。为了夺得企业控股权，广厦再三作出让步，包括拖欠职工的500多万元医药费用，楼忠福也接了过来，一直坚持的“广厦”冠名最终也不得不放弃。直到2002年4月，才最后达成协议：改组之后的新“北京第二建筑工程有限公司”注册资本金6000万元，广厦以现金形式出资3360万元，占股56%，北京建工集团以实物形式出资2040万元，占股34%，其余10%股权由经营者群体拥有。

这是北京市国有建筑企业的第一个跨地区、跨所有制资产重组案例，2002年5月11日，“婚礼”在北京人民大会堂隆重举行。CCTV名嘴王小丫受邀担任司仪，全国人大副委员长布赫、全国政协副主席孙孚凌兴致勃勃地为新公司揭牌，几乎所有驻京的重要媒体均对该事件予以了详细报道。而且，媒体对新北京二建的关注一直延续到2004年之后。

因为，哈利·波特的魔杖继续点化着神奇：北京二建重组改制之后的第二年，企业产值即达到9.1亿元，比改制前猛增2.16倍；利润也由改制前的亏损994.68万元变成了赢利1500.5万元；上缴税收4078万元，比改制之前的586.7万元提高了近6倍；职工人均年收入增长33.75%。2003年7至10月间，北京二建两个月内签下业务合约3.5亿元，更是让北京建筑业同行瞠目结舌。

至此，楼忠福已是盆满钵满，控股北京二建也成为广厦并购国企的巅峰之作。虽然在之后的2003年，广厦还控股了杭州市建筑工程监理公司；2004年，出资4249.62万元兼并了具有50年历史的湖北第六建筑工程公司，出资6700万元控股了陕西省最大的专业公路桥隧建设国有企业——陕西路桥总公司；同时参股组建浙商银行，后来并成为这家股份制商业银行的第二大股东；之后又在2005年和2006年出手收购了上海耿耿市政工程公司、上海照明灯具公司及上海弘源照明电子公司等。但它的第三次跳跃在2002年就已基本完成。

作为第三次跳跃的另一项标志就是在2000年启动的杭州天都城项目。

而在天都城之前，楼江跃掌舵的广厦房地产开发公司已经完成了杭州万安西苑、万安南苑等房地产项目的试水，并拿到了杭州时代广场、上海福楼望邸两块黄金地皮；在天都城之后，则在重庆组建起重庆置业发展公司，开发广厦城、广厦经典楼盘，在南京开发长江9号、四季经典、江南织造府，在北京开发棕榈滩花园，在上海开发当代新华物业，在杭州开发檀香园、戈雅公寓、南岸花城、绿洲花园，在金华与东阳开发时代广场、紫荆庄园等多项标志性物业，广厦房地产跻身全国房产企业百强、浙江省50强房产企业第5位。

到2003年，广厦已经拥有建设、房产、旅游、传媒、投资、国际六大集团，计27家成员企业，资产规模达到了140多亿元，实现产值159亿元，上缴国家税收4.6亿元，不仅坐上了“浙江省50强民营企业”头把交椅，并跻身“全国百强企业”榜单。楼忠福也已经当选第十届全国人大代表；其长子楼明开始担任集团公司总裁职务，并入选“中国十大最受关注企业家”；次子楼江跃也获得了浙江省房地产业第一个“中国经营大师”的称号。

第六章　错过的星星与不曾错过的月亮

在政策中发现机遇

楼忠福对政治与政策有着特殊的敏感。

2006年12月7日晚上，楼忠福拨通了党委书记卢志信的电话："你有没有在看电视？中央经济工作会议提出的明年经济工作思路有什么变化？"然后得意地自问自答："动了两个关键的字：'又快又好'变成了'又好又快'！"对政治特殊的敏感总能让他在政策的微妙变化中发现惊喜。而那份惊喜决不亚于发现一个最大的商业机会。

2009年10月10日，笔者再次采访楼忠福。一开口，他就蹦出一个新词："继续打拼。"上网一查，发现这词三天前刚刚出自国家主席胡锦涛之口："我们都希望国家富强、人民富裕，让我们一起继续来打拼!"令笔者对这位只看电视新闻、从不上网的实业家的政治敏感倍加佩服。

"政治敏感是企业家的必备素质。"楼忠福说，"一个企业家不讲政治就没有出路。要分析政治，才能找准出路。"他指出，"为什么广厦常常能够快人半步？就是因为我们把握住了国家在不同时期的政治、经济政策，发现了其中蕴藏的许多机遇。"

楼忠福将政策比作太阳，太阳光折射下的月亮与星星就是实业家需要发现与把握的机遇。在此比喻下，便有了"政策是最大的机遇"、"民营企业更要讲政治"、"要生存就要学会适应环境"、"中国企业一定要行走在国家政策底线之下"、"你有我有大家有"等关于民营企业与机遇的精辟之论。

在楼忠福25年的创业历程中，政策与市场是他始终关注的坐标两轴。

在这两根轴线上，发现、创造并捕捉着一个又一个的机遇。

从 1984 年开始的企业承包经营，到 1992 年组建企业集团及之后的股权改革与上市；从 1993 年开始的海外市场拓展，到 1997 年之后的大举国企并购；从 1995 年集团总部搬迁省会杭州，到 2000 年之后的天都城开发建设；从收购国有医院，到开办高职院校；从涉足文化影视，到进军能源产业……每一步都准确地踩在了政策与市场的鼓点上。

这是一种智慧。

英国哲学家培根认为：智者创造的机会比他得到的机会更多。

1984 年，邓小平视察南方经济特区，强调对外开放“不是收，而是放”，助推中国改革开放列车的提速，楼忠福乘势挤上列车，在这一年“抢”到了东阳城关建筑公司经理的职位，开始承包乡镇企业；1992 年，邓小平再次南巡，强调“改革开放胆子要大一些”，“发展才是硬道理”，楼忠福领会真谛，先人一步组建起广厦集团；1998 年，中央政府实施扩张性宏观调控，提出“三年内国企解困”目标，楼忠福在政策中感受经济气候变化，义无反顾地跳进“国退民进”浪潮；2000 年，《中共中央关于“十五”规划的建议》提出：“我国推进城市化条件已渐成熟，要不失时机实施城镇化战略。”楼忠福提前嗅到商机，与政府签订协议，在杭州城郊开建规模宏大的天都城项目……广厦的每一次跳跃都“乘”了政策之“势”，“待”市场之“时”。

显然，楼忠福属于培根所称的“智者”。他在对政策与市场的把握上始终保持着一种敏感与清醒。

1993 年，楼忠福在《我的机遇观》①一文中称：“对机遇的发现、捕捉和驾驭，说到底是对市场经济规律的认识与利用。”“一个企业家，应该切准市场脉搏，提高对市场走势的洞察能力。因为这里充满着机遇。”在这篇 3000 多字的文章里，楼忠福畅快淋漓地总结了广厦集团自 1994 年以来十年间成功把握的四次机遇，得出“把握机遇就是把握市场走势”、“市场信息加决策者胆识等于把握机遇”、“机遇无国界，大机遇离不开大市场”、“重要的是创造形成机遇的条件”等民营企业家对机遇的真实感受与心得。该文在当年的 6 月至 8 月间先后被多家全国性报刊广为转载，其中新华社《瞭望》杂志与《浙江日报》还在刊发此文时分别加上了醒目的

① 全文附后。

“编者按”：

> 在市场竞争中，人人都想抓住机遇，加快发展，为什么有的人能够牢牢抓住，而有的却每每与机遇失之交臂？作为开启发展大门的金钥匙，机遇的出现和消失到底有什么规律？我们该怎样去认识它、捕捉它、驾驭它？楼忠福经营的浙江广厦建筑集团股份有限公司在此作出了有益探索，并获得了成功。
>
> 机遇的出现和消失有其规律，只要你正确认识它，把握它，就不难捕捉与驾驭它。广厦集团楼忠福从自身的实践出发，对此作了有益的探索，说出了切身体会。这对所有意欲捕捉机遇的企业家来说，不无启迪。

2001年，他在另一篇题为《民营企业：发展机遇与历史责任》的文章中进一步阐述：“改革开放政策给了民营企业茁壮成长的土壤与环境；中国民营企业家应该肩负起历史的责任。”

2002年11月8日，楼忠福放下手上所有的事情，独自坐在电视机前，专心收看中共十六大开幕式。听完总书记的《工作报告》，他站起身来，轻松地舒了口气。接着拿起电话，告诉党委书记卢志信：“放心干吧！中国还会加快改革，加快发展。中国经济的发展与市场体制的完善，都需要企业的继续发展与改革推进。”然后又把电话打给了中央政策研究室经济局局长李连仲，邀请他尽快安排时间到广厦作十六大精神的辅导讲座。

2003年1月，楼忠福告诉《名牌时报》记者：“十多年来体会最深的就是讲政治。抓机遇就是抓政治，就是要关注宏观形势，关注政策走向与市场大势。”“民营企业要理解政府，不要什么事做不好就去埋怨政府与政策，首先应该检讨自己。”“广厦就是在政治环境下快速成长起来的。”同年3月，楼忠福在十届全国人大一次会议上说：“政府也很累。民营企业应该多多体谅政府，为政府分忧。”此话被多家有影响的媒体引用，第一次参加全国“两会”的楼忠福很快成为热门新闻人物。

2005年10月，楼忠福在浙江大学的演讲中也谈道：“作为中国的第一代企业家，必须对国家的改革政策看得透彻。”“中国企业就应该按中国的国情来办，离开这个准则可能就麻烦了。”“不能总让政策来适应你吧，民营企业应该学会如何适应环境。错的肯定不是游戏规则，而是玩游戏的人。”

2008年9月，楼忠福在接受上海“第一财经”节目主持人专访时，进一步指出："中国政治经济的现实是：企业离不开政府的导向；中国民营企业尤其需要依靠政府。""广厦是在国家一次次的宏观调控缝隙中成长起来的。中国的许多民营企业都是这样。"

在2009年2月的集团工作会议上，楼忠福告诫管理层："全球金融危机下，民营企业更应该讲政治。所谓'抬头看路'看什么？一看国际形势，二看国内形势，三看广厦自己。看清了形势，认清了自我，才能'智慧应对'，也才能走出困境，再图发展。"他认为："民营企业讲政治一是为了不迷失发展方向，二为了在政策的变化中发现发展机遇，目的就在发展企业。"

20多年来，楼忠福有一个雷打不动的习惯：每天必看中央电视台的"新闻联播"节目。错过了首播，绝不错过重播。这是他捕捉政策信息的重要途径。

短短30分钟的新闻，何以能够满足一个6万员工实体航母的企业家信息需要？楼忠福称：网络、报纸的垃圾信息太多，没时间筛选。捕捉政策变化，一档已经经过筛选的"新闻联播"足够了。他能在一句话的新闻里感悟到政策的冷暖微妙，并擅长取其所需，为我所用。这是他过人的悟性。

偶尔他也翻翻书籍，浏览而已，却能在浩瀚的文字里发现几句经典之句——那肯定是他或他的企业当时最需要的。比如几本介绍美国通用公司及杰克·韦尔奇管理之道的图书，他两天就翻完了，并且牢牢记住了其中的一句：不能让股东懒下来。他说：这句话对现在的广厦很有用。

楼忠福一直就认为："讲政治不是讲空话，讲真话也不等于不讲政治。民营企业讲政治应该是实实在在的。"他既看不上埋头赚钱、不讲政治的人，也看不起会背语录、只讲空话的企业家。"如果连企业家都讲空话了，国家也就完了。"他说。

在与笔者谈到企业精神时，楼忠福突然想到了员工教育问题。他转身告诉党委书记卢志信："民营企业最容易忽视员工的学习教育。这不行。共产党以前打仗时还要学习呢。员工教育很重要，必不可少，企业党委、工会应该排好计划，全年抓。"——这话经我之手打在纸上，读者或许会觉得有些空泛、虚假。而当时，包括笔者在内的所有在场人员都觉得楼忠福此言发自内心，出自真情。

当代实业家对政治的敏感，绝不是一种简单的庸俗；他们对政府与政策的情结，也与趋炎附势无关。是近代以来的企业发展历史及中国现阶段的政治经济体制与政商关系培育出了他们的这种特殊的嗅觉。

在中国近代，郑观应、盛宣怀、周学熙等凭借“官商”身份纵横商海，自然如鱼得水。唐廷枢、虞洽卿、荣氏兄弟以及被称作“近代中国民企代表人物”的张謇，更多的则是在政治缝隙里把握市场留给企业的发展机遇。“棉花大王”穆藕初曾指出：“实业界人士务实而不闻政治的陈旧观点是不值得称赞的。”荣德生长子荣伟仁总结父辈创业经营之道认为：“政商合办之事，在中国从未做好。且商人无政治能力，必至全功尽弃。”荣德生次子荣毅仁则因为坚守“择高处立，就平处坐，向宽处行；发上等愿，结中等缘，享下等福”的人生信条，服从政治，以商报国，因而能够戴上“红色资本家”桂冠。

当代实业家更是如此。

“天下第一村”华西村书记吴仁宝对政治与经济的关系就从不讳言：“政治优势要为经济建设服务。这一点华西村从来没有动摇过。”“我们始终做到两手抓：一手抓同党中央保持一致，一手抓同人民群众保持一致。有了这‘两头’一致，华西就可以健康长寿了。”

万向集团董事局主席鲁冠球是楼忠福钦佩的当代实业家之一，认为他既讲政治，又说真话，既能把产业做好做久，又非常的义气，“像个老大的样子”。鲁冠球对政治与企业的关系理解十分通俗：“政府与企业就像婆婆与媳妇，如果婆婆对媳妇好，媳妇需要什么，婆婆给她买什么，有什么不懂的，婆婆就教会她，这个时候，谁还会不要这个婆婆？所以政府对企业来说，是天时、地利、人和。如果一个企业离开了一个环境，就像一粒种子离开了土地，离开了阳光、肥料，它还能够生长吗？这实际上就是一个规律，离开了这个规律，任何企业都不可能生存。”

正泰集团董事长南存辉在 2008 年 7 月国务院副总理李克强视察企业时说：“听中央的，看欧美的，干自己的。”之后在被媒体问起为何有此感慨时，他称：“当然要听政府的，它最大嘛。”东方希望集团董事长刘永行也说：“有些会议，我必须参加。即使不要我参加，我也要想办法挤进去。”因而有学者就指出：不成熟的市场秩序离不开政府的干预，但政府干预对于企业家们而言，往往蕴藏着获取财富的机会，从而激励他们向政府靠拢。

柳传志下海之初，他的新技术发展公司赚到的第一笔钱就来自“官方”：中国社科院近水楼台购买了他的 500 台 IBM 计算机，让他赚到了 70 万元的服务费。之后在与“外国兵团”的市场竞争中，已经成为联想总裁的柳传志更是依靠“政府力量”，游说电子工业部“制定有利于民族工业发展的行业采购政策，在性能价格比相同的前提下，优先购买国产商品”，使得联想有机会屡屡挫败跨国公司，不断扩大市场份额。

华为公司的任正非当年在遭遇跨国公司强大竞争面前，首先想到的也是“借助政府之力”，与全国各地的电信局联合成立合资企业。“通过建立利益共同体，达到巩固市场、拓展市场和占领市场之目的。以利益关系代替买卖关系；以企业经营方式代替办事处直销方式；利用排他性，阻击竞争对手进入。”因而使其在1997年陡然坐大，成为国内增长最快、利润率最高的电信企业。

万通集团董事长冯仑对此看得似乎更深层一些：“政商关系或者说民营企业与政府的关系、民营企业家与政治家的关系，始终是致使民营资本陷落的布满蒺藜的壕沟。民营企业要想寻求长生之道，跨越历史河流，全面把握政商关系乃是当务之急。”

美的集团董事长何享健也认为，企业家“你可以不搞政治，但必须懂得政治”。

经济基础决定上层建筑。不管是出于自我保护的需要，还是为了争取改善生存环境的“话语权”，民营企业家在中国已然形成了一个特殊的庞大社会阶层。

1983年，个体户首次当选全国人大代表，哈尔滨的个体摄影师白士明和武汉的个体酒店经营者魏俊红成为象征性人物；1988年的七届全国人大2900多名代表中，民营企业家有了8人；10年之后的1998年九届全国人大，民营企业家身份的代表增加到了50人；到了2003年的十届全国人大，民营企业家代表达到了200人左右，楼忠福与广厦重庆一建公司的郭向东双双入选，成为罕见的同时拥有两位全国人大代表的民营企业。在民营经济发达的浙江省，十届全国人大89人组成的浙江代表团中，民营企业家代表占了14位，而在当年该省十届人大641名代表中，冠有董事长、总经理头衔的有96人。

1993年，刘永好等50多位民营企业家第一次当选全国政协委员；到了2008年的十一届全国政协会议，民营企业家已经占据了100多个委员席位。而在2003年1月，重庆力帆集团公司董事长尹明善、浙江传化集团董事长徐冠巨先后当选为重庆市和浙江省的政协副主席，成为中国改革开放以后最早进入省级政协领导班子的私营企业家。

早在1987年，鲁冠球当选中共十三大代表，并以唯一一位企业界代表身份出席了会议期间举行的中外记者招待会。当然，那时他的准确身份应该是乡镇企业榜样人物。而到了2002年，中共十六大破天荒地举行了一次计划外的专场记者招待会，主角竟是来自浙江的民营企业家——飞跃集团董事长邱继宝。2007年举行的中共十七大，已经有30位“两新组织”代表。所谓“两新组织”是指“新经济组织”和“新社会组织”，前者指私营企业、外资企业、港澳台资企业、股份合作企业、个体工商户及各类非公独资经济组织，后者指非官办社会团体及民办非企业组织，如民办学校、民办医院、合伙制律师事务所等。有资料显示，当年“两新组织”从业人员已超过1.5亿，掌控管理着中国10万亿元的市场资本，每年直接或间接贡献税收占全国近1/3，因此30名“两新代表”也被媒体称作“中国10万亿民营资产的代言人”。

国家法律与执政党已经承认了民营经济的客观存在与现实地位。

把脚手架搭到国外

法国作家埃里克·依兹拉莱维奇在他的《当中国改变世界》一书中写道：“西方专业人士估计，本世纪初在全世界运行的吊车中，有一半耸立在中国。”“中国现在到处都是林立的吊车，遮天蔽日。”“如同当年的英国、法国或美国一样，中国成了一个大工地，吸引着全世界的建筑师和艺术家。”

依兹拉莱维奇不知道，目前在英国、法国或美国土地上耸立的吊车中，还有不少也正由中国的建筑人执掌运行着。其中就包括了中国广厦。

海外经营，是楼忠福25年间捕捉的众多机遇中另一轮闪光的“月亮”。

1986年，当时的东阳三建派出了100多名建筑工人赴埃及工程施工。那是广厦人第一次走出国门。虽是劳务输出，却为企业走向世界打开了一扇窗户。在之后的一次公司骨干会议上，楼忠福雄心勃勃地提出：总有一天，我们会将脚手架搭到国外去。胆大做将军，我们就是做将军的料。

他开始画他的月亮。

三年之后，东阳三建再派出80多人，赴苏联的符拉迪沃斯托克（海参崴）承建海军医院办公大楼及海军住宅大楼的内装修和儿童医院的改建工程。当时的东阳三建尚不具有对外经营权，因而借用了中国建筑总公司的经营渠道。虽是“借船出海”，三建人却在符拉迪沃斯托克打了一场漂亮的热身战：中国建筑工人吃苦耐劳的精神、几天一层楼的东阳三建速度、还有来自中国建筑之乡的精湛建筑工艺，让刚刚解体的苏联“老大哥”佩服得五体投地。东阳三建的工程获得了多项优质证书，海军医院办公大楼还被评为了当地的样板工程。当时负责符拉迪沃斯托克（海参崴）项目的吴小伟却觉得工程太小，三建人有劲用不上。

但符拉迪沃斯托克（海参崴）的“热身”却给了楼忠福足够的“走出去”的信心。

在此之前，楼忠福已经考察了埃及、印度、南斯拉夫、罗马尼亚与巴基斯坦的建筑市场。随后，他又带着吴小伟来到美国与日本。在美国，他们看到了最先进的建筑材料与室内装饰革命；在日本，他们学到了专业化协作、集约化生产与先进的建筑管理经验。

1993 年末，组建不久的广厦集团在美国波斯顿注册起第一家海外子公司。广厦的脚手架开始出现在美洲市场。

1998 年 4 月，广厦并购中国南京国际经济技术合作（集团）公司，拥有了国际工程承包、对外经济援助、进出口贸易及出国劳务咨询培训的直接业务渠道。当年，即设立海外工程公司，负责承接国外工程业务。

2000 年 11 月，广厦东阳三建公司也获得了独立对外经营权。当年，广厦在海外承接 50 万美元以上的建筑项目 28 个，合计经营业务额接近 3000 万美元。

同年，楼忠福提出：“广厦在海外一定要有所作为。”“应该在全球经济发展中争得广厦的生存空间。”之后，国际化写进了广厦发展战略，以“走出去”为“最有出息”的传统建筑人开始在国际市场拳打脚踢，拓展出一片崭新的天地。

楼忠福将自己画出的那轮“月亮”挂上了高高的天空。

2001 年，阿尔及利亚总统阿卜杜勒·阿齐兹·布特弗利卡提出在全国开发“百万套社会福利住房”，广厦集团以东阳三建为主力，应声进入了阿国市场。据中国驻阿使馆提供的资料显示，2001 年至 2005 年 9 月，中国在阿施工企业累计签约额 38.3 亿美元，广厦则在其中占了约 10 亿元人民币，承接工程 10 余项，承建面积 35 万平方米。其中 2004 年 10 月竣工交付的住房部 AADL 一期 704 套住宅项目，以新颖的房型设计和优异的工程质量获得阿国高度赞誉，布特弗利卡总统亲临交付现场，称赞“广厦的质量在阿尔及利亚是最好的”。之后，不仅阿国住房部主动邀请广厦继续承建二期住房项目，不少政府公建项目的业主也主动上门洽谈。至2006年底，广厦以独立总承包名义，按照EPC总承包模式，在阿国先后承接了住房部、司法部、尔省法院、奥兰省法院、穆斯达干省法院、水利部斯基克达省与奥兰省污水处理厂等10余项工程，合同造价1.2亿美元。

但布特弗利卡总统不知道，由于“水土不服”，广厦在阿国承建的住房部AADL一期住宅项目挣了名声却没挣到钱。楼忠福与集团副董事长楼正文多次亲往阿国项目工地，研究异国经营之道，部署非洲市场拓展。楼正文说：建筑业利润低，个别项目亏损也不奇怪，但总体应该赢利，这是原则。楼忠福也提出：为了占领海外市场，交点学费没什么了不起，但交了学费要长本领。广厦的海外事业不仅要做大，还要做强。

2002年，广厦重庆一建公司进入马来西亚市场。之后，该公司再进入安哥拉、卢旺达、吉隆坡等国，承接建筑业务4.4亿元人民币。

2006年，东阳三建公司与法国OTV公司合作中标斯基柯达省污水处理厂建设项目，承接业务7.8亿元人民币。当年，广厦实现海外业务产值3亿美元。

2007年，广厦建设集团先后在阿拉伯联合酋长国与阿尔及利亚成立广厦中东建设公司、广厦北非建设公司。同年，广厦北京中地建设公司在阿联酋迪拜设立子公司；北京二建公司同期也在多哈、安哥拉开始布局，并很快承接多哈政府5项政府建设工程，合同额4.9亿元人民币。同年，广厦上海明凯集团还在刚果投资兴建了铜矿冶炼项目。

2008年3月，楼忠福亲往阿联酋，拿下了该国迪拜合同总额约为6.3亿美元的跑马场建设项目。楼忠福对该项目格外重视，调动了广厦旗下的广厦建设集团、杭州建工集团与陕西路桥集团共同参与。同年5月，广厦建设集团又与北非五国公共工程公司联合在阿尔及利亚成立合资公司，共同拓展非洲市场。国际跨国公司在中国市场屡屡取胜的经营之道，被楼忠福开始运用于非洲的建筑市场。他提出：国际化革新程度就是本土化，要充分利用目标国资源，扎根目标国，有效提升广厦的国际化层次。

至此，广厦的国际化战略全面推进，广厦建筑先后进入了美国、俄罗斯、韩国、科威特、新加坡、阿联酋、阿尔及利亚、乌干达、约旦、纳米比亚等10多个国家。从单一的劳务输出，到海外工程总承包；从借助其他公司联合投标，到控股成立本土化海外公司；从水土不服的项目亏损，到效益品牌双赢……广厦的国际脚手架越搭越牢固，海外事业的“月亮”已经被广厦人从天上摘到手里。

关于机遇，有四种经典比喻：

一为懵懂说。美国著名企业家卡耐基认为：我们多数人的毛病是，当机会朝我们冲奔而来时，我们兀自闭着眼睛，很少人能够去追寻自己的机会，甚至在绊倒时，还不能见着它。所谓20世纪80年代，在中国摆个地摊就能发财，很多人不敢；90年代买只股票就能挣钱，很多人不信；21世纪开个网站也能赚钱，很多人不试。世上大多数值得做的事情总是在做之前被认为不可能。今天仍然还有许多人不知道机会究竟在哪里。国外有则故事，说一位20出头的小伙子急匆匆地行走在路上，一个人拦住了他，问：小伙子，为何行色匆匆？年轻人头也不回，继续奔跑：别拦我，我在寻找机会。20年之后，小伙子变成了中年人，他依然在路上奔跑。又一个人拦住了他：喂，伙计，你在忙什么呀？别拦我，我在寻找机会。又过了20年，中年人已经变成了面色憔悴、两眼昏花的老人，还在路上挣扎着前行。一个人又拦住了他：老人家，你还在找你的机会呀？老人无力地回答：是啊，还没找着。然后一惊，抬头一望，一行老泪潸然落下，他发现三次拦路问他的是同一个人，那就是他寻找了一辈子的机遇之神。

二为强者说。《史记·淮阴侯列传》记载："秦失其鹿，天下共逐之，高材疾足者先登焉。"这是中国古代思想家关于"机遇"之论的最早记载。机遇是那只"天下共逐"的鹿，人人可见，强者先得，"高材疾足者"方能问鼎逐鹿。日本有一则真实的故事：一园艺师向井植岁男社长请教：您的事业愈做愈大，而我就像树上的一只蝉，太没出息了。请您传授我一点创业的秘诀吧！井植岁男说：我看你很适合做园艺，这样吧，我工厂旁边有2万坪空地，我们一起种树苗。他问园艺师：一颗树苗多少钱？40元。三年小树成材之后可以卖多少钱？大约3000元。井植岁男说：2万坪地大约可以种2.5万棵树，成本刚好100万元。这100万元的树苗成本与肥料费由我来支付，你负责浇水、除草和施肥，三年后我们有600万的利润，一人一半。园艺师一听，退缩了：哇！这么大的生意我不敢做，还是算了吧。可见，实力不仅仅在资本，胆识有时是更大的实力。

三为车票说。认为机遇如同一列班车，只有提前买好了车票并耐心等待的人，才有机会登上车去。国外还有一个故事，可以作为这种比喻的形象注释。说有一位木匠，造了一辈子的房子，每一幢都受人称赞。某日他决定退休，希望老板能给他一笔不多的养老金。老板却说：现在不行，你还得再帮我造一间更大更好的房子。木匠不悦，暗恨老板吝啬。于是，他用了最次的材料和最简陋的方法草草将房子建成，然后将钥匙交给老板。老板说：钥匙留着吧，这房子是我送给你的，感谢你一辈子帮我造了那么多的好房子。木匠愧恨无语，一辈子当中最好的一次机会就这样错过了。买了车票的不一定就能上得了车，一辈子等待机会的不一定就能获得机会的青睐。

四为风行说。有一人向禅师埋怨命运之不公：我太不幸了，这么努力却一直没有成功，机遇怎么就降临不到我的身上？禅师听后让他跑步，然后问他：听到风的声音了吗？那人说听到了。禅师又说：其实你身边充满了机遇。机遇就像空气，你停在原地不会察觉，当你跑得越快，就越能清楚地感觉到它的存在。所谓创造机会，才能听到机会的呼喊。

普通人的一生，若能发现并摘取几颗机遇的星星，已经属于幸运。而“智者”决不满足于肉眼所见的星星，他们想要摘取的是月亮。甚至，一个月亮往往不能满足，他们会利用市场与政策的力量，自己创造出许多个月亮，挂上天空，然后跳起来摘取。

楼忠福就是这样的“智者”。当代许多实业思想家也是这样的“智者”。

庸者抱怨机遇，弱者等待机遇，强者抢占机遇，唯有智者才能创造机遇。

错过了北海没错过上海

说了月亮，再说星星。楼忠福并不避讳在他创业历程中错过的许多机遇，还有失败。

曾子曰：“吾日三省吾身。”法国启蒙思想家爱尔维修也说：“我经常在晚上才发现，自己早上以为满不坏、因而自视清高的看法，其实是错误的。”勇于正视过失是思想者的智慧。日本松下电器创始人松下幸之助称：“每一次失败都是我弥补某种不足的机会。”美国福特汽车公司创始人亨利·福特也认为：“其实，失败只是提供更明智起步的机会。”

1986 年，东阳三建中标获得兵器部浙江富阳疗养院的承建项目，标的额 265 万元。这是楼忠福接任公司经理之后的第一个大项目工程，也是东阳三建第一次以投标形式获得项目承建权。公司上下如获至宝。

当时，项目投标在中国尚属新鲜，一切都还缺失规范。三建公司的一位班组长不知从哪里探获了建设单位的工程标底，于是，就花了三五天时间，根据标底草草做出标书。结果竟然中标了。1985 年，东阳三建的全部产值也就 891 万元。可以想象这个 265 万元的项目对于他们有多大的吸引力。上任不久的楼忠福正急于寻找机会，扩大市场，一个大馅饼突然砸到头上，能不把他乐坏吗？

可是，当把建筑队伍开进富春江畔的工地现场，三建人傻眼了。标书是按着普通平基做出的，现场却是一座石头山，施工难度与建造成本大大超出标书设计。再细一算，发现这个以 265 万元中标得来的工程，实际造价竟然需要 400 万元。

135 万元的可能亏损把楼忠福吓出一身冷汗。三建公司上年的全部利润也才 67 万元，那仅仅是这个项目可能亏损额的一半呀。怎么办？做下去，公司亏不起；丢盔弃甲撤离吧，三建人丢不起这个脸，再说，还有白纸黑字的合同。

面对陷阱，楼忠福的选择是：一方面要求工程队咬牙挺住，保证工期与工程质量，另一方面找到北京建设单位，摊明情况，争取谅解与补偿。

谈判艰难地进行了多轮，直到工程完工，最后总算以不赔不赚得到了建设单位对工程的适当补偿。

“那是一个教训呀。”楼忠福追忆犹痛，“不尊重市场规律的盲目决策，差点让年轻的东阳三建死在富阳项目的陷阱里。”

1992 年初，邓小平南巡广东，却让相邻的广西燃起了开放与投资的熊熊烈火。

一年前，中共中央总书记江泽民视察广西北海，称赞北海为“后起之秀，前途无量”，他寄语北海“千里之行，始于足下”。1992 年，中央政府作出“发挥广西作为西南地区出海通道作用”的战略决策。4 月，国务院在北海举行西南、华南部分地区区域规划会议，这座仅有十几万人口的沿海小城被赋予了“大西南出海通道”与“中国沿海最后一块处女地”的桂冠。很快，北海推出了 16 个大型开发区，“成片开发”的房地产业发展模式吸引了来自全国的 1200 多家房地产开发企业。不足 10 平方公里的边陲小城一下子涌进了 4600 家内联企业与 300 多家外资企业，同时涌进的还有 300 多亿的投资总额与近百万人的创业大军。川、贵、滇、湘等内陆省份还在这里建起了开发区，意欲“借船出海”。北海人也自豪地宣称：“80 年代看深圳，90 年代看北海。”北海的地价随之猛涨了几十倍，3 万多亩出让土地换来了高达 37%的经济增速，很快，该市的国民生产总值与工业产值双双突破了百亿元人民币大关，惊人的“北海速度”让人不得不对房地产的威力刮目相看。

1992 年，全国的房地产市场也在升温。年初全国房地产企业仅有 3000 家，而到了年底，竟然增加到 1.2 万家。在这一年，中国房地产巨鳄冯仑、潘石屹等均进入了北海。

楼忠福也随着掘金队伍踏进了北海土地。

“现在的北海就是当年的深圳。”楼忠福显然很快被北海的热浪激起了欲望。1985 年，他曾经跟随东阳政府官员考察深圳。当时的东阳三建势单力薄，眼见得遍地机会，却也只能三步一回头地告别了深圳。

“错过了深圳，不能再错过北海。”楼忠福激情澎湃。仅仅经过三个多小时的洽谈，广厦就拿下了一块 150 亩的土地，并立即在北海成立起广厦集团分公司。楼忠福挽起袖管，准备在这片投资热土上大干一场。

一年之后，楼忠福还真在北海市场赚到了近千万的利润。但随之开始的政府宏观调控，让一夜暴富的北海跌入了冰窟，缺失产业支撑的北海房地产泡沫也在一夜之间破灭了，曾经繁荣的沿海小城归于寂静，百万创业大军成了逃亡的难民，到处是“烂尾楼”，到处是闲置的商品房，许多没卖出去的别墅也成了猪栏鸡舍。

那一年，楼忠福的广厦也不得不随着大逃亡的难民队伍寂寞地离开了北海，留下一个沉痛的投资教训。

“民营企业讲政治是实实在在的。讲政治就是抓机遇。要关注国家宏观形势，关注政策走向与市场大势。”这是楼忠福在这次投资失误之后换来的最大收获。

1997 年，楼忠福已经成为中国经济界小有名气的企业家。这一年，“浙江广厦”在上海证券交易所成功上市，广厦集团也列入了建设部 49 家国家级企业集团试点单位。

这一年，“腰缠万贯”的楼忠福被请到了黑龙江佳木斯，当地政府官员向他推荐了一个农业高科技项目。红地毯，鲜花，礼仪小姐，还有豪情与烈酒，当地政府用最高礼遇款待这位来自浙江的财神。

农业是广厦的陌生产业，但楼忠福还是被黑土地上的盛情感染了。他怀里揣着 400 万元的支票，参加了签字仪式前的盛大酒宴。

先喝酒再签约，这是黑土地上豪爽的北方人特有的工作方式。同样豪爽的楼忠福却在两杯白酒下肚后清醒了：在一个完全陌生的区域，面对一个完全陌生的产业和截然不同的文化背景，广厦能够适应吗？同行的集团公司副董事长吴小伟也是惴惴不安，投资部经理王明和则不断地提醒着楼忠福：当地农垦局拥有的这片土地产权不清，需慎重决定。

四年前北海的投资记忆也在动摇着楼忠福的信心。他决意临时退出。

“对不起对不起！公司总部来电话，有急事需要我回去紧急处理。”楼忠福端起酒杯，向主人撒了个谎，“感谢各位的盛情款待！北大荒给我留下了深刻的印象。我自罚三杯，表示歉意。我们的合作，由广厦留下来的其他人继续商谈。”

那一晚，他匆匆离开酒席，直奔机场，怕的是北大荒的盛情会随时改变他放弃的决心。这是楼忠福唯一的一次临阵脱逃。多少年后，他仍然对黑土地上的主人心存歉意。

但广厦却因此躲过了一场投资风险。

那一年，亚洲金融危机爆发，日本八佰伴应声破产，《泰坦尼克号》震惊了中国，山东秦池、珠海巨人、济南三珠、沈阳飞龙、广州太阳神、郑州亚细亚等一批明星企业与品牌纷纷倒闭或陷入危机。

也是在 1997 年，楼忠福差点成为上海滩上的房产大鳄，或者可能卷入一场无休止的诉讼纠纷。

那一年，已经进入上海建筑市场的广厦想拓展房地产业务，而当时上海楼市低迷，土地价格十分低廉。广厦与当地一家公司联合拍得了该市龙柏一块 12 万平方米的土地，成交价每平方米才 3000 元左右，升值潜力显而易见。

可是，上海合作商恰巧卷入了一桩当时看起来并不算太大的官司，但牵连到了刚刚拍得的土地资产。

凭着楼忠福的智慧，完全可以有变通的办法处置，甚至可能以独家开发赢取更大的利润。但楼忠福对上海市场一直心有余悸。早在 1993 年，广厦就想将建筑队伍拉进上海，楼忠福犹豫了一下，自以为集团刚刚完成组建，实力不足，匆忙进入上海大都市恐难适应。结果错过了先机，使几年后再图进入平添了许多难度。如今好不容易拍得土地，又遇上合作商的问题，让楼忠福对市场前景添了忧虑。加之当时公司正投入东阳安居工程，资金也不宽裕，于是选择了放弃。

后来，那块土地被上海合作商拱手转让给了另一位东阳籍企业家郭广昌执掌的上海复兴集团。7 年之后，郭广昌登上了福布斯中国富豪榜第 7 位，而那位差点成为楼忠福合作伙伴的上海企业主却在 2009 年以涉嫌侵吞国有资产罪被押上了审判庭，检察部门起诉的资料中仍然牵涉到当年龙柏的那块土地。

塞翁失马，焉知非福？失之交臂的可能是做大上海的机会，也可能是比北海更大的陷阱。

1998 年之后，广厦虽然并购了上海合力建筑公司、上海环球网络公司和上海易通电讯科技公司，但都未能了却楼忠福对上海市场的情愫。以至于 2003 年 7 月出席胡润以《中国货币》杂志社名义在上海举办的企业家峰会时，楼忠福依然对上海市场耿耿于怀。

直到 2006 年，广厦以 3.6 亿元的总额收购了上海照明灯具公司、上海弘源照明电子公司和上海耿耿市政工程公司三家企业，楼忠福这才对上海市场真正释怀。在 2006 年 3 月 23 日举行的三家企业整体改制重组揭牌仪式上，楼忠福袒露心声：广厦从成立那天起，眼光一直没有离开过上海。进军上海，在上海市场争得一席之地，始终是广厦企业的愿望。他宣称："我是为成大事才到上海来的。广厦与三家公司的联合重组并不是广厦的最终目标。"

果然，广厦在上海舞台上的大戏这时才刚刚拉开帷幕。当年 11 月，广厦将包括上海照明、弘源、耿耿在内的所有企业组建成了上海明凯投资集团公司；第二年，公司销售收入就比上年同期增长了 120.3%，利润同比增长 136.2%，出口创汇增长 128.7%；2008 年 8 月，坐落于江苏建湖的年产 1.5 亿只节能灯生产基地竣工投产；2009 年 2 月，另一个投资总额 3 亿元的照明制造加工基地又成功落户浙江东阳。而随着产业基地的外迁，沪上大片黄金土地具有了更大的利用空间。

一颗遗落的星星被楼忠福捡起，挂上天空，便成为了一轮皓月。

第三篇 一花一世界

中国改革正触及深层与痛处。在此关键时刻，或许更需要当年毛泽东的大无畏气概、邓小平的变革创新精神与朱镕基闯地雷阵的勇气，中国则比以往更需要一个庞大的具有创造力的人才群体。也正因此，当代实业思想家在聚才、识才、用才之道上的经典反叛，无疑具有助推人才制度变革创新的现实意义。

楼忠福说：要给每一个人以成才的机会。人才的关键是创造，培养人才的途径在实践，衡量人才的标准是贡献。他坚持："不用伯乐相马，而要实践赛马。"笼天下英才为我所用。

马相比于牛的最大幸运在于：人类总会给它一个竞赛的机会，而牛的一决高低却需要你死我活的残酷决斗。将斗牛场变成赛马场，不仅是千里马的最大渴求，也是中国人才制度变革创新的希望所在。

开篇故事

有三个工人同时在砌一堵墙。

有人过来问：你们在干什么呢？

第一个人没好气地说：没看见吗？正砌墙。

第二个人抬头笑了笑，说：我们在盖一幢高楼。

第三个人边干活边哼着曲子，他的笑容很灿烂很开心：我们在建设一座新城市。

十年之后，第一个人在另一个工地上砌墙；第二个人坐在办公室里画着图纸；第三个人……

一则看似平淡的故事却颇让人玩味。你可以从人才角度理解，也可以把它当作人生课题思考。

第七章 墨子、鲁班与千里马的故事

有能则举 汇聚英才

墨子与鲁班同为中国先秦两位伟大人物。前者因创立墨家学说，被称为中国古代著名思想家；后者则因其在机械、土木、工艺等方面的杰出发明与贡献，被尊做匠艺祖师、建筑先圣。

墨子与鲁班都是楼忠福敬仰的人物。

墨家的“兼爱”、“非攻”思想与“有能则举”的人才观影响了中国2000多年，中国共产党提出的“以人为本”治国方略甚至也能在墨家思想中寻找到渊源。鲁班发明的木锯、曲尺、墨斗、刨子、凿子等木作工具则被历代匠人沿用了数千年，1987年开始，国家建设部、中国建筑业协会将中国建筑业工程质量的最高荣誉定名为“鲁班奖”，建筑人将获得该奖作为最高目标与最大荣耀。

“有能则举”写进了楼忠福的《我的人才观》；25年来，广厦人更夺得了多达26项的“鲁班奖”。

与当代许多实业家一样，楼忠福敬仰的历史人物中还有一位汉高祖刘邦。

学者易中天在《品读汉代风云人物》中，列举了刘邦的八大用人之道：一为知人善任，二为不拘一格，三为招降纳叛，四为不计前嫌，五为坦诚相待，六为用人不疑，七为论功行赏，八为暗中控制。易中天认为，刘邦的成功之道重要的就在于用人。正所谓“夫运筹帷幄之中，决胜千里之外，吾不如子房（张良）；镇国家，抚百姓，给馈赏，不绝粮道，吾不如萧何；连百万之众，战必胜，攻必取，吾不如韩信。此三人者，皆人杰也，吾能用之，此吾所以取天下者也。”①

1987 年，在浙江省金华市优秀共产党员表彰大会上，楼忠福就曾引用刘邦的三个“吾不如”，称当时的东阳三建“已是人才济济”，而自己只是学着刘邦“用人而已”。1997 年，在《我的人才观》一文中，楼忠福又引用松下幸之助“学历好比商品标签，论才用人要看品质，而不能只注重标签价码”的名言，感叹“企业最缺的莫过于真才实学的有用之才”，要集聚人才，就得“有能则举”。2007 年，楼忠福继续强调：“事是人干出来的。广厦的人才还不够，大大不够。企业一定要储备人才，这项投资无论如何不能削减。”

从乡镇企业经理成长起来的楼忠福，既没有荣智健们的创业背景，也缺少柳传志、王石们显赫的科班身份，更没有马云、张朝阳时代丰富的人才储备，因此，对人才的渴求就成为他创业以后最强烈的愿望，聚才、识才、用才也成为他比财富积累更为迫切的追求。

1985 年，楼忠福接任经理不久的东阳三建承接了一项需要铺设玻璃马赛克的工程。玻璃马赛克在当时算是一种新型的建筑材料，三建工人此前并没有见过这玩意。因此，凭经验把它当作传统的瓷马克张贴。结果，上万元的材料全部报废。无奈之下，不得已从外地以每小时 15 元的高薪请人代劳。那项工程，三建亏了。

楼忠福的自尊也因此被深深地灼伤。

环顾公司近千号人马，竟然找不到一位合格的技术员，更不要说工程师了；经验丰富的匠才固然不少，却没有一个知识型的人才。遇到难题，只得“三个臭皮匠顶个诸葛亮”，发动工人集体“攻关”，工程质量与企业发展遇到了瓶颈。楼忠福眉头紧蹙。

改革开放初期，人才与物资一样短缺。其实，大锅饭里的城市国有企业并不乏人才，但轮不上穷乡僻壤的乡镇企业。一边是人才荒废，另一边求才若渴。于是，在中国东部的江浙一带，悄然出现了一个特殊的群体——星期日工程师。国有企业的一批专业技术人员，周一至周六“坚守”着企业的工作岗位，周日被请到乡镇企业或民营企业当技术顾问。一些到了退休年龄或接近退休的国企技术人员，也迫不及待地办理了退休手

① 《汉书·高祖本纪》。

续，然后脱身来到乡企或民企，专心担任顾问。他们每月领着企业发放的工资，再从顾问单位领取多于工资数倍甚至数十倍的酬劳。乡企或民企则以他们觉得“非常合算”的价格买到了企业急需的技术与人才。

1986年，浙江萧山一位叫徐传化的农民创办了一家小小化工厂，在“星期日工程师”的指导下，很快生产出了当时市场需求很大的液体皂。但技术人员回到杭州之后，徐传化与他的儿子徐冠巨却无论如何再也调试不出合格的产品。技术人员说：你们少添加了一样东西。父子俩出价2000元向他购买那种叫做“氯化钠”的关键成分。拎回家一看，那包白色粉末原来就是盐。但徐传化还是觉得很合算，因为同在萧山的鲁冠球两年前从浙江大学“买”回一个大学生就花了8000元。

同时期，温州乐清县的一家村办企业虹桥工业缝纫机厂聘请了上海纺织品公司的7位退休技术人员担任顾问，企业因此办得红红火火，年产值达到了1500万元。这时，国家有关部门下发了一份文件，规定国企退休人员不能到其他企业兼职，当地准备忍痛辞退上海退休工人。时任温州市委书记袁芳烈却让有关部门悄悄地将该文件锁进了抽屉，并建议虹桥村为作出重大贡献的7名退休人员在当地每人解决了一套住房，硬是留住了远道而来的7位“宝贝”。①

东阳三建的第一位“顾问”不是来自上海、杭州，却是当地吴宁镇的退休镇长赵学飞。那年，担任了30年公社书记的赵学飞从吴宁镇镇长的位置上退休了。楼忠福第一时间找到他，要把他请到公司里来当顾问。赵学飞推辞：有文件规定，他这种身份的人退休后不能到企业兼职。楼忠福却说：不能兼职就不当顾问，义务劳动总可以吧。

这一来，赵学飞就在广厦“顾问”了整整10年。

赵学飞是“空降”到广厦的第一位政府官员。之后20多年间，从在职领导岗位或退休后进入广厦的县处级以上政府官员多达百余人，成为一个时期广厦核心管理层一支特殊的中坚力量。楼忠福的“人才政治学”在20多年的实践中被运用得炉火纯青。

1987年，楼忠福终于为三建公司请到了一位重量级的专门人才，他就是浙江省钱江建筑公司的高级建筑工程师戴达云。楼忠福在五年前认识了这位高工，戴达云也没少被楼忠福“借脑”，为东阳三建提供过不少技术

---

① 香港《亚太投资》杂志2008年7月号《袁芳烈：见证温州模式》。

上的支持。这一年戴达云正式退休，伺机多时的楼忠福将他从杭州请到了东阳三建工作。企业终于有了自己的高级建筑工程师，玻璃马赛克的笑话成为了永远的历史。

与此同时，楼忠福还花重金从浙江建筑科学研究所等机构聘请到一批高级工程师担任企业顾问：务实精干的楼正文被他聘任为公司副经理，成了他的得力助手；而另一位副经理吴小伟被派往杭州筹建工程处，正有声有色地拓展着省会市场。于是，才有了当年楼忠福自比刘邦、“用人而已”的自信。

广厦密集的人才网罗出现在组建集团之后。此时，楼忠福对人才的需求也已经从“发现一个挖一个”转为“企业缺少什么补什么”。

1992 年广厦集团组建之初，瞬间膨胀的企业再次感觉到人才的匮乏。当年 10 月，广厦向社会公开招聘，吸引了 60 多位机关“下海”官员与大中专毕业生加盟。

“下海”一词，最早兴盛于 1984 年，柳传志是那一波下海经商浪潮中的成功代表。而在柳传志之前，已经有陈春先、王洪德、万润南等一批个性张扬的弄潮儿先行离开中科院机关，在北京中关村办起了 40 多家科技企业，形成了“中关村一条街”的雏形。之后，更有潘宁、段永平、刘永美、赵新先、冯仑、潘石屹、史玉柱等后来成为中国著名实业家的一大批勇敢者不甘寂寞，跳进商海，并在之后搅动着商海掀起一波又一波的大浪。在 1984 年之后，中国还出现过两次下海经商的浪潮，时间分别在 1987 年和 1993 年。

中国历史上最早的弃官从商者当属春秋末期的范蠡。范蠡辅佐勾践二十余年，而在勾践灭吴、功成名就之后，他却辞去相职，携子戮力耕作，后又与西施隐居于陶，自称“陶朱公”，经商积资巨万。司马迁在《史记·货殖列传》中称其为“与时逐而不责于人”、“范蠡三迁皆有荣名”，世人则誉之“忠以为国，智以保身，商以致富，成名天下”。

近代张謇则在 41 岁好不容易中得状元之后辞官从商，在家乡南通选定厂址创办大生纱厂，走上实业之路，终成一代商雄。张謇之后，曾有多位在官士人步其后尘：苏州状元陆润庠两年后也宣布弃官创办纱厂；高居礼部尚书之位的前朝状元孙家鼐则命其儿子选择实业，在上海创办了阜丰面粉厂。财经作家吴晓波曾经对这一段的中国企业发展史有过认真评论：“这一士商阶层的陡然出现，因其思想、资本与政治资源的多重组合，很快将成为影响中国变革进程的一大力量。”①

楼忠福也许看中的就是这种“思想、资本与政治资源的多重组合”优势，因此，广厦企业从一开始就向走出机关大院的下海者敞开了大门。建筑行业走南闯北，战场广，战线长，从招投标到工程款结算，从工程安全管理到垫资款催讨，每一个环节都少不了政府部门的关系与关照，因而具有政府背景与充沛资源的下海官员就被求才若渴的楼忠福当作了企业难得的人才。在这一点上，楼忠福采用了实用主义的哲学，不管你下海前有过什么政绩，或犯过什么错，只要你现在或将来对企业有用，他一概招揽，并赏以重金。

《战国策·燕策》中记载着一个“千金市骨”的典故：古之君王，有以千金求千里马者，三年不能得。涓人言于君曰：“请求之。”君遣之，三月得千里马。马已死，买其首五百金，反以报君。君大怒曰：“所求者生马，安事死马而捐五百金！”涓人对曰：“死马且市之五百金，况生马乎？天下必以王为能市马。马今至矣！”于是，不能期年，千里之马至者三。

一时间，下海官员蜂拥而至，广厦门庭若市。

1995年夏天，广厦再次向全国公开招聘英才。此时的广厦已经从乡镇企业升格为省级集团公司，集团总部从东阳搬迁到了杭州，民营企业也不再是被人鄙视的“私生子”，因而这次招聘便具有了强大的吸引力。全国除台湾、西藏之外的各个省份均有人员报名应聘，应聘人数多达670人，且95%以上拥有大学本科学历，其中具有高级职称和博士学位的高级人才25人。这一次，广厦精挑细选了20多位专门人才加盟，其中不少人在之后成为广厦的骨干。

1997年5月，“浙江广厦”上市之后，企业即向社会公开招聘了7位金融证券管理、财务管理与发展战略专门人才。1999年，企业又在北京、杭州等地先后举办三次招聘活动，网罗各类人才70多人。

据《中国广厦集团志》记载：从1997年至2001年的4年间，企业先后9次举行人才招聘活动，共计网罗英才413人，其中硕士、博士、教授、国家机关县处级以上官员以及企业高级经理人153人，有4人直接被聘任为集团公司副总经理。与此同时，北京大学经济学院副院长刘伟、清华大学管理学院博士生导师魏杰、浙江大学外经贸学院常务副院长姚先

① 吴晓波著《跌荡一百年》（上），中信出版社。

国、中国房地产估价师学会副会长柴强等一批重量级人物也被广厦聘任为专家董事与高级顾问。

1987年，金华城乡建设学校在东阳筹建，楼忠福主动为该校捐助了22万元，交换条件只有一个：换取该校每年10位毕业生到东阳三建工作。这笔“生意”在大多数人看来有点傻，因为这所学校的第一批毕业生要等到1990年，那时，楼忠福的合同承包期早已经结束。买了炮仗留给别人放，这又何必？

也许，他认为三年后不管谁来承包，企业都需要人才；也许，那时的他已经做好了继续第二轮承包的准备。其实，早在1985年上任伊始，楼忠福在贷款160万元添置设备的同时，就已经开始了他的人才储备。在广厦展示厅里，就陈列着1985年东阳三建与浙江工业学院定向代培工民建大专生的协议书。

“今天不添置设备今天没饭吃，今天不储备人才明天没饭吃。”这是楼忠福当年的远见卓识。

1989年，当时的东阳三建开始委托浙江育才大学开办工民建大专班；1994年，再委托浙江财经学院开办建筑经济管理大专班；1999年与2001年，又委托浙江工业大学分别开办了工民建大专班与工商管理研究生课程班。期间，企业先后选送出300多人赴以上学校脱产学习，有200多人拿到了大中专毕业（结业）证书。同时，企业还安排千余人次参加了省市两级的各类技能技术培训，组织数十次企业内部培训活动，受训职工多达4800人次。也就在这期间，楼忠福、楼正文、吴小伟等企业负责人也先后获得了工民建与施工管理等专业的学历文凭或专业证书。

具有先天智力不足的乡镇企业，在这期间完成了一次历史性的“补钙”运动。至2000年年底，广厦已经拥有中高级职称人员367人，中高级工程技术人员285人，一二级项目经理195人，中专以上学历人员1634人。高级工程师谢建民成为企业自己培养的第一个教授级专门人才；楼正文、吴小伟等也成为企业培养的第一批技术骨干。到2008年，广厦号称已经拥有1000个一二级项目经理、1000个一二级建造师、500位高级职称人员和3000位“五大员”的庞大人才团队。

现任集团公司审计监督考核委员会主任的楼金生就称自己是“跟着企业一起成长”的广厦人。这位从部队到地方、从乡政府机关到企业的建筑“门外汉”，26年来，从一名车队职工到生产计划质量安全办公室副主任，从设备动力科科长到政法处主任，从广厦控股创业投资公司副总裁到集团审计监察总部总经理，不仅获得了高级经济师的职称，享受着政府“专业技术拔尖人才”补贴，而且还兼任了中国内部审计协会常务理事等职务，其对企业内部审计与投资风险管控的实践与心得，不仅让企业在项目投资中多次规避风险，而且其撰写的论文也多次入选参加国际性专业会议交流或在全国性报刊发表并获奖，俨然已经成为企业足球场上一名优秀的“边裁”。

1998 年，广厦看中了江苏苏南地区的一家国有建筑公司，几番谈判之后，一切就绪。而就在并购协议签字前夕，楼金生却在中介评估机构提供的项目书中发现了重大问题。于是，由集团审计监察部重新组织内审评估，最后放弃了这项存在重大风险的并购项目。

楼金生称：这样的案例不止一个。他几乎参加了后来广厦在南京、重庆、上海、北京、杭州的所有重大并购活动，为决策层提供了强有力的并购企业内审依据。

楼金生等一大批广厦企业自培人才的涌现，都不在意料之外。而有一点，却是楼忠福在花钱买毕业生时无论如何不曾预想到的：15 年之后，广厦集团竟然收购了这所金华城乡建设学校，投资 5 亿多元，组建起民办浙江广厦建设职业技术学院。企业从花钱买中专毕业生到自己培养专业性的大专人才，从“缺什么补什么”到“面向未来储备人才”，人才规划真正从目标变成了现实。

走进占地近千亩的广厦建设职业技术学院新址，院长许春华、副院长杨进发向我们列举了这样一串数据：2002 年创办当年招生 300 人，2003 年增加到 1000 人，2004 年和 2005 年扩大到 2000 人左右，2006 年为 2580 人，2007 年再增加到 3790 人，2008 年达到了 4500 人。现有在校学生总数 13000 人，教职员工 800 多人；设有 5 个二级学院，开设有 27 个专业；学院总资产已经达到 6.5 亿元；不仅入选“中国十大优秀民办高校”、“全国教育教学管理示范高校”、“全国优秀技能人才培养基地”、“全国民办高职教育示范基地”，并荣获“人民满意的民办大学”、“中国一流高职院校”、“全国民办企业人才需求十佳理想院校”等荣誉，实现了“一流企业创办一流学院”的“楼忠福式目标”。

当年，楼忠福给这所新办学校确定的办校宗旨是：回报社会，回报家乡。仅 2006 年至 2008 年的三年间，浙江广厦建设职业技术学院为社会输送各类专业的毕业生已达 4440 人，其中落户东阳就业人数超过 1100 人，约占毕业生总数的 25%；三年间，招收东阳籍新生 583 人，占入学新生总数的 5.4%。2008 年，该校还专门开设了特批的目录外专业——木雕设计与制作，聘请东阳当地木雕大师担任教授，为东阳培养传统产业的大师级人才。

即使在经济与教育发达的长三角地区，县级城市创办的高职院校也非常之少。浙江广厦建设职业技术学院落户东阳，为提升东阳城市形象、培育地方经济发展需要的实用型人才起到了重要作用。

东阳市市长陈晓称：人才外流是多年来制约东阳经济发展的重要因素。所谓“拉出去一火车，拉回来一汽车”，指的就是人才的流失。如今，东阳境内拥有了浙江广厦建设职业技术学院与浙江横店影视职业学院两所高职院校，不仅吸引了全国大批专业性人才来校任教，而且还留住了一批实用型的大专毕业生在东阳创业，这是广厦与横店两家著名企业对家乡的另一项重大贡献。

楼忠福也在这里圆了他的一个梦想。

当代伯乐的识才之道

马与牛、狗等动物一样，数千年前由野兽驯养成家畜。但因其英勇善战，且通人性，被人类视作最好的朋友，并将其与勇士、人才、成功相提并论，也便有了金戈铁马、宝马良驹、龙马精神、马到成功等溢美之词。

于是，人才被喻作了千里马，发现人才者被称为伯乐。韩愈《马说》云：“世有伯乐，然后有千里马。千里马常有，而伯乐不常有。”

伯乐自有相马之术，当代实业家更有其独特的识才之道。

继赵学飞、戴达云之后，广厦逐渐汇聚起大批来自全国各个行业与机构的专门人才，楼忠福识才、爱才也在浙江渐被传为美谈。

2003 年 5 月初的一天，张汉文应约来到杭州华侨饭店与楼忠福见面。这年，他 32 岁，拥有企业管理硕士学位，正担任着浙江省内一家国有上市公司的董事长助理，并兼任公司旗下一家企业的厂长。此前，他还先后在这家公司的制药厂、房地产公司及 IT 企业任过要职。半个多月前，他向广厦递交了一份自荐简历。

没有“为什么要离开原来企业”之类的怀疑，也没有“来了之后准备怎么干”的考量。楼忠福的谈话开门见山：“我看中的是你的年龄与阅历。至于工作能力，给你机会在实践中展示。”

15 分钟后，谈话结束。张汉文来到了广厦，仍然就任董事长助理职务。五年之后，他坐上了广厦控股集团公司副总裁的位置。

与张汉文同样“幸运”的是黄旭能。这位毕业于西南政法大学的小伙子在中级人民法院工作了六年之后，想到了“下海”。于是，在 2002 年向广厦递交了一份自荐简历。那天，楼忠福也只与他谈了短短的十几分钟。几天之后，便接到了公司电话通知：来吧，马上到广厦上班。黄旭能来到广厦之后没几天，便随着楼忠福飞往西安。黄旭能回忆，他的法院辞职手续还是在西安回来之后才补办的——那时，楼忠福已经完成了对他的实际工作考核。而这之后，黄旭能跟着楼忠福当了七年秘书，如今已经成为广厦控股董事局主持工作的办公室副主任。

相比较，楼忠福对王明和的考察更显得“苛刻”一些。1995 年，总部刚刚搬迁到杭州的广厦公司在全国公开招聘人才，楼忠福亲自参加了最后一轮的面试。毕业于浙江大学的硕士研究生王明和与 20 多位应聘者脱颖而出。楼忠福要求这帮青年才俊分两组赴东阳等地，组织一次市场与企业调研，拿出有价值的调研分析报告。然后，再指定王明和牵头起草“广厦集团九五发展规划”。半年多之后，才安排他到任总裁助理职位。

当代实业家判断人才的标准非常现实：一是要有真本领，二是企业需要。而辨别人才的方法也较为简单：一是凭借感觉，这种感觉往往在与你见面的前五分钟已经基本确定；二是依靠实践，将候选人才放在实际工作中验证真实能力，所谓“是骡子是马，拉出来遛遛”。

相对宽松的经济实体平台给予了他们在严谨制度之下的这份创造与自由。

楼忠福在较早时候就提出了“不用伯乐相马，而要实践赛马”的识才之道。“人才发挥作用，离不开施展才华的舞台和空间。”楼忠福说，“英雄无用武之地，与其说是人才的不幸，毋宁说是用人者的悲哀。”在 2005 年 5 月发表于《人民日报》的一篇题为《不断增强全社会的创造活力》的文章中，楼忠福还特别强调：“造就人，关键是要给人以成才的机会。什么是人才？人才的前提是劳动，基础是知识，关键在创造，培养的途径是实践，衡量的标准在贡献。”

马相比于牛的最大幸运是：人类总会给它一个竞赛的机会，而牛的一决高低却需要你死我活的残酷决斗。

人人是人才。将斗牛场变成赛马场，或许正是中国现行人才制度变革创新的希望所在。

楼忠福搭建的“赛马场”也十分特别：给你一片土地，不规定种什么不能种什么，但最后必须要有收获；给你一个自由宽松的创造空间，没有舞台边界，甚至没有规则，但必须要有创造。

徐征宇对此深有体会。1995 年，刚刚被广厦录用的他与其他 10 多位应聘者一起，被分成两组派往东阳实地调研。楼忠福也不避讳“家丑”，半个多月时间，让这帮年轻人在广厦企业刨根探底，什么都可以问，什么都可以看。其实，他是想知道，这帮年轻人究竟能够在企业看出什么，发现什么。而当徐征宇他们最后得出一个显然与当时广厦发展思路有些偏离的调研结论时，楼忠福也并未责怪年轻人的天真，反而对他们的“创造性”给予了赞赏。

14 年之后，徐征宇回忆：当时针对组建不久的广厦集团小而杂的企业结构，我们提出了一个“关停并转”的大胆建议。后来发现，其实这个建议有些天真，先占有资源再调整洗牌，是楼忠福当时的大思路。在这个思路下，对这部分实体实施租赁经营，成了后来集团“止血”的有效方法。“当时，楼忠福欣赏的是，我们毕竟发现了问题，而且有了创造性的想法。虽然那个想法并没有真正让他满意。”徐征宇说。

不成熟的市场环境与成长中的经济实体，对人才的判别与需求自然具有非常的特殊性。“缺点可以有，优点不能没有。”这是民营企业鉴别人才的基本要求。而楼忠福看重的人才“优点”则在于：想干事，能干事，干他楼忠福想干的事；敢作为，善作为，作为公司需要作为的事业。

当年楼忠福自己就是这样无中生有、信马由缰脱颖而出的。

伯乐不常有；赛马场更是千里马的最大渴求。

才为信者所用

相比于聚才、识才之道，楼忠福的用人之术更显灵活与务实。

1987 年初，楼忠福找到时任东阳三建第一工程处处长的楼正文，向他递上一份公司副经理的任命书。楼正文接过任命书，唰唰两下撕碎了。

这是一个性格与楼忠福迥异的建筑人。不好言辞，不爱显摆，踏实办事，低调为人。他的人生信条是“事在人为”，还有一句就是女儿为他书写、至今裱挂在他办公室墙上的西汉刘向的名句："聪者听于无声。"

楼正文年长楼忠福2岁，也比楼忠福早一年进入东阳城关建筑公司，但他一直是楼忠福在公司的知己朋友。

看着楼正文撕碎任命书，楼忠福也不阻拦，递上一根烟，两人默默地吸着。

烟吸完了，楼忠福又掏出一份一模一样的任命书，递过去。

楼正文再把它撕了。楼忠福又递上一份，说："要是还想撕，我这里还有。"

楼正文依然不接，却也不再去撕。他看出了楼忠福的决心。

两个男人就这样抽着烟，对峙着。

楼忠福很清楚，楼正文是当时最合适的公司副经理人选。但按他的习性，不会轻易接受这副担子。若一旦接受了，就一准会认真履行职责，任劳任怨地干好。

楼正文1977年进入城关建筑公司，从泥工干起，当过班长、队长、工区主任、工程处长，一步一个踏实脚印。1985年，楼忠福交给楼正文东阳工区的年产值指标是200万元，他超额完成了；1986年指标增加到350万元，他完成了600万元；1987年的指标提高到600万元，他却完成了1000万元；1988年指标再加码到800万元，他又完成了1300万元；1989年指标升至920万元，他交出的答卷是1400万元。五年时间，楼正文从东阳工区到第一工程处，共计为公司创利647万元。

当然，这时他早已是东阳三建公司的一名副经理了。楼忠福主外，楼正文主内，性格迥异的"二楼"默契地配合工作了20多年。

组建广厦集团之后，楼正文成为了副董事长，但他依然执掌着情有独钟的东阳三建公司。总部搬迁杭州之后，楼忠福为他在杭州准备了办公室，楼正文也不去，至今仍然担任着东阳三建董事长的职务。楼忠福也不勉强，两人依然会偶尔独处密谈，或默默地抽着烟，在袅袅青烟中寻找着默契。

"二楼"情谊胜过青梅，两家关系也是众所周知的密切。但楼正文说："情谊归情谊，工作上我们也有分歧与争论。那是为了工作。广厦已经融入我们这代人的血液，任何情况下都是割舍不开的。"谈起广厦，楼正文满含深情。

2008年，楼忠福父亲在东阳过世，楼正文披麻戴孝，成为料理丧事的总管。那份超越了工作搭档的亲情与友情，让参加殡礼的上海明凯投资公司副总裁徐征宇大为感慨：员工们平时常常会抱怨老板不将“我”当自己人看，而“我”到底有没有真的将老板当成了自己人呢？

楼忠福的另一位长期助手是吴小伟。

吴小伟出生于军人家庭，自称幼时受过教堂洗礼。从江苏徐州回到东阳之后，在家乡读完了初中，始学手艺。他比楼正文、楼忠福更早一步进入城关建筑公司，楼忠福接任公司经理后，他就是东阳三建的副经理，后就任广厦集团公司副董事长。

内敛务实的楼正文主持着公司的“内务”，而西装革履的吴小伟就成为楼忠福“主外”的一员干将。他曾率队赴符拉迪沃斯托克（海参崴）承建海军医院工程，陪同楼忠福或独自到过埃及、美国、日本等 10 多个国家与地区考察建筑市场；他是东阳三建最早派往杭州筹建工程处的干将，并在杭州创下了连中六标、一个工程处的产值占了公司当年总产值近半的骄人纪录；1995 年随集团总部第一批进入杭州，曾主持过投资开发、广厦建设等重要部门工作，后来又赴湖北，兼任了并购后的湖北第六建筑公司董事长职务。正如看似凡俗的楼正文其实是个爱读书之人一样，儒雅的吴小伟其实也是广厦的一员武将。

到了退休年龄的吴小伟依然在广厦建设集团上班，他的身份是广厦建设集团副董事长。

楼正文、吴小伟两人的性情与楼忠福均有显著差异，但他俩却成为楼忠福长期得力的左臂右膀。这是广厦的幸运。而楼忠福对他们，除了相容，还有一份信任。

“知人善任”被易中天认为是刘邦用人之道的最大秘籍。“善任”前提在“知人”，而“知人”先要知己，其次才是知彼。如此方能用人所长，所谓“信人者，人亦信之”。

刘邦用人之道的另一要旨在“不计前嫌”、“坦诚相待”。楼忠福对东阳三建前期另一位副经理蒋幼良的使用颇有些得此之道。

蒋幼良是原卢宅建筑工程队的经理。该建筑队 1985 年并入东阳三建之后，楼忠福将公司第一副经理的职位封给了蒋幼良。

作为一名曾经率领过建筑队伍且懂技术、施工内行的“里手”，楼忠福想把他派往宁波工程处，独当一面，开拓市场。没想到，蒋幼良却另有想法：“明年我不干了。”

那时已经临近春节。楼忠福相劝：“兄弟，过了年再说吧。”

正月里，楼忠福特意约上吴宁镇的书记、镇长，冒雪来到蒋幼良家拜年看望。被感动的蒋幼良与楼忠福碰了酒杯，表示愿意节后前往宁波。可是，过了春节，蒋幼良又反悔了：“我想，我还是决定要走。”

挽留不住，蒋幼良离开了东阳三建，到了本地另一家乡办建筑公司。那家公司的经理是在楼忠福就任之后离开三建的一位副经理。两位前三建公司副经理聚在一起，却没能让那家乡办建筑企业扭亏为盈。

不久，蒋幼良找到了楼忠福：“我……回来了。”

楼忠福向他伸出双手：“回来好，回来就好！”

这时，东阳三建已经成为广厦集团。蒋幼良就任集团所属吴宁建筑公司的副经理。

2000年，广厦拍得杭州华侨饭店之后，楼忠福第一时间挽留饭店总经理赵国春继续留任，不为别的，看中的就是他的管理才能。之后，广厦成立旅游集团，楼忠福又让他担任了集团总经理职务。在其他许多家并购的国有企业中，楼忠福也坚持“多换思想少换人，不换思想才换人”，一概不计前嫌，以诚相待。

在广厦，还有身家过亿、个人拥有数家企业的大老板在这里主政一方，也有号称自带车辆手机、不拿工资报酬的长期“帮工”。聚集在广厦麾下者无非奔着楼忠福的一个“信”字与人格魅力，而楼忠福则不拘一格，坦诚相向。

广厦集团核心管理层由三支人才团队构成：一支是楼正文、吴小伟等广厦元老及楼忠福的两位爱子，另一支为“空降”到广厦的政府官员，再有一支就是企业自己培养成长和历年来招聘进入企业的优秀专业人员。

对于“空降”广厦的政府官员，楼忠福的用才之道是：不拘一格。

这里，不能不提被称为“广厦黑马”的郭向东。

相比众多的处级以上“空降”官员，郭向东下海之前的职务只是一个乡镇的党委副书记，按照中国古代官员的着服规定，他最多只能穿着绣有鹌鹑或练雀的文八品或文九品补服。但在广厦成功并购重庆一建公司之后，楼忠福却出人意料地起用了郭向东。理由很简单：这个年轻人敢折腾，能折腾，善于折腾。

那年，郭向东37岁。

五年前，借着邓小平南方讲话的劲风，东阳市吴宁镇在城郊圈起了700多亩荒山，筹建一个名为“白云文化城”的主题公园。郭向东是这个项目的直接负责人。曾经当过中学语文教师的郭向东对东阳木雕、竹编等传统文化情有独钟，白云文化城里因此有了一座高百米的观音塔和高68米的观音阁，观音阁里坐落一尊高29.9米的香樟木雕千手观音。然而，为难郭向东的不是这个后来在宏观调控中颇受异议的宗教雕像，而是资金。

白云文化城的项目本是政府纸上谈兵，项目启动之初，郭向东手上几无分文。但是四年之后，这座“空中楼阁”竟然在他手上初具雏形。其无中生有、化腐朽为神奇的功力颇受楼忠福赏识。

当然，期间楼忠福也为这个项目出过赞助、作过贷款担保，给予郭向东实质性的支持。1997年，楼忠福再出资6000万元，全盘收购了白云文化城项目，既作为对家乡公益事业的支持，也以此换来了郭向东的辞职投奔广厦。

1998年9月，郭向东走马上任广厦重庆一建公司董事长，并在五年之后向楼忠福交出了一份骄人的成绩单：2003年，公司产值达到13.2亿元，比改制前翻了两番多；实现利润2052万元，比改制前增长近10倍；上缴税收2794万元，也比改制前增长了4.8倍；职工人均年收入则从改制前的7340元提高到17300元。

2002年5月，广厦成功并购北京二建公司，楼忠福又让郭向东兼任起北京二建的董事长职务。郭向东也不负厚望，在第二年就让这家公司的产值猛增了2.16倍，利润由亏损994.68万元变成了赢利1500.5万元，上缴税收提高近6倍，职工人均年收入也在短短一年间增长了33.75%。

郭向东也因此获得了“全国五一劳动奖章”、“全国劳动模范”等荣誉称号，并被重庆当地推选为十届全国人大代表。

这时候，人们才发现楼忠福的精明：当年出资6000万元收购东阳白云文化城，不仅换来了如今数倍的资产增值，而且还获得了一种无法以数字估量的“人才资源”。

郭向东是广厦“空降兵团”中的一位代表人物。如今身处企业要职的还有：广厦控股公司总裁郑可集、控股公司党委书记卢志信、水电能源集团总经理卢淳良、天都城董事长何勇、董事局主席特别助理楼朝阳等。这批来自政府机关的“空降兵团”，成为广厦企业一支特殊的核心力量，在法律、管理、公关等方面为广厦企业立下了汗马功劳。

无论是招纳而来，还是主动投奔，无论是现职岗位下海的年轻官员，还是到了年龄离开机关的退职领导，也无论其下海前政绩如何显赫，或是曾经的问题官员，楼忠福一视同仁，他总会亲自安排与他们的第一次见面，许诺岗位，委以重任，但只字不提待遇。而大凡来到广厦的官员，或为“寻找新的开始”，或奔着楼忠福的个人魅力与情感，因而也决不会首先开口提出待遇要求。事实上，凡干满一年的“空降”官员在年底拿到的薪金往往都超出了进来前的期望。

对这支特殊团队的管理，楼忠福更多的是运用“人际”与“情感”手段而非制度化方式实现。事实上，任何一家现代咨询公司都无法为楼忠福提供除此之外更为有效的管理模式。虽然，这种管理方式根本不符合现代企业要求，并且也常常会因为添加了过多的感情润滑剂而出现“打滑”。

1999 年，担任过县委书记的刘新春来到广厦。这位能干的正处级官员在官场上因为经济问题摔过跟斗，楼忠福却委任他为广厦集团副总经理，后来并派往南京公司担任总经理，企业给予了他极大的信任与权力。但这位老兄却在权力与利益诱惑下，最后又跌倒在“南京置业”的位置上。

然而，这并不影响楼忠福对其他相似“空降兵”的继续信任与使用。

除了刘新春式的丢盔弃甲，也有落荒而逃者。但离开的原因肯定不是因为待遇，也不会因为缺少楼忠福的信任，而是难以完成从主政一方的“领导”到民营企业“打工仔”的角色转换。

进来，出去，再进来。这支特殊的团队虽然在今天已经没有了广厦初期的特殊地位与作用，但仍然是楼忠福十分器重的一支不可或缺的力量。在这点上，其“讲政治”的思想理念被具体化到企业生存与发展的实际需要。

“民营企业讲政治就是要关注国家宏观政策的变化，敢于和善于与政府打交道。”来自政府机关的“空降”团队显然是广厦沟通政府的最好桥梁。

实用哲学，历来是实业家们的行动纲领。“讲政治”与“人才观”结合在一起，便有了楼忠福式的“人才政治学”。

随着企业的发展与现代管理需求，通过各种形式招聘进入企业的专门人才以及由企业自己培养成长起来的骨干队伍逐渐担当起了企业管理重任。而楼忠福对他们的使用方法是：量才使用，用者不疑。

赵东辉 1998 年从省内另一家建筑企业进入广厦。那一年，他 32 岁。

32 岁的赵东辉被广厦东阳三建公司派往温州市场，担任温州广电大厦工程的项目经理。这是一个工程概算近亿元、预计工期超过两年半的大项目。企业对他给予了最大的信任。两年多之后，赵东辉为广厦捧回了一个金灿灿的“小金人”——“鲁班奖”。这是温州市首个中国建筑业工程质量最高荣誉。同时，他还组织 QC 攻关，成功应用了国家建设部推广的建筑业全部10项新技术中的16种新技术，并将CIS形象设计系统引入建筑工地，创新了一种将建筑质量与标准化施工结合的建筑施工新模式：花园式的施工现场、旅馆式的生活设施、军事化的现场管理、电子化的监控系统……这一切，让业内业外人士眼前一亮：原来建筑是可以这样做的。同时，温州广电大厦项目还获得了浙江省“文明标化工地”和全国优秀质量管理、浙江省QC优秀成果一等奖等荣誉，这座后来竣工决算追加到1.125亿元的26层大楼，成为温州市建国以来十大标志性建筑之一，赵东辉首创的“花园式标准化建筑工地模式”也很快被广厦推广到全国各地的建筑市场。

2005年，广厦南京置业公司出事了，南京市场因为公司负责人刘新春、郑永利的不负责任遭受到形象、信誉、利益的多重损失。楼忠福在“三痛三恨”之间想到了已经成为东阳三建公司副总经理的赵东辉。当年8月，赵东辉临危受命来到南京担任董事长职务。

补查漏洞，清理旧账，处理纠纷，重树形象。赵东辉到达南京之后，来不及发表豪言壮语，有条不紊地开始了山河重拾。很快，遗留难题一项项得到解决，广厦形象一点点恢复树立。尤其是在备受关注的“邓府巷”、“江宁织造府”建设工地，赵东辉沿用了他在温州创立的“花园式、标准化”管理模式，让南京各界大开眼界：投资200万元建造的工地临时设施、40%的工区绿化率、标准化工区沥青马路、找不着废纸烟蒂的园林式环境……南京媒体惊叹：广厦还是广厦！南京市总工会特意将公益爱心活动搬进了工地现场；江苏省文明标化工地现场会也在这里举行；国家建设部官员考察后发出由衷感慨：从来没有看到过这么洁净的建筑工地。

所谓人才的作用正在于此。他或能将一个奄奄一息的病人起死回生，或能在人病未起时防范调理。据说神医扁鹊属于前者，其长兄属于后者，各得要领。这时的赵东辉正担当着扁鹊的角色，几帖虎狼之药，让南京市场起死回生，因而颇得楼忠福信任。

《孙子兵法·谋攻篇》有云：“将能而君不御者胜。”信任是最好的用才之道。诸葛亮初出茅庐，刘备即委以军师重任，并力排众议，对其信任不疑：“吾得孔明，犹鱼得水也。”

汉代思想家董仲舒称：“夫不素养士而欲求贤，譬犹不琢玉而求文采也。”邓小平也认为：“人才，只有大胆使用，才能培养出来。”

民营企业需要人才；人才只有在赛场上辨别，在战场上锻炼；而衡量人才的最终标准就是结果，以效益论英雄。这就是楼忠福的人才观。

科班出身的中国近代实业家穆藕初曾提出“无废才、无废材、无废时、无废力”的实业“四无”理念；近代重工业倡导者朱志尧也将人才与资本相提并论为实业要务，“得此二者，何患不能成事耶”；近代中国“火柴大王”刘鸿生则明确提出：“要创大业，办大事，首先要会用人。”

当代实业家的“用人之道”更是按其所需，各显其能。

李嘉诚坚持“中西合璧”的人才理念，既信奉儒家“仁爱”思想，又主张制度化人才管理。鲁冠球早在改革开放初期就花高价在浙江大学“买”过毕业生。张瑞敏关于“人是企业真正资源”的观点出自当代管理大师彼得·德鲁克的理论。何享健称：“宁愿走慢一两步，不能走错半步；宁愿放弃100万元销售收入，绝不放过一个有用之才。”将人才战略融入“静水流深”的企业文化。爱好登山的王石喜欢从零开始培养企业需要的人才，让人才与企业一起成长。潘石屹则与王石相左，他更愿意用高于市场平均薪酬15%—25%的待遇笼络成熟型人才，并以严格的约束机制迫使其高速工作，而一旦发现缺少使用价值，则会决然裁出。同在地产业的任志强却另辟蹊径，宣称要“以三流的人才做一流的企业”……

显然，得益于改革开放的宽松环境和实体平台，当代实业家们拥有了发现、使用人才的高度自由和创造欲望。中华传统文化也好，现代新潮理论也罢，在人才管理上都服务于企业的一种现实需要。正是在这种允许自由发挥、相对公开公平的实业人才机制下，许多真才实学的英才汇聚到了实体之中。而这些人才的到来，又成为一种新的力量，助推着经济实体的发展。同时，普遍性的实业人才机制还对中国社会的人才制度变革悄悄地产生着影响。不能不说，这是30年来中国改革开放的另一大成果。

分身有术　十个楼忠福

变是哲学。当代实业家的“变化”之术颇相似于大圣孙悟空。本书后面篇章将会对此专门述及。该章节说的是楼忠福的“分身术”。

“广厦需要十个楼忠福。”多年前，楼忠福就提出了这样的想法，并为此竭尽分身法术。企业家固然不可复制，但可以通过制度、文化、实业平台以及领头人的示范与影响，培育出企业发展战略所需要的若干经营、管理高端人才。这是楼忠福的人才之道，也是广厦对社会的另一种贡献。

如今列数广厦干将，称得上“企业家”的已经远不止十个。他们或辅佐着楼忠福一起攀岩踏山，或在楼忠福的相辅之下成为新的企业家。广厦的成长与壮大，楼忠福的事业成功与思想演变，自然也有着他们的影子。限于篇幅，本章节仅选择其中几位简略介绍。

楼正文与吴小伟绝对称得上是真正的企业家。

20 多年前，他们与楼忠福一道开始创业，见证了中国改革开放的全过程，也经历了广厦从小到大、由弱到强的演变历史。尤其在创业初期，他们是楼忠福的左臂右膀，广厦几乎每一次重大的决策与跳跃，都留下他们的智慧与影子。

楼正文的根在东阳，东阳三建公司是他的全部事业与情愫的凝结。从成立东阳三建之前的城关建筑公司，到组建广厦之后的集团核心企业，楼正文一直坚守着三建这块阵地。而东阳三建公司是广厦的摇篮，广厦的许多机制、人才与文化，均出自东阳三建。

“要做事，先做人。”楼正文说，“企业发展坎坎坷坷，但三建人的做人从来就没有含糊过，我们的信念从来没有改变过。”2002 年，广厦出于机制创新与管理需要，成立控股公司，下设六大行业集团。而为了配合广厦建设集团的组建需要，东阳三建失去了原有的一级资质与法人资格，业务市场也缩小了一小半。三建公司许多人对此存有怨言，与三建同存共荣的楼正文自然也有困惑与焦虑。但他告诉三建人：广厦的事业就是三建的事业，三建与广厦荣辱与共。为了广厦的发展与整体利益，三建毫不含糊，应该服从大局，甘愿作出局部牺牲。这是三建人与生俱来的秉性，也是广厦的传统精神。几年以后，广厦建设集团形成了实力，东阳三建也重新整合资源，形成华中、华东、华北、西北及浙江本地五大业务基地，并强势进入阿尔及利亚等国建筑市场，承接海外业务超过 1.5 亿美元。如今，扎根东阳的三建公司每年为地方贡献税收 2000 多万元，成为东阳本土建筑业第二纳税大户。

1998 年之后，楼正文充分肯定了温州建筑工地“花园式、标准化”的管理创新经验，并首先在三建公司的全国建筑市场推广。东阳三建承建的甘肃兰州一个住宅楼盘，就因为精美的工程质量与花园般的施工现场，吸引了购房户的热捧，开发商原定每平方米 3600 元的预售价很快被抬高了 1000 元，2000 多人连夜排队争抢 300 个预售号。后来，重庆一建创立的“四好经验”，正是东阳三建“温州模式”的延伸和发展。

楼正文说："发展就是创新。大胆用人也是创新。"在东阳三建，有一个《大中专毕业生使用管理责任制》，以制度形式明确了进入三建的大中专毕业生培养、考核、晋升、使用规则，对不明原因的人才流失还有责任追究与经济处罚。同时，楼正文每年必亲自召集一次大中专毕业生的座谈会，与他们面对面交心，听取建议，传授心得。这几招，有效地提升了公司上下自觉重视人才的意识，稳定了公司人才队伍。毕业于杭州某职业学院的吴立萍，正是在这样的企业人才氛围中发奋努力，毕业两年之后就成为了一个部门工程技术的全面负责人。

如今，楼正文专心着他的东阳三建经营，看淡荣辱的他甚至不愿意接受任何媒体的采访，集团总部来人总结经验，也常遭他拒绝。作为广厦元老和东阳本土的一位知名企业家，楼正文目前兼任的唯一社会公职也就是东阳市的人大代表，而他的妻子沈鸣春——广厦的另一位元老级人物，现任控股公司党委副书记——却有着比他更多的诸如东阳市政协常委、金华市人大代表等项职务。

"过去做过的事，企业已经给了我们报酬。今天拿工资就该干好今天的事。"楼正文说，"做企业不容易，酸甜苦辣只有企业人知道。但从另一方面说，其实也简单。什么事都是人干出来的，什么错都是人犯的，而什么人又都是人用的，无非事在人为。只要真正把企业当成自己的，还有什么干不好的呢。"

复杂问题简单化，只要努力去做就没有做不成的事。楼正文表达着他与楼忠福相似的用人与处世哲学。笔者发现，就连他抽的香烟也是目前楼忠福最爱抽的品牌。

东阳三建是广厦的缩影，在楼正文身上很容易发现东阳文化与楼忠福思想的影子。

初识吴小伟，却很少能够发现传统建筑人的脾性，身着名牌，斯文儒雅，不抽烟，不仔细打听甚至不相信他已经到了退休年龄，也还以为根本不是来自东阳。但在广厦展示厅里，讲解员指着一幅客车车顶上坐满了外出务工建筑人的老照片，说楼忠福旁边的那位就是吴小伟。笔者这才发现，当年的吴小伟与扎堆的建筑人其实并无两样。

从东阳三建公司副经理到广厦集团副董事长，从负责杭州工程处到负责集团投资开发，从主政广厦建设集团到兼任湖北六建公司董事长，从辅佐楼忠福再到辅佐其子楼明，20 多年来，吴小伟在尽责广厦的同时，也成就了自己的企业家资格，虽然他并不拥有太多的显赫荣誉与社会身份。

黄亚洲在《经营大师楼忠福》一书中，称早期的吴小伟是广厦的“外交使节”，其“与人交流和沟通不是凭借语言，而是一种默契”。龙镇洋在《中国力量》图书中对吴小伟的评价是：“见多识广、干练敏捷、沉稳实干。”而吴小伟对楼忠福也有这样的一番评论：“改革开放成就了中国的一批企业家，广厦的成长自然首先得益于改革开放。其次，楼忠福思想超前，敢闯敢干敢创新，善于抓住机遇，成就了后来的广厦，没有楼忠福肯定没有现在的广厦。第三，当地政府的支持也很重要，这是广厦的福气，也是楼忠福的福气。”果然沉稳敏捷，滴水不漏。

正如吴小伟所言，没有楼忠福不会有现在的广厦。而没有了广厦，会有企业家身份的楼正文和吴小伟吗？广厦感谢楼正文、吴小伟们的忠诚与奉献，楼正文、吴小伟也自然感谢楼忠福与广厦为他们提供的特殊实验平台。

其实，单就楼正文、吴小伟与广厦的故事足可以独立成书，而他俩在与笔者交谈中，却异口同声地要求在该书中尽量避免提及他们。笔者听出，话语间不仅仅表示着一种谦逊，还透出广厦企业文化的一种滋味。

对于以上不得不写的几千个字，笔者谨向广厦的两位元老表示歉意。

郭向东、郑可集、卢淳良、何勇是广厦“空降兵团”中的代表人物。他们曾经都是政坛上闪耀的新星，如今已然成为广厦舞台上重要的角色。毫不夸张地说，是楼忠福发现了他们的商业禀赋，是广厦舞台让他们完成了化蛹成蝶的嬗变，锻造了他们新型企业家的身份。

郭向东是楼忠福从东阳市吴宁镇副书记位置上挖过来的一位科级官员，下海前职位不高，却善“折腾”。楼忠福对其委以重任，授以权职，予以信托。11年来，他将重庆一建、北京二建两家“前国企”“折腾”得天翻地覆，焕然一新，而两家企业也将这位半道出家的江南汉子“折腾”得筋强骨壮，淬炼成钢。

上个章节已经提到，郭向东自1998年始任广厦重庆一建公司董事长，四年后兼任北京二建的董事长职务，后来又成为京津渝地区近7家企业的掌门人。在一个完全陌生的环境里，他没有任何现成的可用资源，更缺少实业运作经验，有的只是信任中的压力和破釜沉舟的勇气。

“确实很难。”郭向东回忆起最初进入重庆一建的日子，脸上还写着无奈，“第一次召集会议，谁也不来，空荡荡的会议室里就我一个人。那时，我的心比山城的冬天还冷，差点放弃。”总经理不让他插手经营业务，党委书记不准他过问人事，工会主席煽动工人要求增加工资，工人们则对广厦并购心存抵触，要赶走他这个“东阳鬼子”董事长……郭向东在重庆首先面对的是截然不同的观念与文化的碰撞。关键时候，楼忠福三上重庆，与主管部门沟通，调整企业领导班子，坚决支持郭向东工作，帮助郭向东解围摆困。

之后，郭向东就从观念更新入手，一步步在企业推行改革创新，并用东部地区先进的思想观念与广厦文化影响西部企业工人。他提出：大改革小困难，小改革大困难，不改革最困难；转变观念最重要，赚钱才是硬道理；把创富闸门开得大些再大些，把员工潜力激活再激活；要让项目经理先富起来；不要怕人有私心，有自私才有无私；用人不怕有短处，只怕没长处；不能随便让工人下岗，不能拖欠一分民工工资……这些极富感染力的语言，大多源自楼忠福之口，有的则经过了他的翻新。

无中生有，勇往直前，是郭向东与楼忠福相似的秉性。这种秉性在楼忠福身边与广厦熔炉里得到了进一步的膨胀与放大。

五年之后，重庆一建公司在郭向东的“折腾”下产值翻了两番多，利润增长近 10 倍，上缴税收增长近 5 倍，职工年收入也翻了一番多。北京二建也在郭向东接管之后的第二年就创造了产值增长 2 倍、上缴税收提高 6 倍，利润由亏损 994 万元变成了赢利 1500 万元的“广厦神话”。

再之后，郭向东还在重庆一建创造了后来被全国推广的农民工管理“四好经验”，受到温家宝总理的称赞。这是后话，下面章节中我们将详细讲述重庆一建与农民工的精彩故事。后来，郭向东当选十届全国人大代表、重庆市党代会代表、中国青年企业家协会副会长、重庆市青年联合会副会长、重庆市建筑业协会副会长、重庆市浙江企业联合会会长，并获全国五一劳动奖章、全国劳动模范、中国优秀施工企业家、重庆市创业优秀企业家等荣誉称号。

东阳政坛少了一颗政治新星，中国却多了一位企业家。

从县委书记职位上辞官下海的卢淳良已经在广厦干了整整 12 年，外界却很少有人知道他的名字。其实，这位昔日的县太爷如今俨然已经成为像模像样的企业家。

他是广厦水电能源产业的奠基者。1997 年 4 月，当时正担任着广厦集团公司总经理的卢淳良受楼忠福委托开始在浙江省丽水地区的深山老林里考察水电投资项目。那时，他对水电几乎一窍不通，但凭着多年行政工作积累的经验与锲而不舍的创业精神，一座座水电站在卢淳良手里建成了：2002 年 2 月，白鹤水电站建成，建设工期比设计时间缩短了 15 个月，实际投资比概算节省了 2400 万元；同年 4 月，总装机容量 4 万千瓦的英川水电站投产，实际投资也比概算节省了 4000 万元。之后，装机容量 4.2 万千瓦的五里亭水电站和装机容量 5.36 万千瓦的周公源梯级电站相继建成投产；四川北川也留下了广厦的水电投资项目。至 2007 年，广厦在水电产业合计投资 25 亿元，每年发电量可达 5 亿千瓦，仅此产业每年可为企业带来 2 亿元以上的利润收入。

卢淳良一直担任着负责这个产业投资建设、经营管理的广厦水电公司董事长兼总经理。2004 年，楼忠福宣布进入能源产业，要在舟山群岛的岱山黄泽港区兴建一个大型原油储运基地。于是，广厦成立了能源集团。卢淳良后来也从丽水山区走进舟山海岛，成为这家集团公司的总经理。

高调创业、低调为人的卢淳良不肯面对任何媒体的采访，也几乎没有任何的社会公职与荣誉，笔者查寻广厦所有资料，发现其唯一的一项个人荣誉是 2004 年广厦集团授予他的“特别贡献奖”。但这并不影响他作为创业者价值的存在和企业家身份的验证——虽然他可能并不喜欢“企业家”这个称谓。

与卢淳良一样，广厦控股公司总裁郑可集、天都城公司董事长何勇也是楼忠福战略思想的忠实践行者。这两位“空降兵”，前者在 2000 年从杭州市机关出走广厦，后者于 2001 年从浙江省机械厅下海，两人都在控股公司副总裁位置上历练数年，又先后担任天都城董事长职位。称郑可集为广厦职业经理人似乎恰切，而何勇早在 20 年前就担任过浙江省一家中型国有企业的董事长，如今又兼任着浙江省企业家联合会副会长职务，2008 年被评为浙江省优秀创业企业家，因此称其为企业家并不为过。

还有广厦明凯集团公司董事长杜承尧、广厦建设集团总经理王嘉琳、广厦二建公司总经理何飞龙等，他们有的生长于广厦土壤，有的为招聘引进的专门人才，如果以其经营管理的实体规模而论，都可以当之无愧地荣获“企业家”桂冠。是广厦宽松的平台给了他们实业成才的机会，是楼忠福的实业思想熏陶了他们的经营管理理念，他们已经融合进广厦的企业精神和文化，成为广厦不可分割的一部分。同时，他们的存在也增添了广厦的精彩。限于篇幅，本书无法详细论及。

接下来，说说楼明和楼江跃。这是楼忠福两个特殊的“复制品”。

楼明是楼忠福的长子。高中毕业后，楼忠福将他送进了部队。“这是父亲给我上的第一课。”楼明说，创业初期，父亲很少有时间关心他的学业。而从军六年半，将成为他受用一辈子的特殊经历。

1997 年，楼明从武警部队副队长的职位上转业。那时，楼忠福并不希望他马上进入自己的企业，于是楼明进了公安机关。从部队到地方，从副队长到普通干警，不到一年的公安经历又帮助楼明顺利完成了环境与角色的转换。楼明能够真切地感受到父亲的良苦用心。进入广厦，楼忠福先让楼明自己创办了一家贸易公司，算是磨炼。然后封他一个主席助理职位，让他跟着自己见习锻炼。到了 2002 年 5 月，楼忠福将 29 岁的楼明推上了集团公司总裁位置历练。这不是真正意义上的“接班”，楼忠福与儿子约定：锻炼，历练，先把自己培养成一个创业者。那期间，楼忠福对楼明的要求十分严格，工作上几乎也是手把手地教练。楼明也深知管理一个拥有 80 多家企业、4 万多员工的集团公司的责任重大，除了在实践中潜心学习，他还自学完成了大学课程，而后又拿到复旦大学 EMBA 的硕士学位。

2006 年，楼忠福将儿子楼明从总裁职位改任董事局副主席兼任广厦建设集团董事长，让他投放更多精力于建设集团的管理。尽管如此，社会已经对楼明的出现给予了较大关注：中国经营大师、中国乡镇企业十大新闻人物、中国十大最受关注企业家、浙江省优秀建筑业企业经理、浙江省十大杰出青年、金华市人大代表、东阳市人大常委会委员等荣誉先后戴上楼明头顶，同时他还当选了浙江省建筑行业协会副会长、浙江省建筑企业家协会副会长、金华市企业家协会副会长、东阳市工商联合会副会长等社会公职。

“时代不同，环境不同，基础也不同。我们没有理由不超过前辈。但又不是超越个人，也不是个人的超越。”说起楼忠福，楼明满怀敬意，“父亲对事业的追求与拼搏精神，让我们终身受益。”

楼江跃比楼明小一岁，其对父亲的崇敬不亚于哥哥楼明。“小时候就有一个想法，希望长大后能与父亲一样，当个企业家。”楼江跃并不遮掩他的雄心壮志。

他回忆，读高二时，发现东阳当地缺少挖土机，许多工地都在用人力挖土。于是，他与母亲商量，瞒着父亲从广州买回来价值 100 万元的两台挖土机，并亲自联系业务，开票收钱。“每天能赚 1 万元呢。那单生意我足足赚了 200 万。”高二学生过了一把财富瘾。此事后来被父亲发现，楼忠福反对儿子过早介入生意，责令其卖掉机器，安心学习。

已经尝到赚钱乐趣的楼江跃无论如何再也专心不到学习上，高中毕业便进入了广厦。楼忠福对次子楼江跃的商业天赋也颇欣赏，他让儿子先为自己当“门童”，做些秘书事务，实际上是希望他能跟在自己身边看点门道、学点本事，还有做人之道。那时的楼江跃住在10多人一间的集体宿舍里，上下班挤公交车，但同时楼忠福却让其参与了当时集团公司的大部分项目运作。后来，他把儿子赶往黑龙江、广州等地，独自寻找投资项目，直面市场波涛。

1998年的一天，楼忠福将楼江跃叫到身边，郑重地跟他说：“去吧，自己做着试试看。”

那年，24岁的楼江跃走出集团总部，在杭州办起了广厦房地产开发公司。

正值杭州首次举行土地拍卖，雄心勃勃的楼江跃以每平方米3300元的高价拍得了市区东河边的一幅土地。当时，杭州房产热潮尚未真正显现，市中心的最高房价也就每平方米5000元左右，而以每平米3300元拿到的地价，意味着楼盘成本价将会突破5000元。

楼忠福觉察到了风险，但他只告诉儿子一句话：“要做就做一流的。”

于是，在这幅土地上，推出了一个叫“万安西苑”的高档楼盘：步行楼梯使用花岗岩，6层以上全部配备了电梯（直到2001年，杭州市才规定7层以上住宅必须使用电梯）。但楼盘开始的预售并不理想，30%的销售量让楼江跃感到了失败的征兆。楼忠福却鼓励他：别急，好品质的房子不怕卖不掉。果然，开盘两个月之后，万安西苑的现房很快销售一空。

事后楼忠福让儿子总结得失，一细算，楼江跃吓了一跳：由于自己的经验不足，这个项目至少少赚了1个亿。如果是父亲自己来做或请业内行家经营，这1个亿就是多出的利润。楼江跃看着父亲，这才发现父亲一直站在身边只看不说的理由。1个亿的高昂学费让儿子楼江跃品到了两个道理：一是面对市场风云，需要冷静、果敢、执著和智慧；二是房产原来可以做得更好。

这是一次刻骨铭心的创业经历。从希望到失望再找回希望，从失败到成功又在成功中发现失败，楼江跃已经不再觉得赚钱是买两台挖土机那么容易，也不再满足于一天赚1万元的窃喜。

之后，楼江跃的房地产公司又建造了万安南苑、西湖时代广场等楼盘，2001年之后的主要力量则投放于天都城的开发建设，楼江跃担任了天都城项目的首席执行官。那之后，广厦房地产开发公司也变成了房地产开发集团公司，楼江跃担任了董事局副主席、广厦房地产开发集团董事长，广厦房产在2004年获得“城市运行商中国50强”，2006年获“中国房地产优秀企业公民”，楼江跃也当选为中华全国青年联合会委员、中国青年志愿者协会副秘书长、浙江省青年企业家协会副会长、杭州市人大代表，并先后荣获中国经营大师、中国青年志愿者行动特别贡献奖、杭州市青年五四奖章、杭州市关爱员工优秀企业家等荣誉称号。

在楼江跃眼里，父亲是一座山。山的功能不仅在遮风阻雨，而且可以让人攀登翻越。

勇敢、拼搏、机智、执著，在楼明与楼江跃身上，不难发现鲜明的楼忠福影子。而楼忠福更希望自己的两个儿子能够超越自己。

第八章 总理、广厦与农民工的故事

傲慢与偏见[①]

2006 年 4 月 21 日，正在重庆考察的国务院总理温家宝特意来到广厦重庆一建建筑工地，看望这里的农民工。

农民工是这位亲民总理上任以来一直的牵挂。

2003 年 10 月 24 日，上任不到 8 个月的温家宝总理在重庆三峡库区一个叫做龙泉村的偏僻山村里遇到了一个情况——村妇熊德明向他申诉丈夫在城里打工被拖欠工资。农村妇女的一句大实话，触痛了总理的心。当晚，熊德明与她的丈夫就拿到了总理为他们讨来的被拖欠一年多的 2240 元工资。随之，全国范围掀起了一场为农民工的“讨薪风暴”，熊德明也一度成为民工讨薪的代名词，并于当年入选 CCTV“感动中国”年度十大人物。

总理亲自为农民工讨薪，感动了全国上亿的农民工，也推动了政府及社会对农民工群体的关注与关怀。此前的 2003 年 1 月，国务院曾经发出过《关于做好农民进城务工就业管理和服务的通知》，提出“公平对待、合理引导、完善管理、搞好服务”的政策原则；同年 10 月，农业部、劳动和社会保障部等六部委联合制定《2003—2010 年全国农民工培训规划》，

① 语出英国著名女性作家简·奥斯汀代表作《傲慢与偏见》书名。小说中两位主人公，一个傲慢，另一个偏见。误解或可以消除，而若是傲慢再加上了偏见，将可能成为世俗社会难以治愈的弊病。

承诺由政府出资培训，提高农民工的文化素质和就业能力；同年，“国办发78号”和“国办发79号”两份文件又对农民工市民化的子女义务教育和农民工技能培训问题作出专门规定；2004年中央“一号文件”即《中共中央国务院关于促进农民增加收入若干政策的意见》，首次明确提出“进城就业的农村劳动力已经成为产业工人的重要组成部分”；2005年初，国务院又发出进一步改善农民工进城就业环境的文件；2006年3月，国务院颁发《关于解决农民工问题的若干意见》，这是迄今关于农民工问题最为完善的一份“纲领性文件”，涉及农民工工资、就业、技能培训、劳动保护、社会保障、公共管理和服务、户籍管理制度改革、土地承包权益等众多政策与措施。

“农民工”一词的最早出处，无从查考。这是一个特殊时期出现的特殊词汇，带有明显的历史烙印。

改革开放之前，中国对农民进城的限制有着严格的规定。1953年4月政务院发出《关于劝阻农民盲目流入城市的指示》，之后，违反规定入城的农民被简称为“盲流”。1958年1月第一届全国人大第十九次会议通过《中华人民共和国户口登记条例》，该条例第十条第二款规定：“公民由农村迁往城市，必须持有城市劳动部门的录用证明、学校的录取证明，或者城市户口登记机关的准予迁入证明，向常住户口登记机关申请办理迁出手续。”这一规定否定了1954年《宪法》第三章第九十条关于“中华人民共和国公民有居住和迁徙的自由”的规定，标志着严格控制农村人口向城市流动为核心的户口迁移制度的形成。此后，针对“大跃进”期间部分农民流入城市问题，1959年中共中央接连发出《关于制止农村劳动力流动人口的指示》和《关于制止农村劳动力盲目外流的紧急通知》等多份文件。1961年下半年开始，更采取大规模压缩城镇市民人口的措施，至1963年底，全国下放农村的城镇职工共计1887万。1968年后，又动员城镇知识青年、城镇干部及其家属“上山下乡”2000多万人，大量的中国城镇人口被迁往农村，成为人类历史上罕见的一次城市人口大迁徙。直到1977年11月国务院转批的《公安部关于处理户口迁移的规定》，仍然强调严格控制农村人口进入城市，并具体规定“农转非”的指标不得超过当时非农业人口总数的1.5%。

改革开放之初，由于大批下乡知青返城，大批下放职工落实政策回城，全国约有2000万人需要就业，因此在1981年10月，中共中央、国务院下发文件，仍然规定：“严格控制农村劳动力流入城镇”，“严格控制使用农村劳动力，继续清理来自农村的计划外用工”。同年 12 月，国务院再下发《严格控制农村劳动力进城做工和农业人口转为非农业人口的通知》。同期，家庭联产承包责任制的“制度政策效益”已经缩小了农民与城镇居民的收入差距，因而也弱化了农民进城的愿望。并且，迅速崛起的社队企业也吸收了大量的农村富余劳力，至 1983 年底统计，全国已经出现农村社队企业 135 万个，从业人员 3235 万人，约占当时农村劳动力总数的30%。

1984 年，中央“一号文件”开始“允许务工、经商、办服务业的农民自理口粮到集镇落户”，但要求各省、自治区、直辖市先“选择若干集镇进行试点”。1985 年中央“一号文件”进一步明确：“在各级政府统一管理下，允许农民进城开店设坊，兴办服务业，提供各种劳务。”同年 7 月，公安部颁发《关于城镇暂住人口管理的暂行规定》，确立了与城镇户口相衔接的流动人口管理制度，使农民工流动有了具体的法规和政策依据。这一时期，国家对农民工进城务工经商的基本态度是默认和稍许放开。至1988 年初，进城务工的农民已经达到 2000 多万。“农民工”的称谓应该就出现在这一时期。

然而，1989 年春节后，近 4000 万的农民工涌入城市，全国各地交通运输和城市就业频频告急。而当时以控制总量和降低速度为内容的治理整顿刚刚铺开，城市不但吸收不了大量农民工，而且还有不少已经就业的农民工被清退。滞留城市无所事事的农民工又给城市社会治安、户籍管理、环境卫生带来了不小压力。因此，1989 年 4 月，民政部、公安部下发《关于进一步做好控制民工盲目外流的通知》。同年 12 月，全国进行了户口整顿，要求“不符合在市镇落户的人员，由有关人员尽量动员他们返乡”。1990 年 4 月，国务院再次下发《关于做好劳动就业工作的通知》，要求对农民工进城务工实行有效控制、严格管理，并建立临时务工许可证和就业登记制度，防止大量农村劳动力盲目进入城市。这一时期，“民工潮”势头得到遏制，但仍然有近 3000 万农民工涌进城市。

直到 1992 年邓小平南方谈话之后，国家才真正开始引导农民工市民化。1993 年中共十四届三中全会指出：“鼓励和引导农村剩余劳动力逐步向非农产业转移和地区内的自由流动。”同时，公安、劳动部门也放宽了户籍管理、流动人口管理和劳动就业的相关规定，使农民工进城务工的人数逐渐增加，到 1998 年，进城农民工总数已经达到 1 亿人左右。1999 年之后，国家进一步放开并支持农民工市民化，农民工由自发、无序的转移变为在政府的组织、支持和指导下的积极有序转移。①

中国产业八成以上在城市，而中国人口的八成却在农村，这是农民工源源不断涌入城市的就业斜坡。而长期存在的城乡差别和相当严重的农民歧视，则是农民涌入城市的政策斜坡。中国最为庞大的农民群体，一直被强制隔离在社会文明的边缘，城乡之间的围墙越筑越高。于是就有越来越多渴望文明、向往城市现代生活的青年农民在围墙上推出了一个个口子，并通过这些口子蜂拥挤进了城市。城市人称他们为“农民工”。

这是一个特殊的群体：他们保留着农业户籍，却长年生活在城市；他们在家乡拥有土地，却靠打工赚钱养活生计；他们干着最苦最脏最累的活，却拿着最低的收入，享受着最差的社会保障；他们努力地想把自己融入向往的城市，城市却一边需要着他们，一边对他们多有歧视与排斥。

2006年国务院研究室发布的《中国农民工调研报告》显示：当时全国农民工总数约有2亿人，主要集中在个体、私营和集体企业，并以商业、服务业、制造业、建筑业和饮食业五大行业居多，约占农民工就业总数的83.7%。农民工平均年龄28.6岁，以男性居多，约占66.3%，初中及以下文化程度占72%，高中文化程度约为22.5%。该报告还显示，农民工所从事的工作普遍劳动强度大，危险性高，但平均月工资却只有500至800元，且欠薪现象依然存在，能够按时领取工资的仅占47.78%，有超过七成的农民工未享受过加班工资，超过三成的人员未与用工单位签订过用工合同，只有36%的农民工参加了国家规定强制性的综合保险。同时，还有子女就学、职业安全、权益维护、技能培训、心理健康等诸多问题长期困扰着农民工群体。

另据国家统计局2006年调查发现，打工收入是进城务工农民家庭最主要的收入来源，也成为当时提高农民收入的重要途径，虽然他们的月均收入仅有966元，其中一半以上者月收入在800元以下。农民工的月均支出为463元，这个数字已经占到一半左右农民工月收入的40%以上。积余部分则基本上被寄回家乡，成为留守孩子和老人的基本生活来源。2005年农民工寄（带）回家乡的现金为人均4485元。同时，调查结果还显示，农民工外出主要靠亲朋好友介绍，比例占到了55%，自荐到用工单位工作的仅占10.51%。

---

① 资料来源：《农民工市民化进程、特点与制度创新》（作者：高君）等。

在这样的背景之下，一个泱泱大国的总理对这个弱势而庞大的特殊群体的关心与呵护，就显得情理之中，势所必然了。

佛家有一句经典禅语："一花一世界，一叶一如来。"一真法界，万法自如，处处成佛，时时成道。① 正所谓每一个人都是一朵花，每一朵花都有自己的世界；每一个人都是一片叶，每一片叶都有自己的绿意。

只是，我们对农民工这片绿叶的呵护太少，对他们花中的世界缺少应有的关注。

天使与海豚

温家宝总理选定广厦重庆一建建筑工地看望农民工，绝非偶然。此前，广厦对农民工的"四好"经验已经通过上报材料与媒体宣传，引起了总理的关注。

2006 年 3 月 9 日，正在参加十届全国人大四次会议重庆代表团讨论的温家宝总理听到了一个他所关心的农民工问题的发言。发言人就是十届全国人大代表、广厦重庆一建公司董事长郭向东，他发言的题目是：《建立长效机制，让更多的农民成为新的产业工人》，其中就介绍了广厦集团对农民工"善待好、组织好、教育好、管理好"的"四好"做法。

那时，国务院《关于解决农民工问题的若干意见》还没有最后定稿，郭向东的发言引起了温家宝的注意。

三天之后，全国人大常委会副委员长、中华全国总工会主席王兆国参加重庆代表团讨论。这天，他与郭向东谈到了农民工的权益保护问题。王兆国表示，他"赞赏广厦集团在保障职工权益方面的经验"，并指出，"这个典型应该很好地宣传"，"要通过这个典型，推动全国的农民工工作"。

此前的 3 月 3 日，王兆国已经读到了重庆市总工会呈报的广厦重庆一建农民工管理"四好"经验的调查报告，他在该材料上作出批示：请全总

---

① 国学大师南怀瑾认为：所有的佛经，乃至所有的宗教，都以悲观看人生，认为世界是缺陷和悲惨的，人生是痛苦和需要解脱的。唯有《华严经》认为这个世界无所谓缺陷，即便是缺陷也是美的；世界至真、至善、至美；一真法界，万法自如，处处成佛，时时成道。这就是所谓的"华严境界"。

与中宣部一起宣传和推广广厦重庆一建公司的“四好”经验。

在全国近2亿的农民工队伍中，建筑业占了很大的比重。据业内公布的数字，建筑队伍中80%以上为农民工，是建筑产业工人中绝对的主力军，他们每年为城市创造着高达2万亿元的产值，也为农民每年增加了5000亿元左右的收入。因此，广厦创建的农民工管理经验在全国显然具有示范意义。

2006年3月30日，也就在国务院《关于解决农民工问题的若干意见》下发后三天，中央电视台在《新闻联播》中播出了广厦重庆一建对农民工的“四好”做法。次日，新华社、《人民日报》、中央人民广播电台、《经济日报》、《工人日报》、《农民日报》等均对广厦重庆一建公司的“四好”经验作了详细介绍。

2006年6月，重庆市委市政府隆重举行会议，在全市推广农民工管理“四好”经验。时任重庆市委书记汪洋指出：“四好经验对农民工有好处，维护了他们的合法权益；对企业也有好处，保证了民工队伍的稳定性和产品品质、企业竞争力；对国家更有好处，农民致富了，社会更加稳定和谐。”重庆市市长王鸿举也认为，广厦重庆一建的“四好”经验是一项创举。一个建筑企业能把2万多名农民工管理得井井有条，确实了不起。为重庆市管理、服务好农民工树立了典范。

之后，贵州、天津、浙江等地也以各种形式推广“四好”经验，河南省焦作市、重庆市还分别设立起全国首个“农民工节”和“农民工日”，推动着全国对农民工群体的持续关注。

所谓“四好”经验是指广厦企业对农民工的一套制度化、规范化和人性化的管理制度。其中，“善待好”即建立完善的农民工劳动与工资保障体系，不歧视，不慢待，保障农民工的合法权益，确保不拖欠工资；“组织好”即建立农民工准入制度，有组织地从劳务公司引进人员，并组织他们参加工会等企业组织；“教育好”即实行农民工入厂教育制度，通过法律、安全知识教育及技术技能培训，提高农民工综合素质；“管理好”即实行三级管理制度，突出人文关怀，让农民工在企业吃好、住好，业余生活丰富健康。

这样的文字，显得有些枯燥。《重庆日报》2006年4月刊发的一组系列报道①，对广厦重庆一建“四好”经验有过形象解读。

---

① 作者：《重庆日报》记者廖雪梅。引用时有删节。

给民工一个家

一般农民工住的都是简陋不堪的工棚，但广厦重庆一建的民工却很自豪："我们住的是园林式公寓。"

装卸工田维生的"家"就在财富中心工地旁，20平方米的宿舍里，5个上下铺，住了不到10个人，公司统一发放的皮箱整齐地摆放在门后，军用被子叠得有棱有角。院子里种着花草，还摆着石凳。食堂、淋浴房、娱乐室、医疗室和小卖部等生活设施一应俱全，医生还会每周来这里两次。不出小院，一切都很方便。

"每个月家人来探亲，还可以免费住'亲情房'。与以前的通铺相比，简直是一个天一个地。"田维生的心情很好。而比起财富中心的"员工之家"，该公司还有一些公寓更为"豪华"，骏逸第一江岸的项目部，活动板房搭建的民工宿舍里已经安上了空调。

广厦重庆一建公司董事长郭向东说："虽然让每一个农民工事事都满意不容易，但最基本的条件必须让他们满意。"该公司规定：每个项目部都要实行统一标准宿舍、统一室内设施、统一生活规范、统一着装、统一膳食和生活娱乐活动的"五统一"标准。

每月7日是公司农民工发工资的日子，江津来的装卸工廖应明数着手里的1400元钱，笑着告诉记者："这家公司厚道，硬是不欠工钱。"

公司规定，每一个农民工都要签订劳务合同，办理工伤保险，民工工资必须按时足额发放。按月结算工程进度款时，要有劳务公司、财务部、人力资源部、项目部和农民工班组代表多方在场，监督兑现。去年，该公司共为农民工发放工资3亿多元，月人均收入1700多元，比本市其他建筑企业高出约200元。

在广厦重庆一建，还有许多让人难以相信的事：去年底，泥水匠曾令强等3位农民工先进代表每人获得了1万元的大奖；砼工何泽宇前年腿脚受伤住进医院，公司不仅全额报销了5000多元医药费，还给了他数百元的生活补偿……

民工的权益就是企业的利益

广厦重庆一建长年使用的农民工有2万人，占公司员工总数的90%。2004年起，公司实行农民劳务工队伍"准入制"，规定任何工程引进农民工均需具资质、成建制，在对引入队伍进行资质、素质及信誉审查后，还须通过生产技术、安全知识考试，符合要求者才能参与公司工程的分包。进“门”之后，还有定期考核，若出现伤亡事故、拖欠农民工工资等7类情况，还会被解除合同。这一招，既保证了企业用工队伍的基本素质与相对稳定，也有利于农村劳力的有序转移，鼓励农民工学技术、比实力，避免因盲目打工可能会造成的利益损害。

在这里，工会组织成了农民工的“靠山”。第三项目部的一位民工因老人生病，请假时没说清楚，回来后被扣了工资。他找到工会讨要说法，工会很快帮他补回了100多元工资。目前，在岗的6000多名农民工100%加入了工会组织，公司还专设了农民工意见箱与热线电话，为农民工发放1.7万张电话卡，方便他们与工会的联系。与此同时，还有100多位农民工成为“入党积极分子”。农民工平等的政治、民主与生存权利得到有效保障。

“组织存在的意义，就是维护农民工的权利，培养他们的集体观念。”广厦重庆一建公司党委书记李学荣告诉记者，“维护好农民工的权利，企业的利益同时也得到了有力的保障。”

2003年以来，这家公司没有发生一起重大安全事故，并两次获得国家工程质量最高荣誉“鲁班奖”，捧回29个重庆市优质工程大奖，列全市第一。

好企业更要培养好员工

晚上7点不到，第六项目工程部的彭本强就带上教材准备去农民工夜校听课了。谈起夜校培训，他有点兴奋：“什么内容都有。来广厦五六年了，以前是杂工，学了技术后干上了木工，现在一天能挣个百把元钱。”

作为重庆市首家兴办农民工夜校的企业，自2002年以来，广厦重庆一建公司已经在夜校开课400多次，受训农民工6万人次。不少农民工通过夜校学习，取得了电焊工、泵工等工种的操作证书或专业技术等级证书，很多农民工也由小工成长为技术工人，有的还走上了管理岗位。

南充来的农民工彭立铭几年前还是一名抹灰工，现在已经是广厦重庆一建一家分公司的经理了，手下管着上千号人。并且，这些年来，他已经从家乡先后带出了1600多位民工，成为家乡的一位大名人。彭立铭说：他的成长，就是从夜校学习开始的。

“好企业要培养出好员工。”广厦重庆一建公司工会主席周光伟说，“只有全面提升农民工的综合素质，才可能让他们与城市居民平等发展，获得更多的公平机会。”

据了解，像彭立铭这样的创业型农民，在广厦重庆一建已有13位。

人性化管理促成三方共赢

“工友管工友，老乡管老乡，落到实处放心又顺当。”广厦重庆一建实行的规范化三级管理制，受到了农民工的欢迎：各班组负责农民工在劳作与生活上的自治管理；授权劳务公司代表集团进行专业归口管理；集团公司则重在制度制定与考核执行。

目前，几乎所有的班组长都由农民工自选产生。他们还成立了农民工自治的“伙食委员会”，授权对食堂进行严格的成本核算，小卖部则实行平价供应，让农民工花的每一分钱都物有所值。

2004年春节，第三项目工程部的一批民工为赶工期留在了工地。项目部为他们杀了3头猪，并专门从江津请来适合他们口味的大师傅。民工杨满有说：“公司这么关心，大家回不了家团聚，也不觉得委屈。”

广厦重庆一建公司总经理郑求兴告诉记者：人性化的管理，成功打造了一支有组织、守纪律、有技能、讲文明的民工队伍。近7年来公司产值规模以年均32.5%的速度在递增，每年上缴税费7000多万元，并常年为社会提供着2万多个就业岗位，公司里的农民工也有七成成为技术工人。实现了农民工、企业、社会三方的共赢。

农民工“四好”管理经验形成于广厦重庆一建公司，其理念却来自楼忠福早期的“民工情结”和“赛场赛马”的人才理论。他认为：民工队伍不仅是广厦宝贵的人力资源，还是培养人才的土壤。关爱民工就是关爱自己，珍惜民工就是珍惜人才。

1969年，16岁的楼忠福曾在嘉兴建筑工地干过半年小工。1978年，他再次离家进入建筑企业，还从小工做起。“那不就是民工吗？”楼忠福说。

后来，做小工的楼忠福成了企业老板，广厦集团的员工发展到了 6 万多人，其中遍布全国的建筑施工企业 90%为农民工，合计超过 10 万之众。因此，楼忠福一再提醒大家："民工是我们建筑施工企业的主体，广厦也是民工的广厦。""要尊重民工的人格，落实他们在劳动与生活上的基本保障，为其提供发展空间。这不仅是一个弱势群体的生存与出路问题，更是重要的社会与政治问题。""广厦不仅要对民工的今天负责；还要对民工的明天负责。"

他喜欢将农民工称为"民工"。

有一则发生于 20 世纪 80 年代的故事，今天说起来还有些感动。

那天，楼忠福在武汉江北铸造厂工地，听完了施工队长工作汇报，两人来到工地现场。一路上，队长仍补充介绍着工程进度与质量，并等着总经理的夸奖。

楼忠福的目光却停留在了远处走来的两位民工身上。两人肩上扛着一块床板。

走近了，楼忠福问队长："他们这是干什么？"

队长答不上来，他也正纳闷。

时值初夏，江风撩开了一位民工的衣衫，楼忠福的眼神盯住了他的身体。

"你们扛床板干什么？"队长问。

楼忠福不等他们回答，接过床板，用力往地上一撴，只见从板缝里震出的木虱爬了一地。

然后，他又撩开其中一位民工的衣衫，只见前胸后背都是红斑。

"知不知道这是被虫咬的？"楼忠福质问队长。

"不知道，真不知道。"队长脸红了。

"光知道工程进度、工程质量，对，这很重要。但进度与质量都要靠他们做出来。这你难道不知道？"楼忠福阴着脸，粗浑的声音有些哽咽，"夜里被虫咬得睡不着觉，白天还怎么干活？"

队长低着头，说："我疏忽了，不了解。"

楼忠福一边帮民工扣上衣扣，一边继续批评队长："你自己也是泥水木匠出身，做苦工上来的，怎么当了队长就想不起关心自己兄弟了？汇报来汇报去，只拣好听的说，这样要紧的事怎么就只字不提？"

队长开始检讨，却被楼忠福制止了。"先别检讨，赶快放假一天，清理环境卫生。再检查一下，看大家生活上还有什么困难。要一项一项检查，一项一项地落实。我告诉你，不关心工人生活的队长不是一个好队长。做不好这一点，我撤你的职。"

从那以后，东阳三建对施工队长的考核中多了一条：关心工人生活。公司管理条例中也有了这样的规定：凡施工队长不关心职工生活，漠视职工困难者，职工可以直接向总经理反映。

从那以后，关心民工成为广厦一种坚持的传统。

下面这则故事发生在2008年。

北京奥运会开幕前夕，广厦建设集团杭州钱江商务广场项目部的民工们有一个很小的心愿，但却说不出口，因为公司对他们已经超出了所有的好：住的是装有空调的板房，吃的是与项目部管理人员同锅的饭菜，工地上井井有条甚至见不到垃圾，晚上有民工学校教授各种知识、节日里举行茶话会还有酒肉招待，120多位民工免费享受了一次体检……“出来打工前做梦也没有想到条件会有这么好。”民工们说。可是他们很想看北京奥运会的开幕式直播，而工地所在的钱江新城那时却还没有开通有线电视。这事，被项目经理黄益良知道了，他答应民工：一定想办法让大家看上奥运会开幕式。那几天，黄益良到处找熟人、托关系，请有关部门设法临时开通工地的有线电视，直到8月8日晚上才如愿以偿。那一晚，黄益良留在了工地，与民工们一起观看电视直播，而那台电视机也是他下午从自己家里临时抱到工地上来的。

楼忠福在较早时候就发现，民工群体存在两方面的角色尴尬：一是因为包工头的层层“剥削”，造成民工群体作用与收入明显失衡；二是国家技术标准不断提高，民工的技术技能与岗位要求越来越难相适应。于是，他提出：广厦一定要依法保障民工的利益，同时组织民工团体培训。

世纪之交，广厦开始筹建“民工学校”。

那时，安全已经成为快速发展的建筑施工企业突出的问题。据企业调查，在建筑工地发生的各类安全事故中，80%以上是由于民工缺乏安全防护意识、操作不当或安全技术不过关造成的。因此，2000年最初在浙江杭州、金华等地试办的广厦“民工学校”，就以安全为主要培训内容。

当时的“民工学校”十分简陋：以职工食堂为临时教室；桌椅、黑板是主要的教学设施，条件稍好的才配置得起影碟机；师资完全就地取材，由项目经理、总工程师、技术负责人、质检员、安全员担任；没有统一的教材，讲的就是规章和案例。

但这是中国建筑企业最早出现的“民工学校”。而且，效果立竿见影：原来不爱戴安全帽的，现在都自觉戴上了；原先嫌规章制度麻烦的，现在也学着“听话”了；原来不注意卫生与个人形象的，也逐渐改掉陋习，并相互影响。与此同时，“民工学校”让民工们有了打发业余时间的“正道”，喝酒滋事的少了，打架斗殴的没了，民工与企业都在其中尝到了甜头。

很快，“民工学校”在广厦的各个建筑工地推广开来，企业投入数百万元，添置教学设备，编写出《把生命意识融入建筑》、《平安是福》、《法制教育》、《管理与防护》、《脚手架》等37种统一使用的教材与教学光盘，对民工的培训内容则由单一的安全知识扩展到技术技能、法律知识、社会公德、健康与卫生、生活常识等。其中由楼明主编的《把生命意识融入建筑》一书后来成为中国唯一一套针对民工教育的规范性教材。

广厦还建立起了规范的办学机制，规定：审批项目部时，同时审批成立项目分校；审批临设方案时，同时审批和保证教学场地及设施；组织项目班子时，同时考虑民工学校班子；编制生产计划时，同时制订民工学校教学计划；调配民工时，同时配置优秀学员。同时，对师资配备、教学时间、教学效果等方面也有了一整套的制度与考核规定。

广厦“民工学校”的实践很快在浙江杭州建筑业得到推广，并在后来成为建设部在全国推广的“杭州经验”。据《工人日报》报道，至2007年初，杭州市已有民工学校300多所，参学民工6万多人，同期浙江全省也已建起民工学校3340多所，受训民工超过85万人次。而据《广厦报》报道，同期广厦建设集团公司在全国的100多个项目部中，已经建起86所民工学校，累计培训民工近100万人次。当年《工人日报》在刊发《广厦民工学校出炉现代建筑工人》文章时，还专门配发了编辑点评：“学习不是有钱人的专利。”

人才更不是知识者的专利，正如疆场上驰骋的不一定都是千里马。

天使有天使的爱，海豚有海豚的恋。

光荣与梦想[①]

2008年春节前夕，一场不期而遇的罕见冰雪灾害，阻碍了数百万中国老百姓的春节归程，全国有近2万公里铁道干线瘫痪，22万公里公路受阻，14个民航机场被迫关闭，直接经济损失超过1516亿元。

但在2月6日农历除夕之夜，许多被冰雪阻隔在他乡的农民工却从电视上感觉到了一丝暖意：延续举办了26年的中央电视台春节联欢晚会，第一次出现了由农民工演唱的农民工歌曲，那首歌就叫《农民工之歌》。[②]

身上沾泥花，脸上挂汗花。
为了一个梦啊，进城闯天下。
昨天我是农民，今天当工人啊，
城市的新主人意气风发。
兄弟姐妹们把胸膛挺起来，
历尽艰辛不怕风吹雨打。
相信自己的力量，相信未来，
我们的人生一样好年华。

你也有思念，我也有牵挂。
一年忙在外啊，谁能不想家。
为了咱们父母，为了咱的娃啊，
也为了更多的高楼大厦。
兄弟姐妹把歌儿唱起来，
用那汗花擦亮霓虹彩霞。

---

① 语出美国当代史学家威廉·曼彻斯特巨著《光荣与梦想》书名。曼彻斯特并不怀疑自己的天才，但他或许无法理解其在1973年完成的作品在之后的中国竟会被当作“传媒人必读之书”。中国著名时政记者马立诚、凌志军的畅销书《交锋》、《呼喊》、《变化》等，均有曼彻斯特的痕迹，其中《变化——1990—2002年中国实录》一书，被誉为“中国的光荣与梦想”。国家自有国家的“光荣与梦想”，可有多少人真的去关心过当今农民工世界的“光荣与梦想”呢？

② 王晓岭作词，印青作曲。

相信自己的力量，相信未来，
我们的人生一样好年华。

当晚，农民出身的影视演员王宝强成为那短短几分钟节目的主角，而在春晚背后的长长故事里，主角却仍然是广厦重庆一建公司的农民工。

2007年，广厦重庆一建公司不仅开设了“农民工之家网站”、“农民工投诉热线”，而且还有了一个105人组成的“农民工合唱团”。

这是中国第一个真正由农民工组成的合唱团，100多个在很多人看来只配喊喊劳动号子的歌喉，如今却在北京指挥家的指挥棒下演绎起高雅的艺术。

“其实，我们的祖辈都是农民。”郭向东说，“农民工怎么了？农民工也应该享受城市人的文化熏陶，农民工也可以登台上电视，也可能产生艺术家。”

2007年11月4日，在重庆市第一个农民工日“共建和谐家园”大型文艺晚会上，广厦重庆一建的“农民工合唱团”唱响了由他们自己与著名作家一起合作的《农民工之歌》、《四好幸福来》。那天，公司还专门邀请到著名指挥家蒋燮斌、歌唱家王宏伟与农民工同台演出，大大增强了合唱团的信心，演出非常成功。

11月16日，曾经代表工友向温家宝总理送过安全帽的农民工叶家发提议：我们的歌还应该唱给一个人听，他就是一年多前来重庆看过我们的温总理，再向他汇报一下一年多来的生产生活变化。这一提议得到了工友们的一致赞同，1181名农民工在致总理的信件上签了名。随信寄出的还有《农民工之歌》歌曲光盘。

信是11月19日发出的，当月22日温家宝总理就在信上写下这样一段话：非常高兴。请转致我对大家的问候。希望你们的工作和生活一天比一天好。

很快，从中央电视台又传来消息：《农民工之歌》确定入选春节联欢晚会。对于一台审查严格得决不亚于《新闻联播》节目的文艺晚会，连知名演员登台也要过五关斩六将，一个农民工的节目就这样轻松入选，显然，其政治意义远超出了艺术的要求。

那晚，登台现场演出的广厦重庆一建“农民工合唱团”成员只有叶家发、陈小红、孙渝娟、张忠石、陈宏刚5位，但这已经足以让合唱团及广厦重庆一建公司的农民工们兴奋不已。他们中间终于有人登上了中央电视台的春晚舞台，农民工也有了唱响全国的属于他们自己的歌曲。

虽然，仅仅一首歌曲还难以让农民工真正成为中国现实舞台上平等的演员。但毕竟，他们昨天刚从泥田里攀上了脚手架，今天，又从脚手架登上了舞台。

叶家发登台春晚的当天，他的儿媳妇赶巧在家乡生了个大胖儿子。当上爷爷的叶家发真希望他的孙辈不再被人称作“农民工”。

下面还要说几个农民工的故事。

王兴柱是广厦集团杭州市设备安装公司的一名技师。1987 年刚从安徽来到杭州打工时，连电焊条长的什么样也不知道，更不懂电路图。由于踏实肯干，又虚心好学，1991 年被选入了“青年突击队”，成为骨干。后来，当上了班长。

1994 年，他的班组负责东南化工厂电气安装任务。这是一套从意大利进口的先进设备，工艺复杂，自动化程度高，为节省资金，业主还使用了一部分国产自控设备充当配套，安装难度非常大。王兴柱带领班组成员，四处查找资料，向经验丰富的老师傅求教，一遍遍地分析图纸，研究难点。试车之前，他又连续七天七夜坚守在施工现场，检查了成千上万个接线点，万无一失之后才交付工程。结果，一次试车成功，所有指标均达到设计要求，创造了全国同类工程的典例。

而且，在那之后，他开始学习英语，参加全国水电预决算中岗统考，并在 1997 年考入了浙江省水利电力专科学校深造。他的施工日记里记满了各类材料的名称、性能与施工心得，并且一记就是 19 年。

10 多年来，各类高难度的安装工程，王兴柱的班组已经成功完成了好多项，有的还获得了鲁班奖和优质工程奖。王兴柱说，自己也在这些工程的实践中精练了技术，提高了技能。如今，这位从普通农民工成长起来的蓝领工人，不仅入了党，拿到了中专文凭与高级电工职称，而且还被授予“全国五一劳动奖章”、“浙江省劳动模范”称号，入选“全国十大知识型标兵”、“杭州市十佳外来青年”等荣誉榜单。

38 岁的王兴柱浓缩了中国新一代“农民工”的成长历程。面对王兴柱，谁还能怀疑他的“千里马”身份？但这样的千里马不是靠伯乐发现，而是在疆场上拼杀磨炼出来的。

楼忠福说：“民工队伍不仅是广厦宝贵的人力资源，还是培养人才的土壤。”读完王兴柱的故事，这话不由得你不信。

2007 年 11 月，广厦建设集团贵州分公司项目部经理助理吴忠海当选为贵州省第十一届人大代表。资料显示，他是该省第一批农民工身份的人大代表。

有意思的是，吴忠海的老家在浙江东阳。

1979 年，21 岁的吴忠海第一次进入贵州打工，在黔南州三都水族自治县水库大坝工地上扛石头、搅混凝土，一天赚 1.2 元的工钱；27 岁时，吴忠海成为五级泥工，每天也就 2.48 元的工钱；2005 年，47 岁的他再次来到贵州，身份是广厦建设集团贵州分公司阿波罗项目部经理助理、党支部书记；两年之后，49 岁的吴忠海又多了一个贵州省人民代表的身份。但他说，自己来自农民工群体，代表的就是农民工。

在最初的打工日子里，吴忠海起早贪黑，挑砖、和浆、砌墙、装模、扎钢筋，样样抢着干，天晴一身汗，下雨一身泥，其敬业表现让他不久便当上了工程技术员。之后，从班长到工程负责人，一步一个脚印。2001 年，他还成了一名中共党员。

30 年来，吴忠海一直在建筑工地一线，长期与农民工相处，对农民工的喜乐哀愁深有感受。担任项目助理之后，他更对农民工多了一份关怀。当时，项目工地上最多时有 400 多民工，大部分来自贵州本地农村。吴忠海办起了民工夜校，开班教授施工技术、安全知识及法律常识，很受民工们欢迎。

当选人大代表之后，吴忠海更加关注民生民情。在参加贵州省十一届人大一次会议期间，吴忠海向大会提出了关于解决农民工进城打工住宿难、加快健全维护农民工合法权益机制、高度重视农民工社会养老保障等三项议案。贵州省委书记石宗源握住他的手，说："你是全省 600 多万农民工的代表和骄傲，希望你能把农民工兄弟姐妹们的意见、建议、愿望和要求，更加充分地带到神圣的议事殿堂上来。"

从楼忠福到吴忠海，广厦队伍中近年当选为各级人大代表、政协委员的人数已经有几十位。他们逐渐形成了一种声音。这种声音代表着一个崛起的群体，代表着一种渐被重视的力量。

2008 年 1 月 10 日出版的《广厦报》，张立新的照片与楼忠福一起上了头版。后者以浙江省（民营）不动产委员会会长的身份在 2008 浙江省不动产交易博览会上致辞；前者却身披"优秀农民工"绶带，憨厚的脸上挂着骄傲的笑容。

2003 年，张立新进入广厦建设集团贵州分公司打工。这位来自浙江的农民工具有勤学肯干的优秀品质，2007 年初当上了作业班长，很快又被提拔为项目经理。

“我要对农民工的明天负责。”张立新说。

当上项目经理之后的张立新，特别重视民工学校。他把项目部的 100 多位民工全部组织起来，分期分批轮训，每周 2 学时，每期 20 学时，不打折扣。师资不足，他到外面聘请；为提高民工学习兴趣，他自掏腰包，在学校里建起了阅览室；他还自己拟定《学习章程》、《管理制度》和《教学计划》，把一个小小的项目部民工学校办得像模像样。

说起个中缘由，张立新的想法很实在：“我自己就是在民工学校成长起来的，我最了解农民工的需求。”

担任作业班长期间，张立新的班组曾获得省级“优胜班组“称号；担任项目经理之后，他的项目部被浙江省建设建材工会评选为“优胜项目部”；他个人也在这期间被集团公司评选为“优秀员工标兵”、“先进管理人员”、“岗位标兵”和“二星级项目经理”。

楼忠福曾经说过：人人是人才；每一个人都有可能成才；要给每一个人以成才的机会。

这是农民工中的另一类人才。广厦自然不会错过褒奖的机会。

社会也不应该忽视他们真实的存在。

以这样的一则故事作为本篇结尾，或许能够增添些意思。你可以从人才角度理解，也可以把它当作人生哲理思考。

有三个工人同时在砌一堵墙。

有人过来问：你们在干什么呢？

第一个人没好气地说：没看见吗？正砌墙。

第二个人抬头笑了笑，说：我们在盖一幢高楼。

第三个人边干边哼着曲子，他的笑容很灿烂很开心：我们在建设一座新城市。

十年之后，第一个人在另一个工地上砌墙；第二个人坐在办公室里画着图纸；第三个人呢，则已经成为前两个人的老板。

第四篇　否定与超越

思想者是痛苦的。这种痛苦不是来自失败的畏惧，而在一次次艰难的自我否定与超越。

改革开放不仅为资本与人性的解放创造了机会，也为实业思想家的形成提供了现实可能。转型期的社会与不成熟的市场环境，让他们有了思想的冲动。而开放的实业平台则成为他们思想行动最好的舞台。

楼忠福称："没有最好的管理模式，只有最合适的管理办法。"正如当年他们开天辟地的创业没有任何现成的模式可循，今天，真正适合企业的管理体制与模式还需要靠他们自己去创造。

山有峰谷，业有兴衰，唯有思想的太阳永不陨落。痛苦的偶然与必然，彰显出思想的魅力与意义。

开篇故事

一天，动物园管理员发现袋鼠从笼子里跑出来了，于是开会讨论，一致认为是笼子的高度过低。他们决定将笼子高度由原来的 10 米加高到 20 米。结果，第二天他们发现袋鼠还是跑到了外面，于是他们又决定再将笼子高度加高到 30 米。没想到隔天居然又看到袋鼠全跑到了外面，管理员们大为紧张，决定一不做二不休，将笼子的高度加高到 100 米。

这天，长颈鹿和袋鼠们在笼子外闲聊。

长颈鹿问："你们看，他们还会不会再继续加高你们的笼子？"

"很难说。"袋鼠们笑着说，"如果他们……"

管理是科学，更在实践。其真谛不在形式，而在效果。否则，人类恐怕真的会被袋鼠们嗤笑了。

第九章　爱上馅饼　爱上陷阱

跳出建筑做建筑

中国经济转型初期，多元化是许多民营企业曾经选择的发展策略。2000年度中国民营企业100强中，从事多元化经营的企业高达70%，而行业无关联型多元化企业也达到了38%。

经历了太久的贫困，积累了太多的压抑，一旦拥有机会，他们便想通过自己的努力展示自己的存在；因为有过太多的歧视，为了承担太重的责任，他们始终将“强大”作为存在的必然形式。

广厦也不例外。

1985年，农村乡镇“撤扩并”，塘西、亭塘两个建筑队并入了东阳三建公司，也使楼忠福萌生了借势做大的念头。1988年，三建公司分拆成东阳市第三建筑工程公司、吴宁建筑工程公司和市政建筑工程公司三家公司，统一管理，独立经营，楼忠福当上了总经理，并兼任起吴宁镇建筑管理委员会主任职务。同年，新成立东阳房地产开发公司，东阳三建开始涉足房地产业。

这个时候，企业职工人数扩充到了5000人，拥有承包工程队57个、施工班组148个，公司业务也扩展至北京、上海、安徽、陕西、江西、青海、湖北等7个省市及浙江境内的全部11个地市，1989年并将业务触角伸向苏联符拉迪沃斯托克（海参崴）市场。中央电视台《新闻联播》节目播出了《三建公司在前进》新闻，东阳三建连续多年获得“浙江省先进集体”荣誉，楼忠福个人则在获得浙江省“十佳青年经理”、金华市“优秀厂长经理”称号之后，跻身“全国新时期集体建筑企业家”行列。

1992年，邓小平南方谈话为中国民营企业家快速做大经济实体实实在在地壮了胆。“胆子要大一些，步子更快一些”，“看准了的，就大胆地试，大胆地闯”，“抓住发展机遇”，“发展才是硬道理”，这些朴素的哲理名言与楼忠福无所畏惧、争强好胜的个性相结合，就成为一种滋生扩张欲望的巨大动力。

于是，在1992年的6月，以东阳三建公司为核心，联合东阳吴宁建筑公司、东阳城市建设公司、东阳城关建筑公司、东阳白云建筑公司等18家企业组建的浙江广厦建筑集团公司应运而生。楼忠福从乡镇企业经理摇身一变，成为浙江省第一家建筑企业集团公司的总裁，企业资产从几十万元增加到5000多万元，员工从1200人扩充到1万多人。

接着，成立股份有限公司，割断集体资产脐带，整合挂牌上市，使企业在引入现代企业制度的同时，还具备了充足的资金实力，为其之后大举并购国企、以资本换取全国市场创造了必要条件。

这一时期，广厦已经赫然成为国家级企业集团试点单位、中国500强最佳经济效益企业、中国建筑优秀企业和浙江省“五个一批”骨干企业，拥有“一级工程总承包”资质，其核心企业东阳三建公司也获得了国家一级建筑资质，楼忠福则在连续三届获得浙江省“十佳青年经理”之后，成为“浙江省优秀建筑企业家”、“全国优秀集体建筑企业家”和“中国经营大师”。

这一时期，广厦仍然是一家建筑企业，房产开发是其延伸的副业。

同时期，有雄心的实业家们都在忙着扩充实力，扩张地盘。

1990年，鲁冠球开始实施“大集团战略、小核算体系、资本式运作、国际化市场”发展战略，他的万向产品不仅很快占据了全国60%以上的市场份额，并成功进入日本、意大利、法国、澳大利亚、中国香港等18个国家和地区的市场。四年之后，万向成为中国首家上市的乡镇企业。

而就在楼忠福成立广厦集团的1992年，王石的万科已经成为拥有55家附属及联营公司的“多元化”集团公司。这一年，印尼华裔商人黄鸿年高举“为改造国企服务”的旗帜，在中国内地开始大举并购国有企业，“中策现象”刺激着本土企业参与国企并购盛宴的豪迈激情。泰国华商谢国民紧随黄鸿年之后，出手杭州青春宝公司，让胡庆余堂的关门弟子冯根生成为中外合资的正大青春宝公司总裁。

1994年，史玉柱在巨人集团成立起“三大战役”总指挥部，大举进军保健品和药品行业，其广告词自信雄壮："请人民作证。"同年，牟其中宣布其南德集团要在5至10年内跻身世界十大企业之列。1995年，赵新先的三九集团将中国药业广告牌竖到了美国纽约曼哈顿的繁华街头，并于次年开始"下山摘桃"，5年时间收编地方企业140家。

这时候，在资本市场敛取了数亿资金的唐万新开始收购国有企业，并很快成为新疆屯河、沈阳合金和湘火炬三家上市公司的第一大股东，几年之后德隆集团横扫全国各大产业，宣称"将在三年内进入世界500强"。1997年，任正非的华为集团借助体制优势，一口气与电信局连建9家省级合资公司，并在当年制定了一部"前不见古人，后不见来者"的《华为基本法》。同年，宋如华在成都郊区开辟"西部软件园"，之后三年时间，他在全国的十几个省复制了27个"托普软件园"。牛根生离开了伊利，自立"蒙牛"门户。黄光裕的国美与张近东的苏宁开始瓜分中国南北市场。马云则在杭州创办"中国黄页"之后，建起了阿里巴巴网站。同期还出现了丁磊的网易、王志东的新浪、张朝阳的搜狐、马化腾的腾讯、沈南鹏的携程、李国庆夫妇的当当和陈天桥的盛大等至今仍然叱咤风云的网络英雄。就连梦碎巨人大厦的史玉柱，也很快东山再起，推出了占领全国市场的脑白金、黄金搭档产品。

1998年开始，楼忠福提出"跳出建筑做建筑"和"以资本换身份，以身份拓市场"的经营思路，实施跨地区、跨行业大举并购国有企业。前后10年时间，广厦先后并购或控股了南京、上海、重庆、北京、杭州、湖北、陕西以及浙江省内其他区域共计10多家国有实体，同时投资水电、能源、文化、体育、旅游、房地产及天都城等实体项目，合计投放运作资本高达数十亿元。

至2007年底，广厦资产总额已经达到200多亿元，比楼忠福接手这家企业之前的1984年增长了10万倍，比改制初期的1994年也增长了380倍；年产值达到409亿元，比1984年增长了4300倍，较1994年也增长了51倍。25年前的一家镇属乡镇企业，如今已经发展成集合6万多名员工，拥有国内国外两个庞大市场，横跨建筑、房产、投资、金融、能源、制造工业、文化、传媒、教育、医疗、体育、旅游等10多个产业的超大型实体航母。

其实，民营企业家也并非完全意识不到多元化的风险，马胜利、南德、巨人、托普、三九、德隆、飞龙的结局也曾经惊醒过他们"做大做强”的梦想。但他们深谙“多一条路少一份死亡危险”、“多进入一个产业多享受一份政策待遇”的企业之道。

有人将多元化视作陷阱，更多的人则将其当成了馅饼。

这首先来自民营企业生存发展的需要。创业初期的民企，大多投资规模不大，缺少竞争优势，并且没有明确的战略发展方向，什么赚钱就做什么，无所谓专业化与多元化的选择。后来，面对实力雄厚的国有企业和虎视眈眈的外资企业竞争，他们急需壮大实力，快速做大就成为不二的选择。

楼忠福在组建广厦集团时，为了凑足集团公司所需要的规模，吴宁镇内阿狗阿猫所有的企业都成为他收编的选择对象。以至于后来不得不再花时间与精力对这些企业进行重新整编。但毕竟它们帮助楼忠福成全了集团公司的梦想。对于广厦来说，这很重要。先占有资源再调整洗牌，成为楼忠福后来一直坚持的经营战略。

“要做大，要走出去，只有靠发展规模经营，搞多业并举，走多元化、集团化之路。这是我们东阳三建的希望，是东阳建筑业的希望。也只有这样，我们才能对得起老祖宗，对得起建筑后人!”组建集团公司之初，楼忠福曾经这样豪迈地宣称。“安得广厦千万间，大庇天下寒士俱欢颜。”从他选择“广厦”作为企业集团名称的那一天起，“大庇天下”就成为企业的一种责任与使命。

后来，国家的宏观经济环境和政策进一步助长了民营企业多元化选择的积极性。随着国家经济体制改革的深化和国有企业的放开搞活，不少原先对民营经济封锁阻隔的产业逐步开放，许多库存压仓的“商品”由政府抛出甩卖。这让民营企业大喜过望。于是，凭借已经拥有的资本实力，争先恐后地抢购所有可能收购兼并的国有企业。

那时候，广厦坚持了“走出建筑做建筑”的“理性多元化”经营思路，坚守建筑主业，扩张全国市场。至2004年，通过一系列的成功并购，广厦完成了以杭州为大本营的华东市场、以北京为中心的华北市场、以重庆为中心的西南市场、以西安为中心的西北市场和以武汉为中心的华中市场全国建筑市场战略大布局。同时，作为建筑主业的延伸，房地产业渐渐做大，成为第二主业。至于旅游、宾馆饭店则成为房地产业的延伸，服务于房产品牌与品位的提升。

“多元化不是乱元化。”广厦的幸运在于楼忠福的清醒。虽然在并购初期，广厦也曾经跟风抢购过一些与建筑主业毫不相关的网络、电讯科技类公司，但很快便被楼忠福决然放弃。后来，有了金融投资，在入股金信之后，广厦又进入了浙商银行，成为这家以浙江民营资本为主体的股份制商业银行的第二大股东。再后来，广厦进入能源产业，有了制造工业，但楼忠福依然清醒：“广厦是做建筑起家的。建筑与房产开发是广厦的主业与品牌，一辈子不会放弃。”

大而逞强，强然后才有地位。几乎没有一个人大代表、政协委员身份的民营企业家以及作为民企代表的各类主席、会长，不是因为其经济实体的强大而赢得重视然后才获当选。在这样的舆论氛围下，所有争取生存与发展权利的民营企业，毫无例外地将“做大做强”作为自己的目标，而“多元化”无疑又是实现“做大做强”最为有效的捷径。

“发展才是硬道理。”任何一种社会制度下，人民的生活富裕都有赖于社会财富的日积月累。“做大做强”不是当代实业家们的过错。作为创造社会财富的重要群体，他们在满足自我虚荣、集聚个人财富的同时，也确实为助推国家改革开放进程、膨胀社会财富、化解就业压力作出了贡献。

遗憾的是，旨在扩张生存空间的多元化发展战略，却让不少实体付出了自我牺牲的惨重代价。

柏拉图曾经讲述过一个“色雷斯姑娘的故事”：古希腊泰勒斯是一个执著的天文学家，几乎全部时间都用在了观察天体运动上。有一天他在仰望天空时不小心掉进了井里。一位色雷斯姑娘恰巧从这里经过，看到泰勒斯的狼狈，抑制不住笑了起来：“泰勒斯先生，你渴望知道天上发生的事情，却看不到脚底下的东西。”——即便智者，发现天上新的星座容易，看到脚下的陷阱却难。

在回报中享受回报

在广厦多元化扩张的大棋盘上，还有几颗彩色的闲子：文化、影视、体育、教育、医疗。企业的所有投资都追求回报，楼忠福在这几颗闲子上收获更多的却是一份回报社会的自得其乐。

1991 年 6 月 22 日，杭州华侨饭店。由《西湖》杂志社与东阳三建公司联合举办的“东阳三建杯”全国散文大奖赛在这里举行隆重的颁奖仪式。楼忠福再次成为了焦点。

这次引起全国关注的大奖赛共收到1500多篇应征稿件，其中有34人获奖。如今，已经很难记起当年获奖的作者和作品，但这次赛事却因为助推了20世纪90年代蔓延全国的散文热潮而被载入中国现代散文史册。

一起载入史册的还有担任这次大奖赛顾问的一批显赫名单：冰心、柯灵、陈学昭、秦牧、穆青……还有一位与文学并无多大关系的乡镇企业家：东阳三建公司总经理楼忠福，他担任了这次大奖赛的组委会主任。

那天，坐在华侨饭店颁奖仪式主席台上的楼忠福并没有意识到，9年之后他会成为这家三星级涉外饭店的主人。但有一点他很坦然：他觉得自己早已经是半个文化人了，他所从事的建筑业与文学艺术不无关系。楼忠福隐约记得有一位名人在很早时候就将建筑与艺术相提并论。

这位名人就是德国哲学家黑格尔，他在200多年前提出："音乐和建筑最相近，因为像建筑一样，音乐把它的创造放在比例和结构上。"于是有了"建筑是凝固的音乐，音乐是流动的建筑"的形象比喻。

哲学家大凡都有一双想象的翅膀。古希腊时代的哲学更是涵盖了一切学问。欧几里得提出的"五项公理"，成为后来几何学的雏形；亚里士多德的哲学著作，涉及生物、天体、历史、政治学等众多领域；笛卡尔曾有光学的论说；帕斯卡创立了静止流体力学的"帕斯卡原理"；康德也有过天体问题的著书立说；之后的马克思将政治与经济现象结合研究，创立了政治经济学；弗洛伊德将医学、精神学提升到哲学层面，开创了全新的"精神分析"理论；胡塞尔从数学家成为哲学家，创立了著名的"现象学"。在中国，2000多年前的《易经》就是一部集哲学、神学、天体、自然、社会于一体的经典著作；《管子》和《盐铁论》不仅是中国古代的经济巨著，还广泛涉及政治、军事、哲学等多领域思想；战国时期的墨子则是一位集哲学家、思想家、科学家与能工巧匠于一身的伟大人物。

德国诗人歌德称其在米开朗琪罗设计的罗马大教堂前广场的廊柱内散步时，能深切地感觉到音乐的旋律。中国建筑大师梁思成从颐和园的长廊内也发现了和谐的节奏。即使不是艺术大师，站在景山顶上俯视北京故宫建筑群，甚至也能沿着中国古建筑的中轴线听到交响乐的主题旋律与对位。

建筑与音乐具有同样的艺术魅力。

而建筑人楼忠福的文化情结则可以追溯到他接任东阳城关建筑公司经理之初。

1985年春节，刚刚上任的楼忠福在东阳电影院安排放映了三场免费电影，一来为回家过节的公司职工增加点娱乐，二来也算是在家乡父老面前亮个身份：楼忠福已经是城关建筑公司的新任经理了。那已经是当时他能够做到的对家乡父老最慷慨的回报了。

电影与戏曲是那个时代颇受农村百姓喜爱的文化消费，三场免费电影让东阳百姓记住了楼忠福，也让楼忠福自己从中体味到了文化的快乐。

承包公司第一年，城关建筑公司即成为东阳第三建筑公司，而且经营效益不错，公司利润翻了将近一番。于是，楼忠福不再满足在东阳放几场免费电影，而是在浙江电视台独家点播了一部 8 集电视连续剧《秋海棠》。

当时，电视机正成为中国百姓的奢侈消费品。据资料记载：1983 年，中国电视机的销售量比 1982 年增长了 13.8%，至年底全国已经拥有黑白、彩色电视机总量 684 万台，部分农村出现了“电视村”。而中央电视台从这一年开始的春节联欢晚会直播和 1984 年热播的 20 集电视剧《霍元甲》，又极大地刺激了中国百姓对电视的兴趣。

当然，那时候赞助点播电视剧尚属初始，企业还舍不得为此拿出太多的钱，一个电视剧往往由几家或几十家企业共同赞助播出，因此，参与赞助企业的广告效应也不明显。楼忠福是在浙江电视台第一个提出要求独家赞助点播电视剧的企业，电视台因此也慷慨地在每集剧前安排了几分钟的企业广告。广告形式在今天看来很蹩脚：让楼忠福对着镜头反复介绍东阳三建情况，然后祝全省观众新春快乐。

电视剧从 1986 年的元旦开始播出。当电视剧的人物、情节进入千家万户，观众也便牢牢记住了东阳三建和那个胖乎乎的楼忠福的面孔。

一次，楼忠福出差深更半夜到达金华，在宾馆总台才发现忘了带身份证。身份证那时刚刚启用不久，很多人都还没有随身携带的习惯。正在楼忠福尴尬之时，服务员却满脸堆笑地与他招呼：“您是东阳三建的楼经理吧？欢迎您入住。”楼忠福十分诧异：“我是第一次到你们宾馆，你怎么会认识我？”服务员说：“从电视上认识的啊！我天天看《秋海棠》电视剧呢。”

那一晚，楼忠福睡得特别香。

还有一次，与杭州朋友一道来到西湖边的楼外楼饭店吃饭，一进门，服务员也是先跟他招呼：“秋海棠来了，欢迎欢迎！”原来那也是一个忠实的《秋海棠》电视剧观众。那一天，饭桌上一半是建筑与文化的话题，另一半是楼忠福的笑声与得意。

从那以后，楼忠福开始与文化结缘。每一年记入《中国广厦集团志》的，除了一串串持续增长的数据，还有一桩桩与文化相关的活动：接待全国各地知名文化人士体验生活、邀请国内知名演艺人员赴东阳献演、组织专业文艺团体赴建筑工地巡回演出、创办《广厦报》、赞助文学奖赛、设立“传媒奖学金”、协办人口文化奖项等。

市场经济下，中国文化经历了一个痛苦的嬗变。最初，当它还高傲地端坐于高雅殿堂之上时，经济需要文化的金箔作为贴身，于是有许多的企业家附庸风雅，借文化之台展示形象，扩大影响。后来，被冷落的文化不得不低下高傲的头颅，走下神圣殿堂，成为经济的附庸物，这时候的文化已经无奈地粘上了“铜臭味”。再后来，文化在商品经济中找到了自己的产业地位，殿堂之下又举起高傲的头颅，经济复原对文化的青睐。

1979 年，广州东方宾馆诞生了中国第一家营业性音乐茶座，文化消费出现萌芽；1998 年，国家文化部专门设立文化产业司；2000 年，《中共中央关于制定国民经济和社会发展第十个五年计划的建议》首次出现“文化产业”一词；2006 年 1 月，中共中央、国务院发出《关于深化文化体制改革的若干意见》，提出建立“以公有制为主体、多种所有制共同发展的文化产业格局”和“统一、开放、竞争、有序的现代文化市场体系”；2009 年 9 月，《文化产业振兴规划》正式出台，标志着文化建设和文化产业的发展被提升到国家发展战略的高端层面。

如果说广厦前期的文化赞助、文艺活动更多的只是为了提升企业形象、丰富职工文化生活、娱乐家乡父老，那么，后期受让建设东阳白云文化城、创办广厦建设职业技术学院、投资浙江青年信息传播公司与浙江影视集团公司、成立浙江广厦篮球俱乐部和文化传媒集团，则已经不再仅仅将文化当作游戏中的道具，而是开始以“回报社会”的形式实质性地涉足主业之外的产业经营。

1993 年，楼忠福开始“触电”。

儿时对露天银幕的钟情，让楼忠福与同辈人一样，有着一种对电影莫名的情愫。当公司有了实力，他便想让广厦参与拍摄一部电影或从影视产业中分得一勺美羹。但在 1997 年之前，电影产业仍然对民营经济坚定地说不，要想介入只能借“国有”之名“暗度陈仓”。

1993 年，刚刚组建集团不久的浙江广厦出资 472 万元，参股浙江华新影视公司。虽然广厦已经拥有了这家公司 45%的股权，但在公司所有资料上，还是很难看到广厦的影子。不恋虚名的民营经济就这样悄悄地进入到了影视“矿区”，开始埋头挖掘金矿。

其实，早在 20 世纪 80 年代中后期，在政策只允许国营 16 家制片厂拍摄故事片的背景下，就有非国有资本投资电影摄制。尽管连“出品署名权”都没有，可注重实际的民营经济却拍摄出了许多影片佳作，使几近死水的电影市场泛起春潮。《过年》、《找乐》、《与往事干杯》等影片广受好评，而陈佩斯投拍的《编外丈夫》、《太后吉祥》等喜剧电影平均利润率达到了38%，令业内人士拍案称奇。

广厦参股浙江华新影视公司之后，该公司在第二年就与上海电影制片厂签约联合摄制电影《小芳的故事》，第二年，广厦全额投资与中央电视台、浙江电视剧制作中心联合摄制了8集电视连续剧《摩天鹰架》。1998年之后，又先后合作完成了电视连续剧《绍兴师爷》、《子夜》、《主人》等多部影视作品的摄制，其中《子夜》获第17届中国电视剧“飞天奖”二等奖，《主人》获浙江省第五届精神文明建设“五个一工程”奖。

1997年之后，伴随着电影改革的脚步，民营企业逐渐获得制片、发行、院线等电影产业链上的各项“准入证”。至2003年，民营资本投资的电影已经占到全年国产电影出品总量的68.5%，国产电影票房收入近80%为民营公司参与发行创造。凭借着这些实绩，民营电影经济成分一步步获得了管理层的“政策追认”。

同时，作为全国文化体制改革综合试点地区的浙江省，2003年6月开始启动全省性文化机制变革，提出了打造“文化强省”的发展战略。楼忠福显然不会放过这样的政策机遇。当年，广厦注册资金5000万元，成立起文化传媒集团。2004年，再联手浙江广电集团，组建浙江影视集团公司，全面进军影视制作产业。

这时候的广厦，已经拥有了华新、春秋、亚视等多家影视公司。此前的1999年广厦出资6000多万元接管了东阳白云文化城，2001年投入6000万元控股了浙江青年信息传播公司，介入共青团浙江省委机关报《青年时报》的经营。之后广厦还控股了浙江歌舞剧院，并与浙江出版联合集团、浙江日报报业集团合作，涉足报刊印务产业。

这时候的广厦，早已经从单一的建筑业发展成以建筑、房地产为主业，投资、旅游、文化传媒等六大产业板块多元化发展的格局。文化传媒已然成为广厦集团多元化经营的新亮点。广厦集团参与文化体制改革也成为“浙江省改革开放30年重大事件”之一。

与此同时，浙江的另外一家民营企业东阳横店集团则获国家广电总局批准建立起中国第一个国家级影视产业实验区，随后，又与美国时代华纳、中影集团签约组建中国第一个中外合资电影娱乐公司。浙江民营经济一起赴会“文化盛宴”。

有资料显示，至2004年底，浙江民营文化企业已经多达4万余家，年总收入超过300亿元，从业人员达到50万余人，涉及影视、印刷、演艺娱乐、艺术品经营、旅游、广告、会展等10多个行业。其中全省超过2万家的印刷企业中，98%为民营企业，年产值高达400亿元；9000多家书报刊电子出版物发行单位中，民营机构约占8000家；80家广播影视节目制作公司中，七成以上为民营企业；400多家民间剧团的演出年收入近亿元，剧团总数与收入总额比分别占到全省的83%和73%。至2007年，全国国办艺术院团2000余个，而民营文艺表演团体则已经超过6800家。

文化部文化产业司司长刘玉珠称：“在中国文化产业发展历程中，以民营经济为主体的非公有制经济的积极参与，发挥了不可忽视的作用。”浙江工商大学教授郑拥军也分析：资本有流动和膨胀的天性，经济发展到一定层次，必然要求突破原有的发展平台和模式，参与新的产业重组与整合。民营企业掀起的“文化产业投资热”，是民营经济在文化领域的自然延伸，体现经济社会发展的必然选择。

楼忠福却认为：我们只是在试水，试探文化传媒产业的水到底有多深。他相信，随着国家文化体制改革的深入，作为产业的文化还会有大的发展。“文化意识首先是市场意识。提前涉水进入就能够从中分得一杯美羹。”

除了文化影视，广厦还经营着医院、大学和篮球俱乐部。

“那是配合企业发展在社会树立公众形象的需要，是企业回报社会的体现。”楼忠福称，“它们不会成为广厦的主业，但要做我们就一定会做出一流。”

2000年2月，广厦以2160万元整体受让了长期亏损的浙江省金华市第三人民医院。这是一所创建于1952年的全民所有制事业单位，曾经是浙江省规模最大的结核病专科医院。多年来，该院持续亏损，生存遇到困难，更难有所发展。

受让之后，公立金华市第三医院成为股份制民办浙江金华广福医院。当年，广厦投入资金2.8亿元，新盖起5.4万平方米的医疗、住院大楼及配套设施，购入多套先进医疗设备，引进高端专业人才，使广福医院很快成为一所以肿瘤专科为特色的综合性民营医院和浙江中部地区唯一的肿瘤诊治中心。

来自公立医院的王永兴院长对楼忠福“回报社会，奉献社会”的办院宗旨深感佩服。他称，这些年来，广厦集团对医院只有投入，不求经济回报。而事实上，随着社会对医院医术与服务的认可，经济效益也在快速增长。2008 年，广福医院收治的住院病人数已经从 8 年前的 1500 例增加到 1.3 万例，业务收入也从 2000 年的 764 万增长到 1.5 亿元，规模与效益在浙江省全民营型医院中排列首位。

“做别人不做的，做出特色；做别人想不到的，做出意外；做别人不在乎的，做出感动；做别人做不好的，做出奇迹。”楼忠福的“回报”理念在这里被具体到每一个岗位和每一个服务细节。“感动”他人的同时，自己也被深深地“感动”着。

2001 年，广厦集团还收购了校址设在东阳的金华城乡建设学校，并经浙江省人民政府批准，在原校基础上筹建新的浙江广厦建设职业技术学院。七年间，广厦已经累计在该学院投入近 5 亿元，校区扩大到千余亩，专业设置增加到 27 个，在校学生人数达到 1.3 万人。校园里的鲁班雕像见证了建筑后人的魄力和楼忠福“回报家乡”的拳拳之心。

“广厦的根在东阳。企业赚了钱，理应回报家乡。”这是他在东阳创办广厦学院的初衷，“当然，办大学还有一个目的，那就是培养人才，建立起企业的人才储备基地。”

文化是楼忠福的钟情，篮球则是其长子楼明的最爱。2005 年 4 月，广厦整体收编沈部男篮，并经浙江省体育局批准，浙江广厦篮球俱乐部在中国篮球协会注册成立了浙江广厦猛狮男子篮球队。楼明亲任浙江广厦篮球俱乐部公司董事长。

“两年内冲入 CBA，三年内超过万马（浙江省内另一支 CBA 球队）。”这是楼忠福给广厦男篮确立的目标。结果，这支球队在第二年就成为CBA的新成员，第三年战胜万马，2008 年成功冲入 CBA 联赛前八位。

体育与文化不同，比赛就是为了能赢。哪怕是一场无关大局的赛事。

在整体收编沈部男篮时，曾有记者问过楼忠福：“广厦准备花多少钱?”楼忠福的回答一如他认准的其他项目投资：“为了冲进 CBA，需要多少我们就投入多少。”

财大气粗不仅写在父子俩的脸上，更在他们心中的自信：“广厦长期发展积累的机制在篮球事业中也能发挥作用。”“有空才有实，有梦想才有现实。从小做到大，从弱做到强，这样才有味道。就像广厦企业的发展一样。”

楼忠福还告诉媒体：“广厦的体育情结很早就有，也一直没有间断过。企业发展到一定规模应该涉足一些体育事业，其实我们很早就在思考，究竟是搞足球还是篮球。中国的足球实在太差，我不搞。我们选择了篮球。”

11 年前，王健林的万达集团成立了中国第一家职业足球俱乐部，但很快便知趣地退出足坛，专心于他的地产投资开发。

王健林将足球俱乐部视作陷阱，楼忠福则把篮球俱乐部当作馅饼。

“惠子曰：子非鱼，安知鱼之乐？庄子曰：子非吾，安知吾不知鱼之乐？”[①] 馅饼有馅饼的美味，陷阱有陷阱的诱惑。

这种诱惑有时不是来自经济效益的回报，而是公众的关注度、社会的认同感、企业的渗透力和企业形象的提升，甚至，有时就为了简单的“快乐”两字——那是他们在回报社会与公众中得到的最大回报。

① 《庄子·秋水》。

第十章　有一种结果叫继续

管理智慧源于简单

天道昭昭，变者恒通。25年来，广厦企业在管理体制上经历了多次重大变革，其间蕴涵着中国传统管理思想的智慧，也折射出当代实业思想家管理模式探索与管理思想演变的痛苦轨迹。

1984年11月楼忠福接任经理之后，当时的东阳城关建筑公司开始实行经理负责制。在产权不变基础上，镇政府下放企业经营权，由经理承包经营企业，并拥有企业内部组阁权与经营自主权，企业赢利“除了上缴国家的，留足集体的，剩下的都是自己的”，承包亏损则由承包人承担。在此之前的长达20多年时间里，该企业一直为集体所有制。企业资产属集体（人民公社或乡镇政府）所有，企业领导人与职工按劳取酬，领取工资，赢利全部归集体，经营亏损则无须个人承担责任。这就是当时中国农村集体企业统一的“小集体，大锅饭”模式。

乡镇企业承包经营是改革开放初期中国农村继家庭联产承包之后的又一重大改革举措。当时，乡镇企业（时称社队企业）雨后春笋般涌现，在起步较早的江苏省江阴市，到1983年底，已经发展到1581家，工业总产值占到地方经济的三分之一。但乡镇企业内的平均主义、大锅饭现象与国企一样普遍存在。江苏省无锡县的一家小小堰桥服装厂，创办三年竟然亏损了5万多元。

这可能是中国最早开始承包经营的乡镇企业。1982年11月30日，堰桥服装厂召开职工大会，公社党委提出“死上交、活报酬”的承包责任制方案，即全年上缴利润5000元，超额部分可由厂长自行处理，谁愿意承包谁当厂长，不愿意承包或承包后完不成任务的就地免职。原厂长无能为力，3名候选人竞相发表“竞选演说”，全厂50多名职工投票，结果让得票最多的一名裁剪师傅当了厂长。

一个多月后，鲁冠球承包了浙江萧山的万向节厂。11个月后，楼忠福承包了东阳城关建筑公司。承包方式几近相同：确定承包基数，放权干部聘任，自主经营，保证上缴，超额奖励。

但全国推广的乡镇企业承包经验还是出在了江苏。1984年4月，无锡市委在全市推广堰桥乡乡镇企业“一包三改”经验，即以承包责任制为核心，把企业干部的任命制改为选聘制，把固定工资制改为浮动工资制，把工人录用制改为合同工制。当月13日，《人民日报》头版刊登了介绍文章：《堰桥乡乡镇企业全面改革一年见效》，并配发评论：《把“包”字引向乡镇企业》，引起全国轰动。

承包经营显然是一帖良药，让乡镇企业生机勃发。无锡市堰桥服装厂新厂长上任后实行“定额计件制”，第一个月工人便拿到了奖金，企业扭亏增盈。鲁冠球也在承包第一年得到了8.7万元的奖励，第二年奖励增加到11.2万元。虽然当年鲁冠球并没有将这两年的奖励放进个人腰包，但合计将近20万元的奖金着实成为一种莫名的刺激。

楼忠福也将前两年的承包奖励投入到公司扩大经营，并在第一轮承包之后与镇政府续签了第二轮承包合同。到1992年6月东阳三建公司成为广厦集团，楼忠福在承包经营的7年多时间里，企业职工从1200人扩容到1万人，增长7倍多；年产值从950万元上升到1.25亿元，增长13倍多；年利润从38.5万元增至404万元，增长9倍多；年缴税收从16.5万元增加到504万元，增长30多倍。

经营模式的一个简单转身，演绎出企业一道华丽的彩虹。

后来，乡镇企业的承包经验很快被推广到国有企业，1984年马胜利承包石家庄造纸厂成为又一个典型案例。而邓小平关于“我们完全没有预料到的最大收获，就是乡镇企业发展起来了”的感叹是在之后的1987年，真正规范乡镇企业承包行为的农业部第16号令《乡镇企业承包经营责任制规定》则出现在更迟的1990年4月。

中国传统管理思想的源头在先秦。而在先秦诸子百家中，儒家、道家、法家、兵家与管理行为关系最为密切。

儒家管理思想的核心在一个“仁”字，强调道德教化、人性关怀、伦理亲情感化与劝谕功能，注重管理者修身养性与自我责任，以期达到整体利益及和谐效果。日本企业对儒家智慧的成功运用甚至超过了中国。很多日本企业家自觉学习儒家经典，力求化为己用。被称为“日本近代企业之父”的涩泽荣一，不仅著有《论语讲义》，还亲自向员工讲授儒家管理思想，以此构成企业文化核心。截至 2008 年 12 月，全球已有 78 个国家办起了 249 所孔子学院和 56 个孔子学堂，合计注册学员超过 12 万人。宁波方太创始人茅理翔则在公司大楼设立孔子牌位，专设“敬仰堂”、“传承堂”、“修炼堂”，并以“接班人学校”形式，向中国民企第二代传授“正心修身齐家治企平市场”之道。与茅理翔一样，中国改革开放之后的第一代创业者，在具备勤奋、拼搏精神的同时，特别注重以身作则、修身养性，管理方法上也多运用儒家思想，以“仁”感人，以“德”治企。

道家提出“道法自然”，注重对管理规律的认识和把握。在管理方式上，道家认为最高境界在“无为而治”，管理者须因势利导，放权于下，不可勉强作为，越权行事，“以正治国，以奇用兵，以无事取天下”。在管理艺术上，道家也有一整套的理念，包括静观待变、守弱用柔、知盈处虚、居上谦下、不争之争、见微知著、欲取先予、以曲求全、藏而不露、知足常乐等。道家的“无为而治”与现代西方管理学理论倡导的“自动化管理”、“成本最小—收益最大化管理”等有着微妙的相通之处，它们同样致力于避免干预、提倡自由、鼓励属下创造性与积极性发挥，同样崇尚科学管理、尊重个人创造能力、追求管理绩效。而“见微知著”、“欲取先予”等管理之道，更是常被当代企业家津津乐道。

法家管理以“法”为核心，注重“法、术、势”——即管理制度、管理技巧与管理权威的完美结合。法家赞同“法治”而反对“人治”，主张时时处处须严格遵循既定的法令规则，不能依赖管理者的主观判断或好恶行事。“人主之患在信人。信人，则制于人。”他们相信，只要坚守法制，哪怕是平庸普通的人也能成功地进行管理；而若抛开法制，才能超卓的人也会面临失败。同时，“徒法不足以自行”。法家认为：仅有管理制度，而没有强力、灵活的推行措施也不可行，必须要有管理技巧与管理权威。法家将管理权威分为“自然之势”与“人为之势”，前者指管理者在既成条件下（如受委任）所获得的权威，后者指管理者利用各种资源自行创造的权威。其中尤其注重将“自然之势”转化为“人为之势”，并以此为后盾，保证管理制度的实施。法家通常会忽视人的道德修养和社会伦理准则，有“为达目的不择手段”之嫌，但其管理技巧却比其他各家更显丰富。在组织机构建立、职位设置、人员选拔、授权与监督、考查与奖罚上，法家均提供了中国古代管理从理论走向实践的成功范例。历代政治家吸取其精华，凡成功者均为“法、术、势”三者并用。中国改革开放之初的企业家也均将儒家管理之道与法家管理思想并用，逐渐建立起一个强大的实业王国和企业家无与伦比的个人权威。将“自然之势”转化为“人为之势”，变捕捉机会为创造机会，更是成功实业家的拿手好戏。

兵家的管理领域虽在军事，但其管理战略、策略与方略却广为政治家、实业家借鉴运用。在管理战略上，兵家讲究审时度势、运筹谋划，根据对外部环境与组织内部的清醒认识，作出正确判断决定。在管理策略上，兵家强调“因变制胜”，要求管理者对各种变化及时作出反应，并能积极创新求变，时时占据主动，不受制于人。在管理方略上，兵家提出分级管理原则：要想管理很多人像管理很少人一样轻松，就须依靠组织和编制的作用；要想形成富有效率的组织，就须以严格的纪律、法令进行层层掌控，并辅之以情理感化，形成特定的层级制度，做到首尾一致，令行禁止。其实，兵家的管理思想里已经不乏儒、法两家的精华。中国当代实业家更将兵家谋略、预测、以变应变的管理思想运用到企业管理实践，创造出了无数个经典的成功案例。王永庆以变应变，出其不意，一生创造了无数个商业奇迹：20 世纪 40 年代始做木材经营，获利丰厚；50 年代投资塑胶，又获成功；之后杀个回马枪，再关注木材业；60 年代创办化纤工业，台塑、南亚、台化三大企业奠定了其在台湾的霸主地位；2008 年，“逆向而行”进入钢铁业，斥资 170 亿美元在越南投资台塑炼钢厂……惊世之举多有兵家智慧。而一些涉足中国市场的国外公司，则早已经开始研究中国兵家理论，运用兵家思想取胜市场。

当代实业家的最初管理智慧并不复杂，他们只是吸收包括儒、道、法、兵在内的传统各家思想精华，再借鉴来自国外的现代管理理念，择其所长，变化应用。当然，最初有些无师自通的管理智慧，却已经显现出这个群体鲜明的特性。

他们是传统文化思想的忠实守望者，更是改革开放最积极的思想行动家。尤其对企业经营管理有效（可能有效或经验有效）的思想、理念与理论，他们都会毫不拒绝地学习与接受，并将其与意识深处的中国传统思想文化结合，加上自己的特殊理解予以取舍，并在实践中运用升华，提出各种新的思想与理念。这些思想与观点大多具有一定的前瞻意义，有的甚至明显与传统或现行思想相悖，不能为大多数人所理解与接受。

经济学家厉以宁认为：道家、儒家、法家三种思想，适用企业管理的三个不同层面。管理高层可借道家思想，遵循客观规律，清静无为；管理中层应以儒家思想为本，重教育感化，重以身作则；基层管理者则应该学法家思想，把丑话说在前面，一切都按规章制度办事。民营企业若能做到最高领导遵循规律，中层干部以身作则，基层管理人员按章办事，其企业管理则可走上规范道路。也有管理专家建议：先以法家思想奠定公司的行为及法度基础，后以儒家思想管理公司，最后达到道家“无为而治”的最高境界。因为法家思想对初创企业建立规范明确的管理制度具有十分重要的借鉴意义；儒家思想有利于在共同遵守规章制度的氛围中和谐相处，增加情感管理；当企业进入和谐平稳发展期，则可以道家思想实现以退为进、以柔克刚的韧性管理。威可慑天下，德能安天下，最终实现无而有为的高级管理境界。

中国传统哲学思想各具精华，今日企业若将其独立分割使用，显然多有不足。只有按需选取，组合运用，并借鉴、糅合西方现代管理理念，方能显现强大威力。

李嘉诚先期艰苦创业，后期俭以养德，一身注重自我修炼与形象名誉，宽厚为怀，重德行善，多承儒家之风。管理上既借法家思想设计严格的组织制度，又以兵家之道排兵布阵；既学西方现代管理经验，又重营造东方企业家族氛围。他自称：“要以两种方式来做，而不是全盘西化或全盘儒家。因为儒家有它的好处，但儒家的进取心不够；西方制度则显得比较进取。”

楼忠福后期提出的“要以西方文化做事，以东方文化做人”，与李嘉诚的管理之术、为人之道异曲同工。

这一时期，在经营策略上，楼忠福采取了兵家的审时度势、运筹谋划之道，远交近攻，借势而为，因变制胜，树上开花。市场因此能够由小到大，企业因而实现由弱到强。划分市场，确立“立足东阳，巩固杭州，开发宁波”战略思路；面向未来发展，企业举债160万元添置机器设备；无而有为，机智处置宁波清退危机；借船出海，进军国际建筑市场；以及先人一步，成功组建广厦集团公司……这些经典案例就诞生于这个时期。

在企业管理上，楼忠福侧重法家“法”、“术”智略，重视企业规章制度的建立与执行，并开始把“自然之势”转化为“人为之势”的努力。接任东阳城关建筑工程公司经理职务之后的第一个月，楼忠福就大刀阔斧地全面改革企业内部经营管理机制，一步到位推行经理负责制和层层经济承包责任制，建立起适应市场竞争的内部运行机制，之后推行干部聘任制、职工合同制、任期目标制等管理制度改革，让一个长期徘徊的农村建筑队很快焕发了蓬勃生机。

在《我的机遇观》中楼忠福称："20 世纪 80 年代后期，面对经济调整的外部环境，我意识到要闯出一条快速、优质、高效的企业振兴之路，关键是眼睛向内，优化经营机制，提高自身素质。因此，利用'经济调整'机会，抓紧苦练内功，对企业进行了以提高自身素质为核心的全面整顿，耗资 200 万元集中力量培训技术骨干，优化工程设备和企业管理，很快将'杂牌军'变成了'正规军'，企业资质提高到二级。因此，当后来的三年治理整顿到来时，对别人来说是'难关'，对我们却成了'福音'，不但在国内建筑市场稳住了阵脚，而且触角开始伸向国际市场。"

这一时期，楼忠福已经善于利用机会并开始创造机会。1995 年金华撤地设市，让其看到了城市化发展方向与建筑市场的广阔前景；乡镇"撤扩并"收编塘西、亭塘两个建筑队之后，萌生出借势做大成立集团公司的念头；并且，在组建集团公司过程中，"吴宁镇建筑管理委员会主任"的虚职和头顶上刚刚戴上的各项荣誉桂冠，都成为他将"自然之势"转化为"人为之势"可以利用的有益资源。

在人力资源管理上，楼忠福则以儒家道德、情感理念为重，以情网罗人才，以信使用人才。在上篇关于楼忠福聚才、识才、用才之道的许多生动故事中，读者不难发现他对中国传统儒家人才管理理念灵活运用的思想智慧。当然，期间还有利益诱惑、刚柔并济等非儒家管理思想的结合运用。

这时期的东阳三建，还谈不上明显的企业文化，一切似乎都在为以后的广厦集团作着铺垫。楼忠福对创富的追求欲望也远远胜于事业与责任的努力。

如果没有以后做大做强了的广厦集团，东阳三建公司不会给人留下太多的东西，尤其是思想与文化。

发现管理真谛

1992 年 12 月，组建不久的广厦集团公司被列入浙江省股份制改革试点名单，之后由浙江广厦集团公司、浙江信托投资公司与东阳市信用联社联合定向募集，组建起浙江广厦建筑集团股份有限责任公司。以此为起点，广厦企业进入了一个全新的股份经营体制，并沿着规范化的现代企业管理路径行进。

这个时期，楼忠福的争强好胜欲望开始加速膨胀，其抓住机遇、借势而为、无中生有、制造机会的能力也更趋娴熟。凭借无所畏惧的创新精神和对政策机遇的成功把握，楼忠福与他的广厦集团在该时期创造了多项第一：

1992 年 6 月，成功组建浙江省建筑行业第一家集团公司。广厦企业也从此跳出传统藩篱，开始集团化经营。

1993 年 6 月，成立浙江省建筑行业第一家股份制公司，广厦就此完成产权改革，引入现代企业制度，开始了股份制经营。

1997 年 3 月，广厦股份获准上市，"浙江广厦"成为"中国民营建筑企业第一股"，企业不仅得到了 2 亿元的真金白银，而且从此成为一家公众企业，在企业管理、提升效益上有了更高的自我要求。

1998 年开始，广厦利用上市之后赢得的资金实力，实施跨地区、跨行业国企并购，大踏步进入全国市场。

这一时期，正值中国改革开放进入第二个春天。股市、房产持续高热，国企改革紧锣密鼓，国外资金与西方新潮管理理念一起大量涌入，适应市场经济的法律法规密集出台，民营经济与富人集团堂而冠之地登上了中国舞台，改革开放后的第二次制度变革浪潮伴随着党政干部与知识分子的第三波下海热潮提前到来。

宽松的政策让各路实体英雄拥有了选择各自不同的经营体制与战略策略的高度自由。

这一时期，"振兴民族工业"成为响亮口号，冯根生却可以将民族品牌"青春宝"选择合资经营；做强做大成为实业英雄，王石也可以放弃多元化，选择他的专业化经营模式；华为严格的管理制度被誉为"狼文化"，三九的"一人体制"同样可以作为典型宣传；曾经的英雄禹作敏、沈太福、周冠五、褚时健、赖昌星一夜之间被社会唾弃，而"著名失败者"史玉柱也成为商场新的英雄。

这一时期，楼忠福提出“走出建筑做建筑”和“将生命意识融入建筑”的创新理念，实施“以资本换身份，以身份拓市场”、“企业经营城市”等经营策略，以“法”立企，以“术”治企，在政策与机遇中变“势”，在“法”与“术”的运用中造“势”，让企业“因变制胜”，赢得跳跃性高速发展的机会。

2000年，广厦实现年产值33.82亿元，比1992年增长了27倍；年创利润1.33亿元，比1992年增长30倍；年缴税收1.06亿元，比1992年增长了20倍。这一时期，广厦已经从单一的建筑企业拓展为以建筑、房地产为主业，投资、旅游、文化等六大产业板块为辅的多元化发展的管理型、资本导向型集团公司。同时，通过资本换市场的国企并购，基本完成企业向全国市场的扩张，形成了以杭州为中心的华东基地、以重庆为中心的西部基地、以北京为中心的华北基地、以上海为中心的高科技基地以及以南京为中心的对外经营基地。其中海外业务经营已经进入全球10多个国家和地区。

这一时期，民营企业的家族制受到了普遍质疑。

虽然中国早在4000年前就开始形成了宗族制度，夏王朝父子相传的世袭制代替了原始社会的禅让制，但“家族企业”在中国一开始就与“弊病”联系在一起，因为这与西方现代企业管理制度大相径庭。于是，从20世纪90年代开始，理论界就呼吁要对“家族企业”进行“改造”，“走出”、“淡化”之词不绝于耳。

改革开放之初的民营企业大多依靠家族成员或亲朋好友鼎力相助，或直接采用家族式管理，这为他们在创业初期克服困难、果断决策、快速应变、降低成本提供了可能，并由此逐渐建立起灵活的民企机制。经济学家厉以宁就指出：“不容否认，民营企业在初创阶段，家族经营制起到了积极的作用。”

方太公司茅理翔就认为：“民企在创业初期一定要利用家族制。你不利用家族制，其他人不可能跟你共同奋斗，你只能利用血缘和亲情，朋友、亲戚、同学以及老婆孩子在这个时期是最可靠的。”吉利公司李书福还举例：“刚创业时，家族是我巨大的后盾。20岁出头开始创业，那时谁也不认识我，最能支持我的也就是我的哥哥、弟弟了。那年，我在海南给家里打电话，告诉哥哥我要生产摩托车，我哥虽有犹豫，但他还是支持了我，在大家都不支持的情况下，只有哥哥绝对支持。结果，一年左右我们就生产出了全国第一辆踏板式摩托车。中国许多民营企业差不多都是这样开始创业的。”

其实，家族企业在西方也并非不能与现代企业制度水乳相容。有研究表明，在市场经济发达的美国有90%的企业为家族企业，产值约占美国国内生产总值的50%。美国哈佛大学“家族公司研究所”的调查也显示：家族控制企业对美国新增岗位的贡献率达78%，占美国雇员人数的60%。美国《财富》杂志2003年列举的500家大型企业中，有176家是家族企业。在美国公开上市的最大型企业中，也有42%的企业仍为家族所控制。

家族企业是不是非改造不可呢？美国《商业周刊》调查发现，在当前标准普尔500指数的成分股公司当中，有177家属于家族企业，无论经营还是管理，这些家族企业都比标准普尔500中那些非家族性的成分股公司更胜一筹：按10年平均值计算，美国家族企业的股票投资回报率为15.6%，非家族企业的股票投资回报率则只有11.2%；在资产回报率、年度收入增幅两项重要指标当中，家族企业分别达到了5.4%和23.4%，非家族企业则只有4.1%和10.8%。

普林斯顿大学教授哈罗德·詹宁斯在《家族企业》一书中分析：社会的传承，主要渠道就是家族的传承。具有深厚积淀的企业，同样需要传承其血脉。在世界主要工业国家，其工业体系的核心部门总离不开著名家族企业的影子，如意大利的菲亚特家族、美国的杜邦家族和洛克菲勒家族等，他们代表了把分散在社会各个角落的资源凝聚起来形成脉络的力量。而家族企业进行股份化改制，也往往并不意味着治理能力的提升，而只是融资渠道的拓展。该书作者所考察的法国、德国、意大利3家历史悠久的著名家族企业，都有过股份制改造的过程，但其中2家却在一段时间后改回到了家族公司。还有世界著名通讯社路透社，120年前由法国青年路透先生在英国只身创办，虽经几代演变，路透家族几乎已经没有了今天路透的全部股份，但谁也不可否认，这个世界最大的以金融服务为主的通讯社，最初靠的就是家族起家。

中国的企业历史很短，但家族制也多有成功范例：近代郭氏兄弟的永安百货、富承三代的荣氏家族、两代巨富的香港李氏家族、台湾首富王氏家族……有资料显示，目前国内非公有制经济中，家族式经营的企业至少占到九成以上。

也有专家指出：企业形式无所谓高下，只要在当地管理交易成本最低就是好的形式。作为一家公司，最重要的是业绩，而非所有权结构；业绩来自公司的管理能力，而不是管理者的背景。中国社会科学院民营经济研究中心主任刘迎秋也认为："企业并不是因为家族制就没有竞争力，也并不因为实行了公司制就有了竞争力。"

严格意义上说，广厦在初期算不上是一家家族化的企业。在企业实施股份制改造之后，企业资产逐渐向楼忠福家族集中，其两位年富力强的儿子也随之进入董事局担任要职，于是便与家族制挨上了边。

"广厦不是家族企业，广厦属于全社会。"楼忠福说。

客观地说，楼忠福对此保持着一位民营实业家难得的清醒。一方面，广厦早已经是一家股份制的公众企业，产权与管理基本分离，大量员工持有企业股票，不少的广厦元老即使已经离开岗位，也仍然在企业保持着相当的股份。后期进入核心层的高级管理人员，多以高薪形式体现权职，不会破坏产权结构的基本公平。另一方面，除了两位儿子，楼忠福没有在公司管理层安排第三位亲属。而对两位爱子，则在董事局安排位置的同时，鼓励他们在管理一线历练：长子楼明一直担任着广厦建设集团职务，负责集团公司最重要的建筑业务；次子楼江跃则在广厦股份公司担任要职，负责集团公司第二大产业房产业务。

从企业现行体制机制上看，家族制企业的弊端在广厦并不明显，至于决策的民主化问题、制度的规范化问题和管理的科学化问题，那是现阶段中国民营企业的通病。而且，其中不乏企业家根据自己管理思想的有意所为。诚如"企业形式无所谓高下"，管理机制更无所谓先进与落后，管用就行。

问题的关键是，楼忠福自己也觉得企业机制常常有"不管用"的卡壳时候，于是便摸着石头过河，继续改革。而这种不断持续着的改革"折腾"，千万别将它与家族制企业的"弊病"联系在一起，反之，那正是当代民营实业家不囿现状、立志高远的创新精神和海纳百川、自成一格的思想特征表现。

彼得·德鲁克指出："管理是实践，而非科学，也不是专业，尽管它里面包含科学和专业的因素。"他还认为，"因为管理是以文化为转移的，并且受其社会价值、传统与习俗支配，因而管理越是能够利用当地的社会传统价值和信念，越是能获得更大的成就。"

管理的真谛不在形式，而在效果。

有一则寓言或能够诠释管理的真实意义。

一天，动物园管理员发现袋鼠从笼子里跑出来了，于是开会讨论，一致认为是笼子的高度过低。他们决定将笼子的高度由原来的10米加高到20米。结果，第二天他们发现袋鼠还是跑到了外面，于是他们又决定再将笼子高度加高到30米。没想到隔天居然又看到袋鼠全跑到了外面，管理员们大为紧张，决定一不做二不休，将笼子的高度加高到100米。

这天，长颈鹿和袋鼠们在笼子外闲聊。

长颈鹿问："你们看，他们还会不会再继续加高你们的笼子？"

袋鼠们笑着说："很难说，如果他们继续忘记关门的话。"

痛并继续着

进入21世纪，中国改革开放之后的第一代民营实体在经历了将近20年的大浪淘沙之后，许多已经落败出局，剩下的少数成了实体航母。这时候，幸存者普遍遇到了管理瓶颈：创业初期小舢板上灵活自如的体制在实体航母上失灵了，航行于河道时得心应手的管理机制进入大海后也遇到了极大的阻力。民营企业的最大优势在其灵活的体制与机制，而做大之后的民企突然发现，这样的优势似乎已经不复存在。

于是痛苦，于是开始新的寻找。

经济学家厉以宁戏称的中国民企10种死法，广厦与许多民营企业几乎都曾擦肩而过，之所以能够死里逃生，自有其回天秘籍。而这种秘籍，却是经济学家与专业咨询公司难以准确概括的。因为他们难以真正理解民营实业家们那份寻找中的痛苦和痛苦中的继续。

2001年之后，广厦组建了控股公司，然后将所属企业按产业板块组建起广厦建设、广厦房产、广厦投资、广厦旅游、广厦国际、广厦传媒等六大行业管理集团和广厦股份上市公司，构建起控股公司—行业管理集团—成员企业三级管理体制。这样的体制延续了大约四年时间。

2002年，楼忠福让出总裁职务，将29岁的长子楼明推上了经营第一线历练。"不当总裁当主席"，外界以为楼忠福开始考虑企业接班人大计。其实，早在1996年，楼忠福就曾将当时的集团公司总经理职位让出两年，他考虑的不是接班人，而是企业管理体制的探索。"要练就放在火里烤，温水里只能洗澡。”楼忠福说。楼明担任总裁职务的四年，正是广厦经历新一轮宏观调控考验最困难的时期。

作为三级管理体制的配套，楼忠福提出了“全面责任制，彻底市场化”的管理机制，通过层层落实计划责任制，将成员企业牢牢捆绑在管理链条上，并通过责任制的兑现，有效激励经营者的积极性。

应该说，三级管理体制对于初为航母的广厦企业起到了一定的作用，它在一个时期解决了集团公司管理链条过长的问题。但这种简单、粗放的管理模式与同心圆式的组织结构，很快便不可避免地暴露出了它的弊端。

弊端首先来自企业内部模糊不清的产权结构。早在1995年，广厦利用组建股份公司的机会，成功厘清了企业与政府之间的产权纠葛，但企业内部的产权形态并没有在组建行业管理集团之后得到明确界定。公司之间互相参股，你中有我，我中有你，股份结构越来越复杂。随之带来的是：所有权、决策权与管理权之间的分离，管理主体的权利与责任难以明确界定，法律风险隐患增大。

同时，三级管理体制也存在着条块分割、权责不清、管理职能无法到位的弊端。由于长链条的交叉管理，不仅资源难以有效整合分享，且存在管理费用增加、管理盲区增多、管理效益不高等诸多问题。

于是继续寻找探索。

2006年10月，楼忠福提出了“明晰产权，创新体制，确保广厦可持续发展”的改革新思路。这项在当时被称作“历史性突破”的改革，其核心是“放权、放责、放利”，主要内容包括：组建区域集团、建立母子公司管控体系、实现部分经营者持股。

母子公司制与三级管理制度的根本区别在于：增加了产权纽带，把激励机制与监督机制结合进管理体制之间。设计中的区域集团，以区域龙头企业为核心，将产权与管理职能统一，赋予其业务管理中心、运行协调中心和利润增值中心的定位。各成员企业则成为成本中心、质量中心和运作中心，建筑企业全部实行属地化委托管理，以其实现资源共享、力量集聚。与此同时，集团控股总部就成为广厦企业的战略规划中心、投资决策中心、业务监控中心和服务支持中心。

这显然是一个出自专业咨询公司之笔的理想化设计方案。它从理论上对民营企业的产权、品牌、资源与管理目标进行了明确界定。根据这个设计方案，广厦很快成立了北京东兆长泰、上海明凯、安徽泽地、江苏广瑞、陕西时迈等5个区域集团公司。但同时也保留了广厦股份、广厦建设、广厦房产等若干个行业集团公司；杭州区域因为总部所在，情况复杂，因而相对推迟集团组建时间；而东阳三建作为一家拥有多项独立资质的建筑公司，也存在独立于外的必要；同时，楼忠福还强调：今后，投资决策、区域集团的发展思路及发展策略还是要由广厦控股总部来定，因为广厦控股是各区域集团的绝对大股东。这样，新型的母子公司管理体制从一开始就踏上了需要绕着弯子行走的雷区。

为保证新体制的有效执行，楼忠福提出了“制度优先，兼顾发展”的管理策略，首次强调制度对于广厦的重要性：“这20多年，我们几乎是凭着感觉走过来的，缺少时间静下心来审时度势地进行有效的制度建设，导致企业内部管理体系不顺，管理效益低下，管理部门的威信也在下降。管理链条太长，反应速度太慢，这种大企业的通病，在广厦也严重存在着。这是企业发展中的危险信号。”

他还特别强调：“制度优先，兼顾发展，就需要一切按制度办事，发展必须服从于制度。制度面前人人平等，任何人都不能以发展为理由拒绝制度的执行。”“在目前，制度规范甚至比追求短期的发展速度更为重要。”

为体现管理新政，楼忠福让儿子楼明改任董事局副主席兼广厦建设集团董事长，次子楼江跃也以董事局副主席身份兼任了广厦房产与江苏广瑞两个公司的董事长职位。天都城原总经理郑可集在这一年接任了控股公司总裁职务，咨询公司竭力推荐的经理人制度在广厦开始付诸实施。

在这之前的2005年11月11日，96岁高龄的彼得·德鲁克在人们不经意间撒手人寰。杰克·韦尔奇惊呼：“德鲁克死了，接下来轮到谁来替我们思考管理？”这位于1954年最早提出“管理学”概念的“现代管理之父”被西方学界尊称为“大师中的大师”。

中国管理学界也对其离世表示了惋惜，因为他的管理理论曾让长久封闭的中国管理学与企业界眼前一亮，虽然那是在他提出管理学概念的近40年之后。本世纪初，90多岁高龄的德鲁克受邀担任了北京光华管理研究中心的首席发展顾问，其亲力亲为帮助中国培养管理专才的义举也曾感动了不少中国人。“我还能为你们做什么？”这是他常说的一句话。

“管理者不能依赖进口，即便是引进也只是权宜之计，而且也不能大批引进。”在给北京光华德鲁克研究会的开幕词中，德鲁克这样说，“中国的管理者应该是中国自己培养的，他们深深扎根于中国的文化，熟悉并了解自己的国家和人民。只有中国的人才能建设中国，因此快速培养并使卓有成效的管理者迅速成长起来是中国面临的最大需求，也是中国最大的机遇。”

这话让楼忠福颇有同感。因为，他在实施母子公司管理制度之后不久便发现，所谓的“制度优先”，对于中国一家以建筑业为主的企业集团，执行起来其实非常困难。

建筑行业在制度之外存在着太多的潜规则，或称“隐性制度”。

比如与国际接轨的最低价中标法。合理的评标办法在中国特殊的市场与法律环境中却演变成低于成本的恶意竞标，结果导致许多建筑企业在价格拼杀后不得已偷工减料，许多发包方在公开、公平的制度缝隙里寻找着腐败的机会，从而形成中国建筑市场的一个怪胎——“豆腐渣工程”。

痛苦的楼忠福在这样的体制与环境下开始了对企业管理机制的寻找。

2008 年，楼忠福开始修正制度与发展的坐标：

> 企业一定要有规章制度，但如果这项制度制约了企业的发展，成为一种障碍，那就必须修改。同时，如果某项制度在现阶段不能适应发展的需要，你也不能因制度的不完善而不去做事。这才是民营企业的灵活性，这也才是现代企业的管理制度。
>
> 民营企业的最大优势就在体制与机制，有时我们偏偏把这种优势丢掉了。为什么不可以一时一策、一人一策？民营企业不是官僚机构，不需要机械的制度。有了制度也不能机械地执行，一机械就死了。
>
> 我们必须要有制度，遵守制度是原则，但我们的制度又必须不是教条和死板的。没有制度不行，不灵活也不行，这就是民营企业的优势。制定与执行制度要有一个前提，那就是对事情有利。以事实说话，实事求是也是民营企业的优势嘛。

楼忠福话说得很坚定，心里却一直没有定谱。“企业做大了，有时真不知道自己要往哪里走。民营企业目前出现的困境，并不是金融危机带来的，而是企业内部的体制机制出了问题。”他甚至自嘲，“我也很傻呀，常被那些咨询公司、博士硕士生骗呀。其实，简单的事情往往被他们搞复杂了。”

人类早期的管理行为出现于军事行动，因而军事领域也在最早便涉及了人的管理和管理效率问题。自从 1800 年法国政治经济学家 J.B.萨伊提出著名的“萨伊定律”与“企业家精神”，以及之后美国管理学家费雷德里克·泰勒在1911年出版了《科学管理原理》专著，管理行为逐渐形成独立的管理学科，泰勒也被称为了“科学管理之父”。1937年，27岁的伦敦经济学院助理讲师罗纳德·科斯发表了一篇学术研究论文《企业的性质》，正是这篇文章与其24年之后发表的《社会成本问题》，成为他1991年获得诺贝尔经济学奖的最大理由。在这两篇文章里，科斯对传统的厂商理论提出了挑战，他认为，企业的存在是因为管理协调成本低于市场交易成本，而组织分工的两种基本形式（企业内部管理协调与市场价格机制协调）可以相互替代，哪种形式更为有效，取决于两者的成本比较。这一理论“为系统地分析经济制度及其意义铺平了道路”。①

中国5000年的文化史，其实也是一部管理学的发展史。人们对管理方法与管理效率的追寻从未停止。

大跨度的产业格局和市场布局，多元化的产业结构和企业团队，对广厦的企业机制形成和管理协调增加了无限难度。楼忠福一直在寻找适合广厦的管理之道。他找得很苦、很累，却乐此不疲。

并且，他还不能够在寻找中停滞企业前行的脚步。“汽车出了故障可以靠边熄火修理，飞机发现故障不可能在高空熄火维修。”楼忠福将广厦比作正在高速航行中的飞行器。

而有一点，无论怎么变，楼忠福一直没有放弃：“对于企业，没有最好的管理模式，只有最合适的管理办法。”“民营企业的管理机制要简单、实用、有效，更注重结果一些才好。”

于是，他提出了“以管理为中心，以效益为标准”的管理原则：“管理要出效益。不讲效益那不叫企业。谁是英雄，亮出效益来比试。”“要保证每个项目能够赢利，这是基本的要求。”

到了2009年，楼忠福继续强调“调整企业管控方式”：一方面以责任、利润为中心，实施简单、明了、务实的逐级承包考核；另一方面，深化企业内部产、责、权、利改革，重新界定控股公司与各区域（行业）集团以及成员企业之间的职能与利益关系，实施内部股权、产权、债券重组。这次，楼忠福不再让专业咨询公司代劳，而是责成集团内部管理机构直接起草拟订方案。

不久，一个深化企业产权改革的思路终于在苦苦的探索中形成了：除

---

① 瑞典皇家科学院颁奖词。

了股份公司，广厦各个产业全面实施产权制度改革。改革重点在传统主业建筑业，该产业将打破区域分割，实行就地股权设置。并且，集团控股总部一般只保留60%的控股权，个别企业甚至可以将控股权缩小至40%，其余全部转让给企业经营者。

这是一个显然与先前实施的管理模式自相矛盾的改革思路，但却能在广厦企业最早的管理方式和先前所有的管理模式中找到影子。当年东阳三建的最初活力就来自清晰明了的“承包经营责任制”，而组建集团之后的产权改革成为后来广厦持续发展最有力的保证。最简单的可能正是解决复杂问题最有效的方法。

而且，中国民营企业的内部产权改革已经普遍性地迫在眉睫。与其由政府拉郎配地牵着往前走，或被国有资本追赶着仓皇往前跑，不如自我改造，自我创新。这是未来中国民企发展必须跨过的一道门槛。广厦的探索或许正因此具有深刻的现实意义。

喜变求新，因变制胜，在变革中发现与创造机会，在不可能中发现可能，是实业思想家成功的一大要素。同时，追求结果胜于过程，复杂问题简单处理，对了坚持，错了就改，常常自我矛盾，频繁地自我修正，并且能够伸屈自如，也是这个“另类”群体的特殊素质与特征。

在2009年8月中旬举行的年中工作会议上，楼忠福将即将进行的这次改革称为“广厦发展的历史转折点”。

> 所谓“转折”，肯定发生在企业发展的关键点上，在企业发展战略上出现了问题，不转折就有可能造成失败。
>
> 广厦所有的问题都出在管理上。而把所有的问题掰开来，又有一个责任心问题。
>
> 广厦的实力磐若金山。但我们的管理和制度，有时却像一只病猫。
>
> 民营企业的做大优势就在灵活的体制机制，但自由、信任失去了度，就会出现问题。要管理为先，制度优先，兼顾发展。把不合理的制度废掉，合理的、留下来的就要严格执行。
>
> 以后的控股总部，一是管好战略决策，把好企业发展方向；二是掌控好财务红线，合理回收资产与股权回报；三是做好人力管理与考核管理。
>
> 建筑业作为广厦的主业永远不变，但在规模发展上需要控制。

要技术创新，向“高大难”方向发展。必须坚持风险防范、效益优先的经营原则，没有好的项目，没有好的人，坚决不接。决策者要对此承担责任。

民营企业，效率就是效益。这是我们的最大优势。失去了这种优势，我们还怎么去跟人家竞争？

话仍然说得很坚定，这回楼忠福的心里算是真正有了定谱。

也许，即将出炉的改革新案仍然不是广厦最合适的模式，楼忠福可能还会继续寻找下去。在不久前的一次“浙商会论坛”上，他曾经通过媒体发放“天下英雄帖”：“谁能够帮我找到一种真正适合广厦的管理机制，出多少钱我都愿意。”

也许，未必真有这样的英雄能够接帖。正如当年他们开天辟地的创业，没有任何现成的模式可循，今天，真正适合企业的管理体制与模式还需要靠他们自己去创造，创造一个新的奇迹。

楼忠福曾经说过：国外企业不可能为我们提供适合的管理模式，咨询公司也设计不了真正适用的方案。中国国情太特殊了，中国的民营企业太复杂了。

管理的奥妙在于一个度。集权与分权、制度与人际、强势与弱势、严格与灵活、传统与现代，以及法、术、势之间，任何一种管理理论都无法准确界定其中的分寸。这种度，与特定实体的产业特征、团队结构、企业文化，乃至实业家的经历、个性、文化素质、行事风格都有密切的关联。

黑格尔称“度”是质与量的统一。辩证唯物主义认为：事物内在的矛盾双方力量对比超过一定“限度”，事物整体就会出现相应“程度”的变化，从量变而到质变。在中国古代哲学家看来，度是道的平衡动态，最佳的度便是万物的自然统一。所谓“过犹不及”，一个“度”字包含了太多的哲学思想。

精神可以学，度却难以拷贝。法家“法、术、势”管理思想的深奥之处，全在一个“势”字。“法”尚可学，“术”也可鉴，“势”则不可效仿。而若缺少了适“度”的“势”，“法”、“术”皆为无魂之剑，无智之勇。

“广厦是楼忠福的广厦。”上海明凯投资集团副总裁徐征宇一语道破，颇有些哲学层面的理解。他认为，咨询公司强加于广厦的战略化目标其实就是一个“伪命题”，在缺少规范与有序的社会环境里，很难要求实业家完全按照规范从事。虽然从人际管理到制度管理是民营企业必须跨越的一道坎，但眼下如果摒弃了个性化的人际因素，无疑会让企业成为一具缺失灵魂的躯体。制度能够解决的仅仅是企业在管理层面的承替问题，却无法代替企业家的“势”。

因变制胜。辩证观认为：万物的无序是必然的。只有通过洗牌，才能发现好牌的机会；只有通过变革努力，无序才能达到有序；而在有序之后可能又会出现新的无序，从无序再实现更加的有序。万物自然，社会如此，企业亦然。

“关键在于企业家能否在变化中把握住平衡。”徐征宇仍然用哲学家的口吻笑着说。笔者默然。

在楼忠福的办公室里，醒目地悬挂着著名书法家吴山明为他创作的书法横幅，上书四个大字：“超越自我”。楼忠福说：20 多年了，这四个字常常赋予他勇气与激励，也常常会给他带来痛苦。

思想者是痛苦的。这种痛苦不是来自对失败的畏惧和超越别人，而在一次次的自我否定与自我超越。

山有峰谷，业有兴衰，唯有思想的太阳永不陨落。否定自我，才能超越自我。痛苦的偶然与必然，彰显出思想的魅力与意义。

楼忠福称：“我是幸运的，因为赶上了千载难逢的历史机遇。”幸运的不仅楼忠福一人，而是一个群体。同样，痛苦的也不止楼忠福一个，整个实业思想家群体都在痛苦并继续着。

也正因此，当代实业思想家才凸显出其存在的社会价值。超越的意义不在个人与实体，而在思想凤凰的涅槃。

第五篇　义利天下

勇者霸气，仁者义气，智者不惑名利。而当智仁勇三者集于一身，便可义利天下，成为真正的强者。

人最为义利所惑。楼忠福却以为：利即创富，义即责任，商道即人道，义利可兼顾，两者并不对立。“天行健，君子以自强不息。地势坤，君子以厚德载物。”几千年的中国传统文化，一直在倡导着我们可以达到的一种道德境界。在实业思想家看来，《周易》中的乾、坤两卦，其实也可以相通。而当“自强不息”者“厚德载物”，“君子”便具有另一种高尚的操行。

开篇故事

苏东坡与佛印是好友，一天，他们一起在林中打坐。

“大师，你看我的坐姿如何?”苏东坡问佛印。

佛印说：“我看你的坐姿泿像佛祖。”

苏东坡非常高兴。然后，他恶作剧地对佛印说：“我看师父的坐姿，倒是活像一堆牛粪。”

佛印和尚也不生气，只是微微一笑。

自以为占了和尚便宜的苏东坡，回家后颇有些淂意地将此事告诉了他的妹妹。苏小妹听后却说：“哥哥，你实在输淂太惨了……”

你是地狱，他人便是地狱；你是天堂，人间便是天堂。天堂不在他处，自在每个人的心里。佛如此，事如此，人如此，利义、名利之惑不亦然乎?

第十一章　霸气、义气与名气

见证勇者霸气

2002 年，阳光卫视掌门人杨澜在杭州西湖边完成对楼忠福的采访后称："第一次面对面地观察楼忠福，发现侃侃而谈的他时常会发出爽朗而自信的笑声，笑声里透出一份狡黠，口气中分明还有一股霸气。"

楼忠福却说："正气、大气、豪气、霸气是连在一起的。有正气的人肯定大气，小主意太多的人大气不了；正气升级了就有豪气，它跟人的抱负连在一起；而霸气就是对自己认准了的事坚决去做，并敢于承担责任，这其实就是自信，是一种无所畏惧的气概。为了事业，我敢于争雄称霸。"

《论语·宪问》有云："君子道者三，我无能焉：仁者不忧，知者不惑，勇者不惧。"在儒家传统道德中，智、仁、勇是重要的三个范畴。《礼记·中庸》也说："知、仁、勇，三者天下之达德也。"而据司马迁《史记·货殖列传》记载，战国时期"治生之学"鼻祖白圭也曾提出："其智不足于权变，勇不足以决断，仁不以取予，强不能有所守，虽欲学吾术，终不告之矣。"强调商业经营者必须具备的智、勇、仁、强四项素质。

勇者霸气，仁者义气，智者不为名利所惑，而具有勇、仁、智三者便可成为真正的"强者"。这一章节，我们讲述楼忠福及当代实业思想家的财富观、义利观与名利观。

1992 年，与下海潮、公司潮、股市热潮一起涌动的，还有一股悄悄掀起的足球热。那年，中国足协"红山口会议"通过了足球职业化的改革方案，德国的一位叫施拉普纳的教练随之被聘请担任中国足球队的主教练。这位洋教练当年就率中国队夺得了第10届亚洲杯季军，然而在次年的世界杯预选赛小组赛中却落败伊拉克，未能获得希望中的出线。但那时中国球迷失望的是“恨铁不成钢”的足球队，而对“施大爷”仍然怀有一些敬意。

1993年3月，浙江媒体计划邀请施拉普纳执教的中国足球队参加在杭州举办的足球邀请赛。他们找到楼忠福，希望能得到广厦的赞助。

此前，广厦已经赞助过“全国女篮精英赛”等全国性体育赛事，楼忠福还有一位“铁杆球迷”的儿子。作为赞助商之一，应该没有太大的问题。媒体约上了楼忠福。

“可以，我只有一个条件。”楼忠福并不砍价，却提出了独家赞助的要求。

“要赞助就独家，否则你们另找别人。”这是典型的楼忠福性格。

“广厦杯”足球邀请赛前夕，杭城各大街道、广场、车站及媒体已经出现铺天盖地的赛事广告，而这些广告都与广厦联系在了一起，让杭城众多商家眼热，有的并想分享其中的商机。

于是，媒体找到广厦集团当时负责该项活动的赵学飞，商量能否将26块赛场广告转让出一半，用于其他商家宣传。开出的转让价格也相当诱人：每块1.2万元。

赵学飞一细算：合算呀！出让一半的现场广告牌，并不会影响广厦的宣传效应。再说了，想承转广告的都是本省的知名企业，不会产生负面影响。而得到的十几万元收入，将可以使广厦几乎不出钱就赚到独家赞助的宣传效果。何乐而不为？

没等赵学飞汇报完毕，楼忠福却一口拒绝：“不行！一块也不转让。广厦不缺这点钱。广厦自己就有28家企业，每家一块还不够用呢。我们要的就是独家。谁想要都不行！没有商量！”

结果，高价也不转让广告牌的幕后新闻又被媒体炒到了台前，与赛事一起成为广厦的宣传脉点。足球场上的比赛还没开始，楼忠福的“临门一脚”已经赢得了满场喝彩。

那一回，总部还没有迁到省城的广厦已经在杭州成为街头巷尾热议的新闻，提前在省城风光了一回，而同行则在新闻里读到了广厦的霸气。

一年前，霸气十足的楼忠福用了不到两个月时间的冲刺，已经完成了浙江省第一家建筑集团公司的组建，并在当年跻身全省股份制改革试点。而就在赞助足球赛事的同年，广厦又完成了省内第一家建筑企业股份公司的改造，并在美国波士顿成立了广厦第一家海外分公司。当年，楼忠福获得了“全国优秀集体建筑企业家”称号，第三次捧得“浙江省十佳青年经理”奖杯，其广厦集团也成为“中国500强最佳经济效益企业”。

2000年，浙江省会杭州再次见证了广厦的霸气。

这年的7月21日，杭州华侨饭店拍卖会在杭州产权交易中心大厅举行。这是杭州市第一宗国资宾馆拍卖，因而吸引了各方的强力关注。

杭州华侨饭店位于西子湖畔，背靠延安路闹市，凭窗可望西湖，距断桥、宝俶山等景点也就咫尺之遥。其始建于1957年，1959年正式开业，是杭州市最早的三星级涉外旅游饭店。饭店实际用地面积9216平方米，建筑面积18356平方米。虽然建筑陈旧，设施稍显落后，但由于地处黄金位置，品牌响亮，因而效益不算太差。1994年至1999年，华侨饭店共创利税633.1万元。

上一年9月举行的中共十五届四中全会通过了《中共中央关于国有企业改革和发展若干重大问题的决定》，提出要“从战略上调整国有经济布局”，“坚持有进有退，有所为有所不为”。改革、改组、改造和“抓大放小”都被作为鼓励性措施明确提出。在此背景下，杭州市政府提出“有序地将国有资产从旅游饭店业中退出”，并将地段最佳、效益不错的华侨饭店第一个摆到了拍卖台上，希望借此“为相关行业的体改提供有用的经验”。

杭城民营企业跃跃欲试，有21家企业报名登记参拍，广厦集团是其中之一。当时，评估机构评估出的华侨饭店净资产为1.248亿元。

智者见智，仁者见仁。楼忠福的智囊团认定华侨饭店实际资产应在1.5亿元左右，加之企业账面款项，在1.8亿元之内出手拿下应该风险不大。而有的报名企业则在对华侨饭店和周边环境分析后得出“风险大于机遇”的结论。因为当时的西湖远没有现在的美丽：不断增加的违章建筑侵占了越来越多的景区资源，湖面在缩小，湖水污染严重，“天堂明珠”名不副实。因而，很多报名企业中途退出，开拍时只有4家企业实际参拍。

楼忠福带着儿子楼明、楼江跃及投资部经理王明和等一行进入拍卖现场。当时的阵势就颇为引人注目：王明和负责举牌，楼明、楼江跃分坐王明和两边，楼忠福则坐镇王明和身后亲自督战。

拍卖会从上午10时开始。起拍价为1.08亿元，但很快便被抬到了1.5亿元。楼忠福俯身悄悄告诉王明和：“大胆举牌，1.8亿之前是你们的事，1.8亿之后是我的事。”

1.5亿元之后，4家参拍企业已有2家先后退出，剩下的一家房产公司与广厦继续较着劲。

“1 亿 9 千万。”当拍卖师叫到这个数字时，王明和的心速遽然加快，握着牌子的右手微微有些颤抖。两个儿子回头看看父亲，楼忠福的目光依然坚定。

当广厦把价格叫到 2.08 亿元的时候，对手不再应战了。

“2 亿零 8 百万，第一次；2 亿零 8 百万，第二次；2 亿零 8 百万，第三次。”一槌落下，国内最大标的国有资产拍卖交易在杭州成交了，广厦集团如愿地将华侨饭店收编麾下。

2.08 亿，值不值？拍卖会后，整个杭城闹翻了天，全城都在议论广厦与华侨饭店的拍卖话题。

楼忠福告诉媒体记者：

企业图虚名没有用，得靠效益说话。在商言商，若没有利益可得，我们就不来参加竞拍了。

华侨饭店地处西湖边黄金地段，一楼就能看见西湖。而杭州作为国际文化旅游名城，5 年、10 年、15 年之后，西湖周边的地块会是什么价格？2.08 亿合不合算，我们不只看它眼前的利益。甚至，不把它孤立地作为一个饭店项目考虑。

广厦先期购买的维多利广场项目就在华侨饭店边上；在杭州市郊，我们也已购地数千亩，计划建设天都城。因此，购买华侨饭店是广厦发展战略的一部分。所有这些项目将会相互依托，实行资源优化配置和资产的有机整合，其经济效益自然也就不言而喻了。

就在五年之后，嘉里集团拍得华侨饭店附近的浙江大学湖滨校区地块，楼面地价已经高达每平米 3.7 万元。这时，西湖边的住宅售价也已攀升至每平米 5 万元以上。正如楼忠福当初所预料的，西湖边早已无处可觅当年华侨饭店每平米 1.1 万元的楼面地价。

2007 年 5 月，楼忠福应邀来到阿里巴巴网站，参加一个名为“创业与人生”的现场直播采访活动。

那天，网友们听到了楼忠福与主持人及网友的这样几段对话：

主持人：从 1984 年到现在，23 年您造就了一个广厦企业王国。能告诉网友您大成功的秘诀吗？

楼忠福：（笑）我算大成功吗？你们马云才是大成功。

主持人：企业家的胆识、魄力很重要吗？

楼忠福：看准了就义无反顾，哪怕前面有失败等着你也要往成功去想。这是成功者的基本条件。优柔寡断成不了事；遇到困难就退缩，那是成功者的致命弱点。

主持人：7年前，广厦2.08亿拍买下了杭州华侨饭店，现在它已经升值了好几倍。当时却需要一种魄力。

楼忠福：其实，那不需要什么魄力。华侨饭店的价值明摆在那，就看谁看到了它潜在的价值。杭州就一个西湖，它是无价的。华侨饭店在西湖边，因而也就不能只看到它表面的几个亿，那不是它真正的价值。

主持人：拍买华侨饭店不算魄力，那么真有比这更需要魄力的决策吗？

楼忠福：魄力不能以事情的大小或投资额的多少来衡量。创业初期确定企业的战略目标与长远发展思路，那时需要胆识与魄力。当年，一个只有几十万资产的乡镇企业敢把目标设计到全国，把企业远景描绘起来，不客气地说，那才需要胆略与魄力。现在广厦投资百把个亿，算魄力吗？不算。而当年的东阳三建敢借贷100多万添置设备，那是真魄力呀。

主持人：投资天都城，并购国企，都是广厦的大动作。有考虑过万一不能成功吗？

楼忠福：唯一的“万一”就是我自己失去信心，但这种“唯一”在我楼忠福身上并不存在！

网友：当年您在打工的时候想到过将来要创大业吗？

楼忠福：老实说，想到过创业，但没想过创这样的大业。记得从懂事以后，我就认为到世上来一趟总要做一点事，就这么简单。创业只是我做事业的一部分，走到创业路上就成企业家了。

网友：成大事者要有品格与魄力，成小事者靠的是能力与技巧。您赞同这话吗？

楼忠福：我认为成大事或成小事者都需要品格与魄力，做大事是从做小事开始的。只是成大事者的品格与魄力更显重要，因为他的作用和社会影响会对企业及社会产生示范作用。

网友：您对年轻人创业有何建议？

楼忠福：有多大胸怀做多大事业。人不可以没有目标。以前我说过：哪怕搓背，我也要当状元；哪怕打工，我也要做主管。要做就要争取做第一。

仁者为义买单

这是发生在东阳三建时期的一个真实故事。

施工队长楼为民是个老建筑了，年纪不大，技术过硬。楼忠福有意将江西铅山宾馆的工程交给他去做。

“行不行？”虽然已经权衡左右，楼忠福觉得楼为民能够胜任，但他交代完任务后，还是问了一句。

“行！”楼为民信心十足。

可是，工程竣工后一决算，楼为民脸青了：项目亏损了 20 多万元。

低着头，楼为民向总经理负荆请罪，表示听凭发落。

20 万元，楼忠福心疼。但他不愿意看到一个施工队长就这样跌倒废了，那更让人心疼。于是，拍拍楼为民的肩膀，说：“就当交学费吧。好好总结教训，接着干。”

楼忠福又把江西德兴铜矿的一项工程交给了他。

这回，楼为民倒是学乖了，东抠西省，在降低费用上下足了功夫。但按住葫芦翘起了瓢，工程出现了质量问题。工程处长为楼为民说情：“业主没有提出返工要求，是不是内部批评一下，作个修补整改。”

这回，楼忠福恼怒了。“不行！工程质量关系公司信誉。必须推倒重来，返工！”

同时期，万向的鲁冠球从全国各地召回了 3 万多套残次产品，当众销毁，企业损失 43 万元，换来的却是全厂质量意识与市场信誉的提升。海尔的张瑞敏也曾忍痛砸了 76 台质量有瑕疵的冰箱，并告诉员工：“今天不砸这些冰箱，明天会有人砸了我们的工厂。”

江西德兴工程又亏了。楼为民也因此受到了罚款与降职处理。于是，情绪低落，一蹶不振。楼忠福看在眼里，急在心上，便想再给他一次机会，重振士气。不久，楼为民被派往浙江龙泉瓷厂的建筑工地，职务仍然是施工队长。

没想到，这时的楼为民已经对自己丧失了信心。那天，楼忠福特意来到龙泉工地检查工作，发现身为队长的楼为民竟然穿着拖鞋、抱着孩子在工地上晃荡，全然没有了自我约束与严格要求。这回，楼忠福真的心疼了。

果然，又是一个亏损项目。楼为民无地自容，离开了三建公司。

为义买单，楼忠福却也无悔。

还在东阳三建时期。那年，春节将近，其麾下的各个项目工地准备收工放假，民工们等着领到工资奖金回家过年。这是民工们最盼望的日子，辛辛苦苦在外漂泊一年，就等着在传统春节带回一摞摞的现钞回报家人，告诉父母妻儿：在外挺好。这不，带回家这么多的钞票呢，辛苦也值得。

那时，还不兴使用什么银行卡，转账汇款也不放心，民工们要的就是现钱。曾经在外打工多年的楼忠福对此深有同感。

可是，有一个施工队因为工程未能在春节前竣工，拿不到结算款，因而无法对工人兑现年终分配。眼见得只能空手回家过年，民工们人心浮动。

楼忠福闻讯，二话没有，要求公司直接拨款，先行垫付施工队民工工资。

“决不能让民工空着手回家过年。”楼忠福当时的这句话，后来成为企业的一种制度。再后来，演变为“谁拖欠民工工资就让谁先下岗”、“广厦也是民工的广厦，关爱民工就是关爱自己”的理念，并在之后创立起全国推广的民工管理“四好”经验。

唐代李翱《李文公集》中记载着一则“国马与骏马”的故事：说有个骑国马的人与一个骑骏马的人同在一条路上行走，骏马咬伤了国马的脖子，使其“血流于地”，国马却“行步自若，精神自若”，“不为之顾”，没事一样照旧往前行走。而骏马回到家中，草不吃，水不喝，站在那里颤抖了两天。骏马的主人把这事告诉了国马的主人。国马主人说：它大概是为咬伤国马的事而羞愧。我如果把国马牵过去劝导安慰它，或可以让它恢复正常。果然，国马来到骏马跟前，互相亲近，同槽进食，不多时，骏马的病也便好了。

马的优秀品质在这则故事里让人情生感动，故而作者在故事结尾有了这样一段议论：“夫四足而刍者，马之类也；二足而言者，人之类也。如国马者，四足而刍则马也，耳目鼻口亦马也，四支百骸亦马也，不能言而声亦马也，观其所以为心则人也。故犯而不校，国马；过而能改，骏马也。”

多年来，接受过楼忠福资助帮忙的大有人在，借了还不了让他蒙受损失的也有不少，楼忠福自己却多已经记不清楚。倒是东金集团办公室主任吕育土、蓝天白云会展中心副总经理韦俊虎给我们讲了许多这方面的故事。他们有的是初始创业需要资金，有的为了银行借贷寻求担保，有的想在广厦树荫下乘个凉避个风，有的则仅仅出于仗义相救应急。不管是老乡新朋，还是故友所托，只要能够相助，楼忠福一般很少拒绝。几万、几十万甚至几百万，那份豪气也不亚于霸气。

在东阳，在广厦，跟着楼忠福发了财的人自然不少，效仿楼忠福的也大有人在。当地有不少人干脆盯住楼忠福，他投资什么就跟着投资，他进入哪里也跟着进入，还真有不少因此赚了大钱的。

楼忠福说："我并不反对个人发财，相反，这是我一直提倡的。"2009年，广厦实施内部产权改革，楼忠福明着告诉大家："产权制度改革以后，企业也是你的。有的人再也不用悄悄地去经营自留地了，可以明明白白地并进来。虽然这样对广厦企业是有影响的，但我很实际，我允许你们这样去做。"

"不拼不搏不是广厦人，不富不豪不做广厦人。"楼忠福早期就提出了这样的口号。一个"豪"字，两种解释。

然而，也有见利忘义者，让楼忠福在"义"字上花了不少"冤枉钱"。

"我发现天天有人在偷我的钱。前些年抓了几个，现在还有人在偷。我还让他们偷，不想灭死他。老鼠偷油是会撑死的，我宁愿让他撑死。"2005年，楼忠福较早发现了南京置业公司负责人侵吞公司资产的事实，但他仍只是一次次地暗示提醒，派人劝说改过，直至纪委、公安人员到达企业，他还说情为当事人留下两个小时的时间：再劝劝，让他们自己交代了吧。交代了企业可以原谅他们。当孤注一掷的当事人终被公安部门带走，楼忠福还在惋惜：可惜了，他不该死在我的手上……

重感情，讲义气。楼忠福将"义"字看得很重。

自古"商人重利"，楼忠福却常常把"义"看得比"利"更重。

"我知道，感情、义气在商业活动中是大忌。"楼忠福说，"我的许多失误就在感情与面子上。"他笑称：尽量改吧。笑意里还有几分顽童的歉意。那歉意像是在说：对不起，也可能改不了。

不是改不了，而是不愿意去改。因为他同时认为："利"即创富，"义"即责任，商道即人道，义利可兼顾，两者并不对立。

"义与利者，人之所两有也。"2000多年前，儒家集大成者荀子在孔孟的"重义轻利"基础上，提出了"先义后利"、"以义制利"的义利观："先义而后利者荣，先利而后义者辱。"墨子则认为："义者，利也。""义"在世间万物的价值中，在国家百姓的“大利”之间。宋代程颢也认为：“大凡出义则入利，出利则入义。天下之事，惟义利而已。”同时代浙江永康籍的陈亮和永嘉籍的叶适也提出了“义利并重”、“以利和义，不以义抑利”的哲学观点，主张：“无功利则道义虚语尔。”义存在于功利之中，天理、人欲不可分，义利两者并不矛盾。

“孔孟之道与市场经济是有矛盾的，但道德是做人的标准，这是底线。人在能力之外还要讲道德。”在楼忠福看来，“义”是一种道德行为。

“办企业当然要讲效益，但企业家同时还得多一份责任，对社会、对公众的责任。”楼忠福同时把“义”的理解上升到了企业家的社会责任。

“先当好企业家，再当好慈善家。”这是他对“利”与“义”的另一种解释。

2007年教师节期间，温家宝在北京师范大学也与师生们谈到了“道德底线”：“无论是做教师，还是做人，都应该有一颗同情心、一颗爱心。同情和爱心是道德的基础。”他希望师生们“必须坚守心里的道德底线”。

2000多年来的中国传统文化，一直在倡导着我们可以达到的一种道德境界。

“天行健，君子以自强不息。地势坤，君子以厚德载物。”《周易》中的乾、坤两卦，其实也可以相通。而当“自强不息”者“厚德载物”，“君子”便具有另一种高尚的操行。

英国作家赫·乔·威尔斯在《世界史纲》中曾引用德国地理学家拉策尔的一段话，描述中亚游牧民族的性格：“地道的中亚牧民的性格是拙于口才、坦率、粗犷而天性善良、自豪……他们的勇气与其说是冷静的大胆，不如说是好斗的突然发作。宗教狂热他们没有，好客是普遍的。”这是典型的马背民族的品格。

在《大唐西域记》中，玄奘始终以农业文化的伦理道德标准观察丝路沿途的马背民族。其“刚勇”、“犷暴”、“勇烈”、“骁勇”的评价正是马的秉性与马背民族的性格；而“俗无法度”、“不知礼义”、“不识善恶”则是以中国传统文化对游牧民族野性生活的一种误读。牧业民族长期与马为伍，禀赋自励，也便感染了马的暴烈、刚勇禀性；而农业民族长年与牛相处，自然也便具有了牛的忍辱负重与勤苦品质。

建筑人长年背井离乡，闯荡江湖，与各种各样的人交往，适应各地不同的风俗习惯。今天吴侬俚语，明天大碗饮酒，后天可能还会结伴群殴；今天睡地铺，明天住旅馆，后天又会在长途汽车上打盹过夜；今天雨中拆房，明天烈日下盖楼，后天搭起脚手架，可能既不拆房也不盖楼，只是为了城市的外墙增添一点漂亮；今天垫进去几十万，明天收回来几百万，后天可能还会再垫进去几千万……因此，虽不与牛马为伍，这支特殊的队伍却既有着牛的勤劳、耐苦精神，也有着马的勇敢、暴烈秉性与游牧民族的野性、豪爽性情。

因为有了这样的一个特殊群体，“建筑之乡”东阳便多了一种豪爽、大气的风格。这也是其区别于相邻义乌、永康两市的另一种文化。

楼忠福是这个群体中的典型人物，用“铁骨柔肠”形容倒也恰切。

当年，他为得到王益芳的爱情可以与未来的老丈人争得面红耳赤，也同样为了王益芳心甘情愿地去为王家劈柴挑粪，什么活累抢着干什么；他可以因为工地上出现无理取闹的人群而爬上拖拉机，大喝一声“谁敢挡路我就撞死谁”，也可以独自守着电视机，陪着电视剧中的人物一起落泪；他可以在北大荒一句话一碗酒，五碗烈酒下肚舌头不打结，也可以在飞机上打开手提，旁若无人地玩一种最简单的电脑游戏，边玩还边率真地拍着大腿窃笑；有时，他清醒得像个政治家，在企业里发现“科学观”，在经营中寻找到“和谐”，有时则懵懂得像个信徒，每年大年初三必上方岩胡公庙朝拜，雷打不动；他会在酒席上与你谈相妻教子之道，谈“爱江山也爱美人”和“不要霸王别姬”的大道小理，也会在不经意间倾身为你点上一支烟，将烟缸悄悄往你面前移；他还可以骄傲得不把所有人放在眼里，称国外的企业家也没什么了不起，因为他们经营的往往都是单一的产业，而有时，他又谦卑得忘记了自己老板的身份，手握话筒，豪迈地在歌厅《潇洒走一回》，纯粹一个朋友间的“大哥”……

智者不惑名利

20 世纪 80 年代后期，东阳城内的两幢建筑格外醒目：一幢是位于吴宁西路 21 号的三建大厦，另一幢则是楼忠福的私宅。

1986 年底，楼忠福提出要在东阳城区建一幢最气派的三建公司办公大楼，这主意遭到不少人的反对。那是楼忠福接任公司经理的第三个年头，上一年度刚刚举债添置了 160 万元的机械设备，家底不厚，日子过得也不宽裕，这时候要建办公楼，是否有些太好面子，操之过急了。而且，承包期已经近半，等建好了大楼你楼忠福可能已经不是这家公司的经理了，傻呀！

楼忠福却自有道理："我们是干建筑的，办公楼就是我们的形象和招牌。如果有一幢漂亮的办公大楼，会增强客户的信心。"

三建大厦在1987年动工，次年建成启用。这幢建筑面积700多平方米的红色办公大楼在当时堪称气派，成为很长一个时期东阳城区的标志性建筑。

在这幢大厦里，楼忠福接待了许多重要客户，以及来自四面八方的政界、商界、文化界知名人士，他们中的许多人后来都成为楼忠福的知己朋友，为广厦之后的发展起到了特殊作用。

一个朋友一扇窗。楼忠福自称早期的很多信息与"金点子"就来自"广交朋友"："这是一张无形的、巨大的市场信息网，更是一笔宝贵的财富。所谓'情义无价'，从市场的观点看，就是'信息无价'。"

四年之后，广厦集团就诞生在这幢大楼里。这里也成了广厦的福地。

同期，楼忠福还在城区建起了一幢豪华的私宅。当年进过这幢"豪宅"的杭州作家黄亚洲这样描述：

> 私宅很气派，进得门去，便看见宽敞的前廊和带鱼池的庭院，不由得让人惊叹。
>
> 客厅宽敞得如同一间会议室，两旁另有小憩处和棋牌室。坐下后便面对了那架大屏幕的电视机，打开时像是在看小电影；镭射卡拉OK音响设备一应俱全。
>
> 比起客厅来，楼上的几层居室家具却相当简单，甚至可以说只是一些起码的日常生活用品。整幢楼的全部特色在于设计和装潢，以及建筑匠心。
>
> 楼忠福一层一层地指点给人看，当然他都是从建筑专业角度来介绍的，以至于给人一种错觉，好像楼忠福带着参观的不是他的家，而是公司的一项工程。①

这正是楼忠福当初盖建这幢私宅的用心所在。他需要一种形象，一份优越，还有一点刚刚走上富裕的农民企业家的显摆。

---

① 黄亚洲著《经营大师楼忠福》，中国发展出版社。

当地媒体也有过这样的介绍：楼忠福把它视为公司的形象。客商来了，就请到家里就餐和洽谈。置身这样的环境，既可领略公司的建筑和装修质量，也可以感到一种稳定和魄力。一个公司经理敢于住这样的房子，还有谁不对这家公司产生信赖感呢？

楼忠福希望这份“形象”与“信赖”能够一直延续。因此，成立广厦集团之后，他又提出要建一幢与集团形象相匹配的更加气派的广厦大厦。

28 层的广厦大厦在 1993 年动工。然而，未等竣工迁入，一个总部搬迁杭州的方案已经形成。

这边在盖新办公大楼，那边却要总部搬迁，一幢即将成为东阳新标杆的建筑难道仅仅为了摆设与显赫？乡人入城，刘姥姥进大观园，水土能服吗？东阳政府能放吗？再说，进了杭州还得盖办公大楼，经营成本大增，有此必要吗？一连串的质疑差点动摇了总部迁址的决心。

因小失大，鼠目寸光，那是庸人所为；高瞻远瞩，落子前能看到后三步，那才是高手棋艺。楼忠福显然不是前者。

组建集团之后，广厦的视野、业务范围与交往对象都在变化，一个县级城市小小的池塘已经让其感到转身局促、游动不畅。而且，楼忠福已经提前预感到，改革开放政策还将继续，城市化步伐明显在加快，庞大的建筑市场不在东阳，而在东阳之外的更大区域，广厦需要新的制高点与一个更为广阔的发展空间。

睿智的实业家往往具有未雨绸缪的智略。

事实证明，楼忠福的预见为广厦赢得了跳跃的高台。没有“先人一步”的总部搬迁，便难以实现后来的资本与市场扩张，也定然不会有现在的广厦。

东阳的广厦大厦现在仍然骄傲地屹立在振兴路 1 号的黄金地段上，这里后来成为东阳三建公司的企业总部。而在杭州玉古路上，则很快又盖起了一幢新的广厦大厦，那是广厦集团的总部大楼。

与此同时，楼忠福在东阳城区又换了一幢新的私宅，当然，它比原来那幢更大、更豪华、更气派。

“人哪能不为名呢？”楼忠福说，“东阳三建时期，任何一个三建人在任何地方听到有人说三建公司、说我楼忠福的坏话，都会冲上去拼命的。企业人对企业名声的珍惜，其实就是一种企业文化与企业精神。”他感叹：现在的广厦就少了这股子劲，这种精神。

我老在想，这些年大家做得这么辛苦，为的是什么？为金钱吗？是，但也不完全是。你们还为了我的名气，为了广厦。是啊，人总要为名的，但也不完全就为了名。还有一份事业、一种责任，对企业、对家庭、对社会的责任。但除了名气、事业与责任，我们还在为自己。为名，为利，为事业，为责任，为自己，所以我们付出了那么多，并且还要继续辛苦下去。

创业初期，什么叫死我都不知道。现在事业逐步成功了，我也就多了一个怕字。你们呢，也与以前不一样了。现在大家都比以前富了，钱多了，社会资源也有了，思想上就会开小差，就会出现小富则安，事业心、拼搏意志也不如从前了。现在就是我没有富起来啊，我还得拼命。

为了痛苦的过去，也为了幸福的明天，我们还得辛苦地做下去。想得到幸福就得付出。我想，我们的辛苦与付出会有人记得的。不痛苦不付出，记得我们的人就会少一些。

古人造字,“名”为“夕”下一个“口”，无非图个人生晚年留下好口碑。

美国通用电气公司董事长杰克·韦尔奇在他的自传《序言》前，却专门写下这样一段“作者的话”：“我讨厌不得不用第一人称，因为我一生中所做过的几乎每一件事情，都是与他人一起合作完成的。然而，你要写一本这样的书，却必须使用‘我’来叙述，尽管实际上它是应该由‘我们’来承担的……所以请读者们注意，你们在书中的每一页看到‘我’的时候，请将它理解为我所有的同事和朋友，以及那些我可能遗漏的人们。”并在该书扉页上特别注明：“献给GE数以万计的员工，是你们的智慧和辛勤的劳动使得本书的诞生成为可能。”

不贪虚名的杰克·韦尔奇却因此多了一个“谦逊”的美名。

有一个故事，说的也是名与利的关系：

终于等到公开选拔的机会，优势明显的他蠢蠢欲动，很想报名参加，那毕竟是一个名利双收的职位。有人怂恿，也有人劝他淡泊名利，无欲则刚。于是，他找到一位智者求教。

智者指着窗外几棵刚刚结了果实的苹果树说：它们都不是为了果实才生长，而是为了生长才结出了果实。人们却为了果实常常不等到成熟就将它们采摘了。你说这是为什么？

求教者恍然大悟：人为追求智慧而生，名利是生长中结出的果实。

近代实业家穆藕初曾发起“中华植棉改良社”，推广美国棉花新品，并自编《植棉改良浅说》上万册，索者均获赠阅。其厚生纱厂棉花测试中心更免费服务全国，企业引进的美制纺织设备也敞开同行参观，以己之力推进中国民族纺织业的进步。

1936 年，银行家陈光甫曾仗义相助荣氏兄弟，让其逃过国家财阀的兼并图谋。70 年后，面对负债落难的陈金义，鲁冠球发去一份 15 字的传真：“我心痛！事至此，先了结。要多少？来人拿！”喜见当代实业家对先辈“尚德”之风的沿承。那时，金融危机尚未降临，“抱团取暖”的互勉也还没有那么迫切，鲁冠球的传真虽然未能让陈金义逃离水深火热，但却在中国商界添了一丝暖意。

人最为“名利”所惑，楼忠福却对“名利”有自己的独到见解：“对于企业，‘名’能带来利益，不注重名声的企业是对企业自己的不负责任，也是对社会的不负责任；而对于做人，‘名’是一种自我约束，对名誉无所顾忌的人，必然容易丧失做人的准则，也就谈不上真正的利益。”

苏东坡与佛印是好友，一天，他们一起在林中打坐。

“大师，你看我的坐姿如何？”苏东坡问佛印。

佛印说：“我看你的坐姿很像佛祖。”

苏东坡非常高兴。然后，他恶作剧地对佛印说：“我看师父的坐姿，倒是活像一堆牛粪。”

佛印和尚也不生气，只是微微一笑。

自以为占了和尚便宜的苏东坡，回家后颇有些得意将此事告诉了他的妹妹。苏小妹听后却说：“哥哥，你实在输得太惨了。佛印大师心中有如来，所以看到你也是佛祖。而你心中是一团牛粪，所以看别人也是牛粪一团。”

故事虽为杜撰，却有哲学寓意：你是地狱，他人便是地狱；你是天堂，人间也便是天堂。天堂不在他处，自在每个人的心里。佛如此，事如此，人如此，利义、名利之惑不亦然乎？

楼忠福是个孝子。承包城关建筑公司之后，他将父亲楼茂春接进了公司。虽然父亲在公司里的忙碌超过了铁匠铺的活，但与儿子一起分享企业的成功，成了晚年楼茂春最大的快乐。后来，楼忠福盖起了东阳最好的楼房，让父母分享他的另一种成功。再后来，举家离开东阳，而每年春节，再忙，楼忠福都会携家人与父母一起过年。2008 年 9 月父亲病危，一个电话，楼忠福从千里之外连夜赶回，践行了为父亲送终的诺言。如今，在依然是东阳最好的私宅里，父亲楼茂春的灵堂肃穆地设立在一楼，年迈的母亲王凤珠谈起儿子的孝顺，常常会老泪横流，情不自禁。

孝父母，也孝师傅。那年，蒋立天要结婚，置办家具时少了一面大衣柜的镜子。那还是物资短缺时代，玻璃镜也属紧俏物资。楼忠福找了不少关系，跑了许多地方，终于在东阳之外的一个基层供销社里买到了镜子。火车到达义乌站，已经没了到东阳的汽车班车，于是，楼忠福便扛着这面大镜子，步行十多公里，半夜里敲开了蒋立天的房门。这事，让蒋立天感动了一辈子。他说：那时，楼忠福已经是公司里的材料科长，而自己只是一名普通工人。楼忠福笑着说：谁让您当过我一年的师傅呢。当过楼忠福师傅的蒋立天后来当上了东阳三建公司的副总经理。

孝师傅，也敬乡亲。楼忠福最早的私宅位于一条小巷中间，巷子虽不宽，却足能够行驶小车，私宅里也备有车位车库。但这条巷子后来聚集起了许多摊贩，成为一个自发的农贸市场，早晨与傍晚只能挤着人缝穿行。公司里有人提出可以让工商、公安部门出面，取缔驱赶。“不就是一个电话吗？”凭着楼忠福当时的身份与影响，小巷里很快可以恢复宁静与秩序。但楼忠福却不领情：“都是乡里乡亲，大家都不容易，何必呢。”于是，他每次让司机将车子停在巷口，自己拎着一个公文包，在摊贩们的吆喝声中挤进挤出，有时，笔挺的裤管上还会溅上几点菜汁污垢……

第十二章　企业家、慈善家与企业公民

先当好企业家再做慈善家

1999 年，一位叫胡润的英国小伙子在上海搞了个“中国大陆首富企业家排行榜”，并以英文形式在美国的《福布斯》杂志刊登。据说，他当初做此事只是出于个人兴趣，雇了几个大学生做助手，花几个月时间，查阅了 100 多份报纸杂志及上市公司的公告年报。不想，这份当年并没有引起多大反响的财富排行榜，不仅改变了他自己的人生，也左右了中国许多企业家的命运。

这位毕业于英国杜伦大学中文系的年轻人在 1999 年突发奇想：“谁是中国最富有的人?”他问上海安达信会计师事务所的中国同事，没有人能给出答案。于是他就想自己做一个排行榜。因为当年正值新中国成立 50 周年，他的第一份“排行榜”便选了 50 人。当年 11 月，嗅觉敏锐的《福布斯》杂志选用了这份榜单，并以“封面故事”形式予以解读。那一期的封面设计也很特别：一个怪异的人物，一边是旧式的“毛式穿戴”，一边是拿着大哥大戴着金表的新富形象，以此比对展示中国的变化。然而，当时的中国读者几乎看不到这本杂志，而胡润却从中获得了 3000 美元的“调查费”。

广厦集团董事长楼忠福“幸运”地跻身于这份 50 人的榜单。

这显然是一份东拼西凑的人物名单。胡润自己也承认：不可能会很准确。

但这毕竟是中国接轨国际的第一份排行单。第二年，《福布斯》杂志主动找到胡润，特邀合作第二份中国大陆财富榜。而连续出炉的财富榜单，在这一年终于引起了大陆媒体的关注，“中国第一代富豪”蓦然成为明星，曝光在了公众的视野。

2001 年，胡润的榜单上已经出现了 100 位人物。这一年，他辞去了安达信的会计工作，开始专心炮制榜单。之后，上榜人数逐年增加，到 2008 年已经多达 1000 人。2002 年，因连续发布中国大陆富豪榜而在中国“混了个脸熟”的《福布斯》杂志突然宣布要在中国设立办事处，并决定由它自己制作包括财富、娱乐、体育等广泛领域的全新榜单。这样，胡润养大的孩子就被《福布斯》抱走了。上海多了一个叫范鲁贤的福布斯制榜人。胡润则转身与欧洲货币机构合作，继续推出“中国大陆百富榜”，并在 2003 年 7 月组织举办了一个“企业家峰会”。令中国媒体惊叹的不是与会的众多企业界重量级人物，而是胡润的一纸传真竟然将时任英国首相布莱尔请到了会场。于是，几乎所有人都认定他与英国政界及中国商界非同一般的关系背景。

那一年，楼忠福也被邀请参加了胡润的上海“企业家峰会”。而就在之前的 2005 年，楼忠福列入了福布斯“中国大陆富豪榜”第 58 位。

后来，胡润在香港注册起自己的公司，创办了《胡润百富》杂志。在出版丛书、举办活动的同时，他的排行榜也越做越多，越做越细，中国的一批批富豪们自愿或不自愿地被他玩着高矮胖瘦的排队游戏。一批上榜人物落马退场了，另一批新的人物又灿烂登场；一些人躲着他的调查追踪，另一些人却主动找上门去请求他的关注；有人对他的榜单不屑一顾，上榜者也对其资料来源提出质疑，但也有人对他趋之若鹜，将其与 50 年前的另一位英国人李约瑟相提并论。后者曾因撰写《中国科学技术史》，并得出“中国在明朝以前科学技术水平和经济社会发展程度领先于世界”的推论，而在 1994 年被聘为中国科学院首批外籍院士。

后来，聪明的胡润在 2004 年适时推出了“慈善榜”。第一份榜单入选人物 50 位，世纪金源集团董事局主席黄如论名列榜首，捐赠额 2.112 亿元。评论家方向明对胡润此举有过高度称赞：“胡润本人没什么钱，但他却不停地走访有钱的人。尽管他对中国慈善现状充满许多困惑，但他做的两件事在很多人看来非常了不起。第一，他试图使财富出现透明化；第二，他试图将为别人做过好事的富人名字写出来，让更多的人记住他们。”

从胡润的第一张“慈善榜”上，人们还记住了另一位人物——广厦集团董事局主席楼忠福。

楼忠福在2003年捐赠1500万元设立“忠福慈善基金”而被列入2004年首份“慈善榜”第16位。2005年，楼忠福再获胡润慈善榜“中国大陆十大慈善家”称号，之后又多次荣登榜位。对于这份企业家与公众均无反感的榜单，楼忠福似乎也有些在意。有一次他就笑着告诉记者：“我觉得我们的排名还可以再靠前。这几年我们广厦投资和捐助社会公益事业的资金累计至少在10亿元以上。”

牛反哺，羊跪乳。早在20世纪90年代，广厦就在家乡东阳市投入了1亿多元，兴建公园，建设文化城，修桥铺路，捐建希望小学。如今的家乡市民，依然在享受着广厦当年的福泽。

作为中国青年志愿者协会的副会长，楼忠福一直热衷于志愿者工作。早在1995年中国青年志愿者协会成立之初，广厦就向其捐赠了80万元，这是当时该机构接受的最大一笔款项。2001年起，广厦连续4年赞助杭州西博会志愿者活动，并成立了广厦志愿者服务总队。2005年，广厦被授予“杭州西博会志愿者行动特别贡献奖”。截至2007年，广厦共计捐助志愿者机构及行动超过260万元。

2000年，广厦为重庆奉节县希望工程捐资100多万元，并出资400多万元协办纪念夏衍诞辰100周年、第八届中国文化人口奖等项活动。2004年独家协办“绿色中国筑长城”公益行动，捐款400万元设立浙江传媒学院“传媒奖学金”。2009年又为西藏中小学捐赠300多套电视教学设备。广厦因此被授予“热心环保公益企业”称号，楼忠福也在2007年被评为“中国公益事业十大功勋人物”。

2002年12月，在“中国广厦之夜”浙江慈善新年音乐会上，楼忠福宣布捐资1500万元，设立“忠福慈善基金”，用以每年资助300名品学兼优的孤儿学童，直至完成高中学业。这是浙江省“爱心助孤”项目设立以来接受的民营企业最高一笔捐赠。之后，又向杭州市、东阳市及余杭区的慈善总会合计捐款1620万元。至2007年底，广厦合计向各级慈善机构捐资近4000万元。楼忠福因此获得了“浙江慈善奖”，并被中华慈善总会授予“中国最具影响慈善人物”和“慈善大使”称号。

灾难考验企业家的责任。2008年汶川大地震发生后，广厦不仅在第一时间宣布捐赠灾区1000万元，而且承诺为灾区捐建安居住房300套、捐建永久性学校5所和200间临时教室、组建100支“重建家园”志愿者突击队奔赴灾区援建，楼忠福、楼明、楼江跃父子还表示愿以个人名义认养300名灾区孤儿。广厦水电公司负责人第一时间赶到北川，看望那里的水电站职工，在当地政府尚未来得及发放救助款之前，将慰问金及时送到了受灾职工手上。这一年，楼忠福获得了“中国最具社会责任企业家”和浙江省“改革开放 30 年功勋企业家”称号。

企业家的慈善行为在西方开始较早，也更普遍一些。

1889 年，美国钢铁大王安德鲁·卡耐基撰写了《财富的准则》，主张一个成功的企业家有责任把自己生前创造的财富捐赠出去。卡耐基生前为各种慈善事业捐赠约 3.5 亿美元，他认为：“带着这么多的钱进棺材是不光彩的。”

1913 年，美孚石油公司创始人约翰·洛克菲勒建立了洛克菲勒基金，他在生前合计捐赠了 5.4 亿美元。后来，他的儿子几乎捐赠了与他差不多数量的财富，使洛克菲勒家族成为世界上最有名的慈善家族之一。

1947 年，美国汽车大王亨利·福特将他的大部分财富放进了福特基金。半个多世纪之后，福特基金仍然在全球排名前三位，每年的捐赠额排名第二位。至目前为止，福特基金已经捐赠了大约 8.3 亿美元。

1997 年，CNN 创始人泰德·特纳捐赠了他全部净资产的三分之一，计约 10 亿美元，同时提出：为什么世界上更多的巨富们不做慈善？据说，这启发了微软创办人比尔·盖茨。

1999 年，比尔·盖茨开始做慈善，设立了 170 亿美元的基金会，这是当时全球最大的基金组织。2000 年，盖茨学习基金会与威廉·盖茨基金会合并，创立比尔及梅琳达盖茨基金会。比尔·盖茨的父亲威廉·盖茨担任基金会会长。2006 年 6 月，伯克希尔·哈撒韦公司董事会主席沃伦·巴菲特以股票形式向比尔及梅琳达盖茨基金会捐款 300 亿美元。这笔捐赠使盖茨基金会的资产增加到了 600 亿美元，成为全球慈善业中的“巨无霸”。2008 年 6 月，即将退休的比尔·盖茨又宣布，他计划将自己 580 亿美元的资产悉数捐给名下的比尔及梅琳达盖茨基金会。这一消息震惊了世界，世上最富有的比尔·盖茨一夜之间成为史上最慷慨的“裸捐第一人”。中国大陆并有许多善良的人将身边的富豪与比尔·盖茨作比较，呼唤中国企业家也能有比尔·盖茨的义举。

其实，中国陈嘉庚的义举要早于比尔·盖茨整整 50 年。

这位靠航运和种植橡胶发家的海外华商，1914 年开始在家乡集美创办小学、中学、师范、幼稚园、女子学校及水产、商科、农林、国学专科等，并逐步发展，在校内建起了电灯厂、医院、科学馆、图书馆、大型体育场等，使福建南部一个偏僻的渔村很快成为名闻遐迩的“集美学村”。1919年，陈嘉庚发起筹办厦门大学，在募捐会上他宣布认捐400万元，而在当时，他积存的全部资产也就这个数字，相当于倾家办学。因为1929年的全球金融危机，陈氏集团陷入困境，陈嘉庚声称“出卖大厦，接济厦大”，将三幢大厦抵押给银行借款，仍不减少对厦门大学与集美学村的经费资助。后来，深陷绝境的陈嘉庚仍然表示：“宁可企业收盘，绝不停办学校。”将几家尚能赢利的企业租给女婿与亲信经营，约定将分红充入学校经费。之后，他再向族内富商募捐11.5万元，加上自己的全部16万积蓄，购置了400英亩橡胶园，作为厦门大学的基金。到1936年，实在无力继续接济，陈嘉庚将厦门大学所有产业一并无条件奉送给了国民政府。这时候，厦大已经发展到文、理、法商3个学院9个系，成为当时国内科系最多的5所大学之一。

1949年，陈嘉庚应毛泽东之邀归国定居。他在1961年8月去世之前留下遗嘱，将334万元遗产全部捐献给学校与乡社建设，其子女中男子无职业者，每月供给生活费20元，女子每月15元，有职业或出嫁者不得支取，若逢婚丧，则每人各给费用200元。

黄培炎称：“发了财的人，而肯全拿出来的，只有陈先生。”新加坡万人追悼会上，华侨们为陈嘉庚撰写的挽联则书：“前半生兴学，后半生纾难；是一代正气，亦一代完人。”

显然，当年陈嘉庚的“裸捐”要比比尔·盖茨先生更显壮烈，虽然他所捐出的全部资产不及比尔·盖茨的十分之一。

其实早在先秦时期的范蠡，就有“三聚三散”的义举。据司马迁《史记·货殖列传》记载，范蠡在弃官隐居陶地之后，很快成为一位大商人，“经营不让陶朱富，货殖何妨自贡贤。”其经营之术被称为“计然之策”。而范蠡期间曾多次将钱财布施于众，散而再聚，聚而后散，散而又聚。据称其置千金之产不下五次，施散之产则可想象。

孔子曰：“不义而富且贵，于我如浮云。”孟子也云：“仁者爱人，有礼者敬人。爱人者，人恒爱之；敬人者，人恒敬之。”《老子》称：“上善若水，水善利万物而不争。”乐善好施是中华民族的传统美德，当代实业家中也不乏受人尊敬的“仁者”。

有资料显示：至2003年底，共有8846名中国民营企业家与港澳台华侨投身当时的投资性扶贫“光彩事业”，实施50万元以上的光彩项目5744个，合计投放资金229亿元，成功帮助259万贫困人口走出温饱底线。

据中华慈善总会统计，至2004年底，中国100多家慈善组织每年募集到的慈善款物约为50亿元人民币。在2009年胡润“慈善榜”上，100位慈善家4年共计捐赠157亿元，5年累计捐赠过亿的慈善家有33位，单年捐赠过亿的也有12位。黄如论5年累计捐赠额14.5亿元，陈光标10年捐款捐物8.1亿元。还有20世纪90年代那位叫白芳礼的80多岁老人，为资助贫困学生成立起“白芳礼支教公司”，靠踏三轮车5年累计捐款35万元，93岁去世时，他的私有财产账单上是让人肃然起敬的零。

20世纪80年代末期，还有一批民营企业家出于各种动机，将自己辛苦创办的企业实体无偿交给了集体：山东临沂的王廷江献出了价值420万元的私企白瓷厂以及180万元流动资金，江苏宜兴的蒋锡培奉送了自己投资180万元的电缆厂，浙江台州的李书福也将自己的北极花冰箱厂交给了当地乡政府……不能简单地以“形势所迫”、“破财消灾”或“投机取巧”评论当年的企业捐送案例，期间多少还折射出这些企业家的财富观与价值观。

禅宗六祖慧能有禅语：“菩提本无树，明镜亦非台。本来无一物，何处染尘埃。”比尔·盖茨称：“那些获得很多的人，也应该做出很多”，“散去千金，心有满足。”陈光标也认为：“生活在人们心中的慈善家，比孤独死在床上的守财奴更光荣。”

虽然在中国尚缺少慈善事业的社会保障基础、价值评估体系以及可信赖的慈善效益监督机制，但这里并不缺乏向善的信仰。

信仰来自这个国度的文化传统与民族精神，来自一代创业者对财富与人生价值观的特殊理解，还来自这个国家的改革开放与世界的文明进步。

楼忠福说：“人除了生存总要有一种精神与责任。”他认为，“对于一个企业家来说，任何经营都是在对社会资源的总体性运作。从一定意义上说，经营企业就是经营社会。不管自觉与否，拥有资本并使用资本的人，他是在支配一份社会权力。因此，企业家必须承担社会责任。”“一个企业做得好，离不开社会的支持，一个企业的发展，政策、社会、自身三者缺一不可。做企业必须要有社会责任。我现在也许只有这个力量，但我的企业发展好了，我有更大的能力来回报社会，作更大的贡献。”

“三才者，天地人。三光者，日月星。”中国传统《三字经》已经将人置于天地自然之间。“以立天之道，曰阴曰阳；立地之道，曰柔与刚；立人之道，曰仁与义。”孔子对《周易》中的“天地人”有了辩证的解释。董仲舒更以“天人感应”的神学理论，提出“天人之际，合而为一”。天地之间人为贵，中国在2000多年前就已经确立了“以人为本”的治国理念。

而在“神本”的西方社会，对于天堂和地狱的认识也少不了人间的痕迹。

一位哲人死了，上帝派使者来接他，问他愿进天堂还是到地狱。哲人大胆请求：能否先带我看看地狱和天堂？于是，使者便带着他先进地狱参观。正值用餐时间，只见屋子中央放着一口很大的锅，锅里煮着肉粥，空气中飘溢着诱人的食物香味，一群面黄肌瘦的人使着长长的勺子，争抢食物。由于勺柄太长，每个人都无法把食物送到自己嘴里，于是，他们一边挨饿，一边互相仇视。

哲人又随使者来到天堂，只见一样的煮着肉粥的大锅，一样的空气中飘溢着诱人的香味，大家也一样使着长长的勺子，一切与地狱并无区别。奇怪的是，满屋的人面色红润，健康愉悦。再细一看，才发现这里的人不是将食物往自己的嘴里送，而是隔着距离喂到别人的嘴里。你给我一勺，我喂你一口，个个吃得有滋有味，人人谈笑风生心满意足。

原来，天堂与地狱的区别就在一念之差：人人为己，乃地狱；我为人人，人亦为我，天堂也。

回报家乡是一种责任

东阳眼下最著名的三位实业家很有意思：徐文荣扎根东阳，执拗地经营着他的横店王国，在一个小小的螺蛳壳里做足了道场。郭广昌自从1992年创业，他的复星集团几乎就与家乡东阳无关，任凭“东阳回归工程”如何呼唤，对他似乎都没有任何的吸引力，甚至其入选“2008年度风云浙商”的理由也是“在复星集团的倡导下，台州在沪企业联合会与台州市政府共同签署协议，成立规模4.5亿元的风险投资基金，大手笔支持浙江企业发展，对具备行业竞争的优势企业、遇到阶段性融资难题的龙头企业、处于破产边缘的潜力企业进行投资”。楼忠福则不同，他在很早就将广厦集团总部迁出了东阳，但仍保持着与家乡的密切联系，不仅留下核心企业东阳三建坚决不挪窝，而且每每响应政府召唤，十多年间回乡投资几十亿元，成为一个出了名的“离土不离乡”的东阳“孝子”。

楼忠福说：“我有一种割舍不断的家乡情结。”“人不能缺少感恩之心。回报家乡是广厦的责任。”

1992 年底，东阳市政府为迎接建县 1800 周年，决定上马建设一批公益项目，其中包括占地 50 亩的儿童公园和一个占地 500 亩的西山公园。

那时，东阳三建已经成为广厦集团，企业年产值突破了亿元大关。而当年东阳市的全部财政收入也就 1.11 亿元，想要办几件造福于民的大事，真还有点心有余而力不足。到了第二年，儿童公园与西山公园仍然未能筹足资金，眼看对百姓的承诺将成空头支票。

浙江精神的神奇之处就在于，往往在没有办法的时候能找到一种更好的办法，在无路可走的地方闯出一条捷径。东阳市政府找到楼忠福，希望由广厦出资 1500 万元承建儿童公园这个公益性项目，回报条件是：广厦拥有儿童公园的经营权，政府并许诺公园周边部分土地可用于房产开发。

既是造福百姓的公益事业，又有一定的利益回报，楼忠福满口应承。很快，一座现代化的儿童公园建成了，东阳超前于周边其他城市，让儿童提前享受到了摩天轮上的快乐。2005 年 10 月 1 日之后，这座公园开始免费向市民开放。

东阳市民乐了；政府为能够兑现对市民的承诺也轻松地舒了口气；楼忠福呢，也在窃喜，赢了名声还赚了钱。——一个“三赢”案例就这样在政府与企业一起“摸着石头”中产生了。之后若干年间，这种模式被浙江及周边其他地区广泛效仿，并形成了一波城市基础设施建设的热潮。

1994 年，复制儿童公园模式，广厦又承接了西山公园项目。该项目投资 4588 万元，也赶在 1995 年东阳建县 1800 周年庆典之前基本完工。

1997 年，楼忠福为东阳市吴宁镇付清了白云文化城 3000 多万元的工程欠款，换来了镇党委副书记郭向东的辞职下海。那 3000 多万元开始说好是借支，但由于项目一直产生不了效益，借支款迟迟还不了。1999 年，镇政府有意将白云文化城的“包袱”甩给广厦。楼忠福也不含糊，出资 6000 多万元，将该项目全盘接收。

这时候，广厦早已经将公司总部迁入杭州，而企业的组织关系一直留在东阳，楼忠福兼任着东阳市的人大常委会委员，后来担任了该市人大常委会副主任职务，儿子楼明也在之后成为家乡人大常委会的一名年轻成员。

2001年开始，广厦投资近5亿元，在东阳建起了浙江广厦建设职业技术学院。广厦学院不是楼忠福在东阳投资的最大项目，却是他“回报家乡”的得意之作。东阳市政府官员也称赞：浙江广厦建设职业技术学院不仅吸引了全国大批专业性人才来校任教，而且还留住了一批实用型的大专毕业生在东阳创业，这是广厦对家乡的重大贡献。

2005年，一个规模庞大的“万国建筑博览城”在东阳与义乌交界的华尖山下开建，这是广厦“建设家乡，回报大众”的又一项重大工程，列入了东阳市城市发展规划重点项目。首期占地572亩的“江南桃花源”项目已经在2005年的10月开工，预计投入近8亿元。

2008年，新一届东阳市政府重新启动“东阳人经济回归工程”，楼忠福再次积极响应。2009年2月，又一个“回归项目”——投资总额超过3亿元的浙江明凯照明制造加工基地落户东阳，东阳市委书记张仲灿称赞“广厦又为家乡发展带了一个好头”。

十多年来，广厦累计回乡投资各类工业与公益项目10多个，投资总额数十亿元，几乎每年一个项目，平均投资额每年超过亿元。这些项目有的纯粹为了公益，有的为了赚钱却真没能赚到钱，但亏也亏在家乡，他认了。留守家乡的东阳三建公司，每年则为地方贡献着税收2000多万元。

期间，广厦还出资在东阳三单乡创建了“广厦希望小学”，帮助贫困村后坞口修路、开通自来水，数十年坚持为东阳敬老院送医送药送温暖，为家乡的离退休干部长年订阅党报。多项泽被社会、造福百姓的善举还在继续……

回报家乡，反哺社会，是自近代以来许多中国实业家的共同夙愿。

张謇抱定“遗留一二有用事业，与草木同生，却不与草木同腐”的宗旨，将毕生积蓄几乎全部投放于家乡南通的公益建设，在南通建立起了相当完备的经济、文化、交通水利、医疗和慈善体系，并创造了大量就业机会，社会井然，风气淳朴，让一个偏处一隅的小城成为“中国近代第一城”。其实，张謇的个人生活十分简朴，每餐不过一荤一素一汤而已。而他历年投入家乡公益事业的款项合计多达150多万两。

卢作孚仿效张謇，一生过着苦行僧般的自律生活，却在家乡附近的重庆北碚大兴学校、工厂、医院、科学院等，倡导文明新生活，造福当地民众。“昔称野蛮之地，今变文化之乡”，北碚很快成为四川境内最先进的“模范之地”。

之后的陈嘉庚更是发誓要通过兴学助教改造家乡渔村，从1914年开始，他创办从幼稚园到大学等各类学校不下10所，资助学校百余所，并在校内建起了工厂、医院、科学馆、图书馆、体育场等，使福建厦门的一个偏僻小渔村成为名闻遐迩的“集美学村”。

香港实业家霍英东一生钟情于家乡广东番禺南沙，一心想把这里建成“香港式”的现代化海滨城市。出资捐建南沙中学，拨款支持香港大学北上南沙合作，联合内地机构建立南沙信息科技园，以及捐建体育馆、医院、路桥等，20年间在家乡累计投资建设超过40亿元。

香港另一位实业家曾宪梓则在1989年投资百万美元巨资，在家乡广东梅县合资建起了“中国银利来有限公司”，他还宣布企业归其所有的利润分文不取，全部捐赠给家乡教育与公益事业。

“宁波帮”对浙江近现代的实业也起到了举足轻重的作用。虞洽卿在上海发了财，其所投资的企业绝大多数与家乡浙江有关。船王包玉刚对家乡实业、教育的关心，更成为后人传颂的佳话。

在20世纪80年代开始创业的中国当代实业家中，不少来自农村，家世贫寒，俭朴为生。他们或扎根家乡，泽被乡亲，兴一方土地，富一地百姓；或离而不舍，富不忘本，割舍不断的乡情让他们对家乡拥有一种回馈的责任。他们重利重义更重名声，尤其注重政府、社会、家乡对他们的评价与褒奖。

在东阳，还有一个名气不如广厦、横店响亮的花园集团，领头人邵钦祥坚守着小小的一个花园村，创办起大小320家企业，让这里的1700多户村民提前享受到人均2.21万元年收入的富足生活。“虽然给我一根金箍棒，我也撬不动地球，但能够改变一个村数千人的命运，我已经非常满足了。”邵钦祥说。

《论语·雍也》有云：“知者乐水，仁者乐山。知者动，仁者静。知者乐，仁者寿。”智仁者自有其取世之道。

将生命意识融入建筑

建筑是凝固的音乐，而音乐是有生命的。变化中的重复构成了音乐无限延长的生命旋律，建筑则在重复与变化中寻找到凝固与流畅的统一。

中国建筑学大师梁思成称：建筑是“石头的史诗”，“建筑之规模、形体、工程、艺术之嬗递演变，乃其民族特殊文化兴衰潮汐之映影”。俄国文学家果戈理则认为：“建筑同时还是世界的年鉴。当歌曲和传统已经缄默的时候，而它还在说话哩。”

“将生命意识融入建筑。”楼忠福曾经提出过一个颇具哲学与文化内涵的经营理念。作为一家建筑企业，广厦首先将工程质量作为一项“责任”郑重承诺。

20 世纪 80 年代，东阳三建承建的江西德兴一项工程因为项目经理的偷工减料出现了质量问题，业主要求修补整改，楼忠福却说：“不行！工程质量关系公司信誉。必须推倒重来，坚决返工！”虽然那项工程亏了，楼忠福的心里却坦然了。

同时期，东阳三建属下杭州一施工队出现以旧充新送检“试块”事件，楼忠福亡羊补牢，在杭州举行“客户揭短会”，邀请客户代表、在杭媒体、行业主管部门及东阳市政府官员一起为三建公司揭短找碴。楼忠福还在会上宣布：对三建公司所有已建在建工程进行一次全面质量检查，发现问题坚决返工整改；建立客户回访制度，对已建工程客户定期回访；在东阳、杭州、宁波三地开设客户监督电话，接受各类工程质量问题举报。

1997 年 1 月，广厦联合全国百家建筑企业向全国建筑企业发出了“提高工程质量”倡议书。1999 年 6 月，再度联合全国百家建筑单位向全国建筑业发出“规范建筑市场，确保工程质量”的联合宣言。2002 年，并将承担社会责任的条文写进了《广厦企业文化白皮书》和《广厦纲领》。

“将生命意识融入建筑，将精品工程奉献社会。”“以质取胜，名牌推进，创行业一流水平，交顾客满意工程。”“广厦要对工程质量负责到底，负责一辈子。”楼忠福在各个时期提出了不同表达、相同意思的质量承诺。

正是在这样的理念之下，20 多年来，广厦创下承建项目合格率 100%、优良率 80%以上的质量记录，并累创省市级以上优质工程 500 多项，摘获中国建筑工程质量最高奖“鲁班奖”26 项。2002 年 10 月 6 日，《人民日报》曾在头版专文介绍广厦“聚合”鲁班奖的事迹：①

一个曾经“流落他乡、砌砖打墙”的施工游击队，如何步步领先、规范管理，成为建设部推荐的全国第一家建筑上市公司，

① 《十个鲁班奖是怎样聚合的》，本书引用时有删节。另注：至 2002 年 10 月，广厦已获得 10 个鲁班奖。

进而成功参与10家大型国有企业改革，优势互补，走出双赢之路？

广厦建设集团的快速发展，得益于两点，一是超前的质量观，二是较早的产权制度改革。

240多项优质工程托起10个鲁班奖，严格的质量观和步步领先的改革举措，使广厦建设集团发展壮大。早在乡镇建筑施工队时期，企业就把严抓质量放在了第一位，赢得了声誉。就在各地豆腐渣工程频频出现的时候，他们已经提出“把生命意识融入建筑”的质量理念。

在由小到大的发展过程中，广厦抓住了三个关键的转变：一是领导人要从泥瓦匠变成战略家，二是让包工头成为优秀的项目经理人，三是让打工仔成为技术工人。而统领这三个转变的，是在全企业、全过程建立符合规范的管理体系。1987年，广厦开始在企业进行全面质量管理试点。1993年，广厦获得建设部颁发的质量管理“金屋奖”。不久，又通过了ISO9002质量体系认证。

全国劳动模范、广厦建设集团董事局主席楼忠福说：“质量上，企业兴；质量差，企业亡，这是带有普遍意义的规律。建筑企业尤其如此。”

“将生命意识融入建筑”，还体现在对民工安全的关爱。

安全是悬挂在建筑企业头顶的一把利剑。还在东阳三建时期，企业曾发生多起安全事故，楼忠福喊出了“质量是企业的生命，安全是职工的生命”口号，在每个工程处专门设立起负责安全教育、检查和监督工作的安全科，每个施工队配备安全监督员。各施工组每天至少一次安全检查，施工队至少十天一查，工程处至少每月一查，公司则在每个季度开展一次安全大检查。同时，普及安全教育，推行全员安全上岗考试，将安全考核列入奖惩内容。组建广厦集团之后，各成员企业成立起安全领导小组，由主要领导人亲任组长，并在每个班组配备安全员。之后，安全教育成为“民工学校”重要的培训内容，全员安全意识大为提升。再之后，安全教育与管理成为广厦首创的民工管理“四好”经验内容，安全意识在“四好”经验中被提升为对民工生命、人格与权益的综合保障。

作为全国人大代表，楼忠福还在历次全国人大会议上先后提交了“解决农民工工资拖欠问题重在建立长效机制”、“社会公益事业亟待立法保障”、“制定外来务工人员权益保障法”、“制定建筑节能标准，促进建筑产业升级”、“制定促进企业公民建设法”等多项关注社会公益事业与企业社会责任的议案。

后来，广厦在成功并购10多家大中型国有企业的同时，吸纳了国企职工及离退休人员3万多人，提供民工就业岗位10余万个，累计向国家缴纳税额数十亿元。同时，确立“产业报国，回报社会”的企业宗旨，建大学，办医院，兴文化，做体育，慷慨参与慈善事业，积极支持家乡建设，将“感恩”之情与“责任”意识升华为“奉献”精神。

2004年，中央电视台“当代工人”栏目组专程来到重庆，为广厦重庆一建公司改制后的经济、社会效益算了这样一笔账：2003年与改制起始的1998年相比，企业产值翻了两番多，利润增长近10倍，上缴税收增长4.8倍，职工人均年收入也由7340元提高到17300元。改制之后的5年时间，企业累计实现利润10469万元。按照股份分配，国资管理者重庆市建工集团分红2936万元，持股职工分红2193万元，投资者广厦集团分红5339万元。同时，企业5年累计上交税款16177万元。也就是说，在广厦重庆一建公司，国家与职工5年间的合计收益是广厦集团的4倍。

因此，中央电视台在播出的节目里对这家企业的改制成果给予了这样的评价：“发展了企业，回报了股东，富裕了职工，满意了政府。”

“你有我有大家有。”这也正是立志成为“企业公民”的广厦和楼忠福的追求。

2005年11月，中国企业公民委员会第一次会员大会暨2005年最佳企业公民授牌仪式在北京举行，广厦被授予“中国优秀企业公民”称号，并与190多家企业代表共同签署了一份《中国企业公民宣言》。会间楼忠福指出：“多赢，不仅是一种市场行为，更是一种社会行为。企业必须对一切利益相关者负责，包括对股东、员工、供应商、政府、公共利益集团以及环境负责。”之后，广厦连续多年荣获“中国优秀企业公民”称号。

2007年9月，广厦在北京钓鱼台国宾馆隆重发布《2006广厦集团企业公民报告》，向社会郑重公布其“向一切利益相关者负责”的状况。这是中国民营企业的首份“企业公民报告”，中国社会工作协会指出：此举必将与《广厦集团企业公民报告》一起，载入中国企业公民事业发展的史册。

“企业公民”的概念由“企业社会责任（CSR）”演变而来。2003年世界经济论坛认为，企业公民应该包括四个方面的考量：一是好的公司治理和道德价值，二是对人的责任，三是对环境的责任，四是对社会和经济福利的贡献。因此，其范畴已经超越了慈善行为。

从10多年前提出“广厦的最大品牌就是广厦人”，到堂堂正正做“企业公民”，广厦明显多了一份报国济民的“社会责任”。

中国自近代出现民族企业，对于大多数的实业家来说，无论历史风云如何变幻，时代主题如何更迭，变迁的是爱国的历史内容，不变的是一以贯之的爱国情怀。

1872年，盛宣怀起草的《轮船招商局章程》在首次提出“官督商办”概念的同时，也强调其股票“不准让与洋人”。其后从招商局到电报局，从汉阳铁厂到中国铁路总公司，盛宣怀一直以“国家经济利益捍卫者”的角色，保持了一种强悍的姿态排斥国外资本并与之抗衡。这在当时，与郑观应的“初则学商战于外人，继则与外人商战”的“商战论”、胡雪岩绝地挑战英美纺织公司的壮举一样，发自于心，情志于德，多少留给后人一些崇敬。

抗战期间，实业家更选择牺牲企业利益保全民族大义。范旭东面对日军对其南京铔厂的胁迫，“宁举丧，不受奠礼”，将所有机器设备及图纸、模型或抢运西迁，或沉于海河。虞洽卿以“一品百姓”自居，既酌调斡旋于中外商界，又带头抵制洋货，最后选择沉船做殉葬之礼，弥留之际还捐赠黄金千两，用于支持政府抗战。荣氏兄弟在日军炮火将其产业彻底摧毁之前，将库存的几万包面粉与数千担小麦送往中国军队做军粮，荣宗敬在香港临终留下遗言：“那些厂子，来之不易，千万不能落到日本人手里。”卢作孚则在国家危难时期调其民生公司全部轮船，组织了40天的“宜昌大撤退”，为抗战抢运出大量的兵工厂及民企设备，以强烈的报效国家之心和不屈的民族气节，留给后人一个光荣与悲壮的身影……

列宁说过：“爱国主义是千百年来巩固起来的对自己祖国的一种深厚感情。”邓小平也自称：“我荣幸地以中华民族一员的资格，而成为世界公民。我是中国人民的儿子。我深情地爱着我的祖国和人民。”拿破仑则认为：“爱国是文明人的首要美德。”“人类最高的道德就是爱国之心。”

改革开放之后中国第一代实业家灵魂深处铭刻着一种“感恩”、“报国”的传统思想。这种朴素的感情在他们创业初期，表现为对共同富裕的追求和对家乡父老的回报。后来，他们更多时候则通过产业经营、创造财富、参加慈善救助与公益活动表达这种意识中的责任与情怀。而当遇到国家危难或面对国外力量的抗争，他们会将自己的命运自觉地与国家前途、民族荣辱结合一起，演变成强烈的使命感与爱国精神，站在“爱国济民”前沿，以铮铮正气承担起一种“社会责任”。

在2007年6月举行的浙商大会上，由楼忠福等16位知名浙商发起、3000多位浙商精英联合签署了一份《浙商社会责任倡议书》。楼忠福在会上作了《从功利浙商到公利浙商》的精彩演讲：

> 首先，做好企业是我们最大的社会责任。企业不发展，你拿什么做慈善？上交税收减少了，就业岗位减少了，或者企业员工收入在减少，劳保福利很差，企业克扣员工工资，你还做什么慈善家？因此，先当好企业家再做慈善家，这是我的第一个观点。
>
> 第二，企业必须回报社会，承当社会责任。企业的发展离不开社会的支持，没有社会的支持，企业将一事无成。这是我们回报社会的最大理由。

以德立业，德业相辅，回馈社会，报国济民。当代实业家的社会责任感不仅来自传统的感恩情愫，还有一份沉甸甸的爱国之情。这份责任与感情，构成了他们人生价值观中的重要内容。

第六篇　上善归真

伟大的时代造就伟大的思想群体，思想的实业家锻造着“基业长青”的百年企业。

文化赋予了实业思想家生长的养分，实业家的思想则让企业文化拥有了强大的生命磁场。当草根沐浴阳光，中国的改革开放便有了成长奇花异草的奇迹。

楼忠福说：“我是幸运的，因为赶上了千载难逢的历史机遇。”幸运的不仅是楼忠福，而是整个实业思想家群体。

走出围城，上善归真。我们在天都城浪漫而真实的“香颂”中发现了楼忠福登山的身影……

开篇故事

一位乡下小伙子进城应聘“世界最大”的“应有尽有”百货公司销售员。老板问：“做过销售吗？”小伙子答：“以前在村里挨家挨户推销过小商品。”老板见他机灵，决定试用一天：“就一天。记住，明天下班前我会检查。”

第二天临下班老板真的过来了，问他：“你今天做了几单买卖？”

“就一单。”小伙子有些不好意思。

“只有一单？”老板很失望，“其他售货员一天至少可以完成二三十单生意的。你到底卖了多少钱？”

“五十万美元。”小伙子答。

老板不信：“一单生意会有这么多钱？”那几乎是其他售货员一年的销售额呀。

“是这样的，”小伙子告诉老板，“上午有一位先生来买东西，我先卖给他一个小号的鱼钩，然后是中号的鱼钩，再然后是大号的鱼钩。之后我又卖给他小号的渔线、中号的渔线和大号的渔线。我问他上哪钓鱼？他说海边。我就建议他买条船，他跟我来到卖船的专柜，买了一艘20英尺长的船。然后他说他的汽车可能拖不动这么大的船。于是我又带他去了汽车销售区，卖给他一辆新款豪华型汽车。”

老板目瞪口呆：“一个顾客仅仅来买个鱼钩，你就能卖给他这么多东西？”

“不是的。”小伙子继续回答老板……

一个经典的销售故事，告诉我们小与大、真与假、一天与一辈子的异同。走出围城，上善归真，企业的百年梦想正如实业思想家的锻造，需要冰与火的真实淬炼。

第十三章　当草根沐浴阳光

两座城市的哲学对话

任何一位实业家的成长与思想演变，既离不开波澜壮阔的时代历史，也必然与其成长地域的文化背景、家庭身世有着密切的联系。每一位实业思想家的思想上无不深深打上鲜明的时代与乡土文化烙印。

这一章节，我们回头从楼忠福的家乡浙江省东阳市说起，在区域、文化、家庭身世的比对以及时代社会背景的分析中解读实业思想家的思想成因和作为一个群体形成的偶然与必然。

东阳，中国一座普通的县级城市。据《后汉书·郡国志》记载：东汉兴平二年（195年），“析诸暨置吴宁县”，取“吴地安宁”之义。唐垂拱二年(686年）改称东阳县。1988年5月，撤县设市，称东阳市至今。

东阳与义乌自古地相邻，路相通，水相连，山相接，习相近，人相缘，两市市区相距不到10公里。新编《东阳市志》称：东阳设县之前，一直隶属诸暨或义乌（旧称乌伤）两县。“隋开皇九年（589年），废吴宁入诸暨，分五乡入乌伤。唐垂拱二年（686年），析义乌东冲要地和吴宁故地置东阳县。”

一方水土一方人，将东阳与义乌两座城市比对分析，我们能够从中发现两地文化的差异，寻找到楼忠福思想的成因渊源。

东阳地貌的基本特征为“三山夹两盆，两盆涵两江”。其中，三条山脉中的两条径入义乌，两江（东阳江、南江）也均与义乌水系相通。东阳

“地形东高西低，呈畚箕形向南袒露”。而从地图上可以看到，东阳的东北边是诸暨与嵊州，东南面为崇山峻岭的磐安与新昌，西、南分别是义乌、永康两市。

东阳与诸、嵊两市之间，是发展相对滞后的东阳“北乡”地带，且无良好交通连接；过了新昌虽然就是宁波地域，但那条连接金华与宁波的金甬高速公路一直到2006年初才建成通车；磐安的东南面虽也是经济发达的台州与温州，但期间多有穷山恶水阻隔，直到目前仍未有高速公路连接；永康紧挨地级城市金华，自贯穿全境的金丽温铁路与高速公路先后在1998年与2006年建成通车，永康的交通与经济焕然一新，但该市西南却是并不富裕的丽水与衢州，显然不是东阳的依靠。

这样的地理地貌，决定了东阳对义乌的明显依赖。东阳至今没有铁路与机场，而浙赣铁路义乌站及义乌机场是东阳最近的选择。在2009年1月诸（诸暨）永（永嘉）高速公路北段建成之前，东阳车辆往返省会杭州必经义乌。进入改革开放之后，交通优势直接为义乌带来了区域经济发展必需的客流、物流、信息流和资金流，而东阳一直希望接轨义乌，借势发展，结果却是非常之难。即使到了2006年，东阳下大决心，选择两市交界处，计划投资总额55亿元，建一个世界贸易城，希望能以优惠的政策吸引一些义乌国际商贸城的客源，却遭到了义乌市有关方面的抵制。东阳江水从东阳流入义乌，市场客流的源头却在义乌而不在东阳，因此，东阳市场若少了义乌的帮衬便成为沙漠。很快，财大气粗的义乌建起了100万平方米的国际商贸城三期市场，继续将客源阻挡在东阳境外。

两市市志分别记载：1980年，东阳市的工农业总产值为3.0222亿元，义乌市为2.511亿元，东阳超过义乌20.36%；当年财政预算内收入，东阳市为2465.7万元，义乌市则仅有1859.2万元，东阳强于义乌32.62%。而到了2008年，强势发展的义乌已经实现地区生产总值493.3亿元，财政收入69.2亿元；而区域面积与人口基本相等于义乌的东阳市，当年仅实现地区生产总值237.1亿元，财政收入24.08亿元。28年的马拉松赛跑，义乌与东阳已经拉开了一半以上的距离。

这是一组让东阳汗颜的数字，仅以地理区域、交通优劣难以合理解释。

分水岭出现在1982年。

那一年，中共中央下发了关于农村工作的第一个“一号文件”，之后五年，每年一个，成为佳话；那一年，中共十二大选出了执政党新的掌舵班子，邓小平首次提出“走自己的路，建设有中国特色的社会主义”；那一年，国家设立了经济体制改革委员会，五届全国人大五次会议审议批准了国民经济和社会发展的第六个“五年计划”；那一年，朝鲜民主主义共和国主席金日成与英国首相玛格丽特·撒切尔夫人同月访问中国，前者好奇于中国莫名其妙的变化，后者则与邓小平讨价香港主权之后在北京人民大会堂的台阶前差点摔了个跟头；同样在那一年的年底，中国内地的三资企业数已经拥有 909 家，温州则出现了 10 万供销大军、40 万家庭工业从业人员和 400 多个集贸市场。

那一年，上任不久的义乌县委书记谢高华大胆提出了“四个允许”政策，正式开放义乌小商品市场。这让一直被人多地少所困，并有着数百年“鸡毛换糖”传统的义乌百姓欢欣雀跃，当年的“马路市场”上就聚集起 1027 个简陋的摊位。1984 年，义乌顺势建起一个可容纳 1870 个摊位的专业性小商品市场，之后不断更新扩建，市场规模越做越大，市场人气越聚越旺，全国乃至世界各地的商人纷至沓来。而随着客流一起增长的是来自全球各地的物流和当地的制造业发展，义乌随之走上了一条成功的“兴商建市”繁荣之路。

政策的威力就在于引燃爆点。中国的老百姓并不缺乏创造性智慧，也不缺少对创富的追求。1982 年，袁芳烈在温州提出“五个允许”和“五个支持”，并大张旗鼓地召开有 1200 人参加的全市“两户”（重点户、专业户）表彰大会，点燃了温州私营经济的爆炸点。

沿海省份浙江到处都有爆点，东阳也不例外。遗憾的是，缺少点燃导火索的火源和勇敢的爆破手。因为在同期，东阳仍然按部就班地开展着推行家庭联产承包责任制和发展传统木雕与建筑业的工作。

与此同时，农村大批青壮劳力离开东阳外出从事劳务和经商活动。《东阳市志》记载：这项数字在 1981 年为 29431 人，1984 年升至 58132 人，1988 年达到了 69438 人，占当时县域农村劳力总数的 18.54%。以至于到了 1998 年，东阳市不得不实施“回归工程”，号召在外的 13 万建筑大军、4 万经商队伍、3 万东阳籍港澳台人士以及 3000 多位东阳籍的副高以上专门人才关心家乡建设，回乡投资创业。

一个地方已经引爆了民众的创富激情，另一个地方还在四处寻找爆点；一个城市靠市场汇聚了全国的客流、物流、信息流与资金流，另一个城市则在放鸟出笼，鼓励异地创业，然后再召唤他们回乡。东阳与义乌的距离就这样开始被拉大。

而正因为有此背景，才有了东阳建筑人走南闯北的浩荡队伍，才有了后来楼忠福“跳出建筑做建筑”、“一辈子也不放弃建筑主业”的执拗，也才有了他“走出东阳，情系家乡”、热心响应家乡“回归”召唤的拳拳之心。

东阳素有“百工之乡”之誉，明清时期，逐步形成以木雕、竹编、火腿腌制、泥木石匠、纺织为主的百工队伍。至1928年，各类外出谋生工匠已经达到82473人，占当时县域总人口的17.78%。到1988年，东阳仅建筑队伍就已超过7万之众，1997年更达到13万多人，遍及全国各地及海外地区。

义乌虽自清乾隆年间就已经出现走街串巷的“敲糖帮”，但多以本地及邻近区域活动为主，远涉他乡者甚寡。改革开放前后，“敲糖帮”开始歇担设摊，萌芽了小商品市场。据《义乌县志》记载：1985年，该县已有市场摊位2847个，从业人员5694人，市场日流动人数高峰期可达3万多人次。同时，市场的繁荣还衍生出6400多户专业户、130多个专业村、12000多户家庭工厂以及33000多名从业人员。事实上，这个数据在1986年之后，更以加速度迅速膨胀，到2008年，义乌市场经营面积已经达到400万平方米，拥有商位6.2万个，市场年成交额492.3亿元，境内流动人口高达111万，超出本地户籍人口30万，包括来自全球百余个国家和地区的近万名外商常驻该市从事国际商贸。

应该说，历史上东阳比义乌更早具有“走出去”的创富欲望。改革开放之后，义乌充分利用了市场的聚散功能，在聚集人气的同时，也快速积累了财富。而东阳“先散后聚”，结果在输出人才与劳力的同时，也流失了财富与发展的机会。

流传于当地的一则民间故事颇有意思：

> 相传鲁班有两个弟子，一个是东阳人，另一个为义乌人。
>
> 师期将满，鲁班吩咐两位弟子各制作一件能够遮阳避雨之物。若成，则可独自谋生。东阳弟子做了一把伞，可开可合，最适宜行路之用。鲁班称许，并嘱咐他：看你是个东奔西簸之人。做手艺的，须稳重才行，到一地，住一地，撑一地市面是正经。义乌弟子做了个亭子，飞檐挑角立于路旁。鲁班也称许，并嘱咐他：看你是个稳重之人。做手艺者不仅须稳重，还得到处跑跑，开开眼界，到什么地方都能打开市面才行。两位弟子均遵循了师傅之嘱。东阳弟子收起了伞，习泥水木匠，到一地，住一地，撑一地

市面；义乌弟子则把工具换成了货郎担，终日绕村转户。

从此，便有了“东阳幽（方言，藏匿之意），义乌寻（找）”的习俗，世代相传。

两位弟子都很朴实，完全遵循了师傅的教诲。原本喜于“东奔西簸”的东阳人因此选择了稳重的“藏匿”；而原本“稳重之人”的义乌却从此选择了“到处奔跑”的寻找。两个角色的转换决定了后来两个城市的道路。

其实，在20世纪70年代，义乌最早的小商品市场就出现在与东阳交界的廿三里集市。只是，东阳没在意它的出现，更不可能预期它对一个区域的创造性威力。对于东阳，那可能是一次抢占先机、跳跃发展的最好机会。

史书上将源于磐安县大盘山穿过东阳流经义乌的全段流域统称为东阳江，但不知在什么时候，义乌已悄悄地将境内流域改称为义乌江。两江交汇点就在那个曾经萌芽了全球规模最大的小商品批发市场的廿三里集市附近。

藏匿是一种被动，寻找却可以主动发现机会。

后来的楼忠福显然已经领悟其真谛。走出东阳，搬迁企业总部；走出国门，在海外有所作为；以资本换身份，以身份拓市场；以及关注政治、创造机会、乘势而为、因变制胜等思想内容与经营理念，应该均来自这种领悟之所为。

接下来，我们分析东阳、义乌两地的文化背景及其嬗变。

《东阳市志》记载：该地居民多为直接或辗转迁入的中原氏族，因而在传统文化中具有明显的杂糅性与综合性，世重门第，崇族祭，多修谱牒。史上受佛、道文化影响最深，唐宋之后则崇尚理学与儒家思想，因而尊“礼”守“法”、兴学重教之风日盛。加之各类工匠又各有其主，鲁班、轩辕、张飞、乐毅、李白等均有推崇者。兴盛时期，境内拥有寺院、庵堂316处，道观13处，书院、学塾不计其数。至1929年，东阳公私立小学数已达395所，列浙江省各县市之首。三年之后，小学数更增至823所。

1977年，中国恢复高考制度，当年东阳就有112人中第（不含后来分拆开的磐安县域）。30年间，该市累计已有51749人跳入高校“龙门”。以至于目前全国东阳籍高级职称人才拥有量达到了8000多人、博士800多人。相伴学生苦读的霉干菜也被称为了“博士菜”。

宋宝祐《东阳县志·序》云，东阳“诗书讲诵相闻，旁郡他邑不及也”。明成化《东阳县志》记述，当地民俗“简素为尚，不事文饰”。全国人大副委员长严济慈在1988年为家乡新编《东阳市志》所作序言中称：“东阳，歌山画水，人才荟萃，风俗淳厚，人民勤俭，遐迩著称。”“勤耕、俭朴、学艺、求技，可谓东阳人的特有品格。”

《东阳市志》有记：自隋唐开科举士至清末科举废止，境内进士题名共计305人（含武状元6人），其中祖孙、父子、兄弟进士者31户计78人；历任知县以上官职者有1086人（含正副宰相5人）。著名人物唐有冯宿、舒元舆，宋有葛洪、乔行简、马光祖、何梦然，元有许谦、陈樵，明有张国维，近代更有新闻学先驱邵飘萍、北伐名将金佛庄、教育家杜佐周及百工艺人蒋雪舫、马富进等，当代则有物理学家严济慈、植物学家蔡希陶、铁路运输学家金士宣、医学家韦文贵、法学家赵琛等。因此，东阳又有“人才之乡”美称。

被称为人才的还有历代的大批能工巧匠。

及至近代，东阳的工匠种类已细分为雕花、蔑、木、泥水、火腿、雕佛、石、铁、漆、缝、纺、画、刺绣等60余种。尤其始于唐代的东阳木雕，至明代已形成完整的装饰手法与艺术风格，居全国四大木雕之首。清嘉庆、道光年间，数百名东阳木雕艺人曾应诏赴京从事皇宫雕饰。1914年，200多名木雕艺人受聘于由英国人梅方伯创办的杭州仁艺厂。1915年，杭州仁艺厂生产的东阳木雕工艺品在巴拿马万国商品博览会上获得金奖。至1920年前后，上海已开设东阳木雕作坊与店铺30余家，期间东阳木雕艺人400余名，宋美龄就曾慕名在东阳人开设的上海“王盛记”店里购买过木雕樟木箱。抗战期间，有400多名东阳木雕艺人进入香港，创办“艺华盛”、“华兴公司”等商号，1948年，新任港督葛洪亮还特意在华兴公司订购了木雕樟木箱，作为结婚贺礼赠送伊丽莎白二世。1935年前后，部分东阳木雕艺人从香港进入新加坡。1954年，旅台东阳籍人士在台湾新竹开设木雕公司。新中国成立后，精湛的东阳木雕作品更进入北京人民大会堂、故宫、钓鱼台国宾馆、杭州灵隐寺等处，并被当作“国礼”相赠外宾。改革开放后，东阳木雕一度兴盛于世，境内木雕企业发展到140余家，家庭作坊2000多家，从业人员多达2万之众，年创产值20多亿元，成为东阳市的五大支柱产业之一，木雕品种也发展到7大类3600多种，远销全球80多个国家与地区，并常有人员与作品赴海外交流展出。1997年，浙江省政府相赠香港特区政府的回归礼物正是一尊东阳木雕。

而自20世纪90年代后，由于不能适应市场经济变化，作为一个产业，东阳木雕渐趋衰落，虽然其在2006年被列入了首批国家级非物质文化遗产名录，但曾经的辉煌已然不再。

在东阳，“是否会读书”或“是否有手艺”一直是评价一个人有无出息的重要标准，离乡别土闯天下者被视作最有出息的人，而窝在田头或守着老婆孩子则会被讥为“田乌龟”。有眼光的父母，即使典物卖屋也要供子女读书，而为了子女或丈夫更有出息，东阳的妇女一直承担着田间耕作与抚养儿女的双重责任。

而义乌的建县历史要早于东阳400多年，且自建县2000多年来，始终未有重大行政区划的调整，也不曾有过大规模的人口迁徙，因而社会及居民相对稳定。民间有语：“金窝银窝不如自家草窝”，“在家千日好，出门一日难”。改革开放之前大凡如此。

唐代义乌佛教兴盛；宋元时崇尚理学，也盛兴学重教之风；清末有基督教、天主教先后传入，至今盛行；改革开放之后，商业文化逐渐取代传统文化，民众亲商崇富意识日渐浓厚。虽然这个城市历史上也曾出现过唐代诗人骆宾王、宋代抗金名将宗泽、元代史官黄溍、金元名医朱震亨（丹溪）、教育学家陈望道、历史学家吴晗、文艺理论家冯雪峰等一批志士仁杰，但市场已然成为今日义乌膜拜之图腾，功利观、竞争观与城市优越感一起被嵌入民众思想意识深处。因此，对于包括东阳在内的周边发展不及义乌的城市，义乌民众多有蔑视与傲慢心态。当代义乌人敬崇的英雄人物只有两位：一位是市场开拓者谢高华，另一位则是自己。义乌人多次想为谢高华在市场上塑一尊雕像，都被已经退休在家的谢老笑而婉拒。隐居衢州的谢高华曾经告诉义乌人：市场发展的功劳不在我，而在你们。这让许多义乌人更添自傲。

义乌拥有自傲的资本。这个与东阳同年撤县设市的城市，保持了市场20多年持续繁荣的奇迹，并且，蓦然成为浙江省三大“特区”之一，不仅在经济实力上，而且在区域级别上也已经超越了东阳。

由此看出，当代市场经济不仅拉大了东阳与义乌两个城市的经济距离，而且也正在隔离着两地的文化与价值观。

在这样的乡土文化中，我们轻易地寻找到了楼忠福勤奋与拼搏、执著与霸气、豪爽与义气、敏感与好学的许多理由。

关于东阳木雕的来历，当地流传着一个智慧的民间故事：

唐代，活鲁班华师傅为显宦冯宿、冯定兄弟在故宅营造厅堂。准备接楹上梁时，忽然发现180根楠木大梁全短了一尺二，华师傅大惊失色。适时有一老翁上门讨要鱼肉，华师傅置鱼肉于桌，款待老翁。老翁却把两尾鱼分移在两只碗上，将鱼头相对伸出一截，然后用一根筷子往两鱼嘴上一套，扬长而去。华师傅琢磨一番，幡然领悟，即命木匠做出360个“鱼头”，固定在柱子上，以此连接大梁。柱上安“鱼头”，既新颖又美观，且“鱼头”与“余头”谐音，大吉大利。后人又在“鱼头”上加了“牛腿”，便成了最早的东阳木雕。

被誉为“中国四大木雕”之一的东阳木雕是东阳民间智慧的产物，也是东阳文化的缩影：重雕善画，精刻细琢，简繁相宜，形神兼备，色泽清淡，质感高雅。

在这样的文化背景下，改革开放以来，东阳虽然“拉出去一火车，回家乡一汽车”，大量人才异地创业，但还是出现了广厦、横店等一批实体航母和楼忠福、徐文荣等数位可以称得上全国著名的实业家。

铁匠儿子为爱疯狂

楼忠福出生在浙江省东阳县吴宁镇一个铁匠的家庭，那是1954年的3月。

楼忠福出生时，他的父亲楼茂春正与妻子王凤珠在当地经营着一家打铁铺。

在东阳当地人看来，楼茂春是“很有出息”的人。13岁开始拜师学艺，此时已经成为远近闻名的“打铁状元”。这位铁匠有着与铁一样坚硬的性格，一年多前，他执意离开了加入不到半年的吴宁镇铁艺合作社，遭到领导的严厉批评。他觉得合作社的日子远不如单干来得痛快，合作社里的偷懒风气也让他很看不顺眼。当时，走合作化道路，实施全国手工业改造的大计方针已定，但具体实施过程中采取了“自愿互利、稳步前进”的政策，一定程度上对手工业者的个人意志表示了尊重，因此，虽然遭到批评，楼茂春还是成功地退出了合作社。

儿子的降生为“夫妻店”添了不少喜悦。然而，这样的日子没过多长，随着全国社会主义改造的加速，楼茂春的打铁铺很快又被重新纳入合作社。

加入了合作社的楼茂春依然不改他的脾气。1958年，在“鼓足干劲，力争上游，多快好省地建设社会主义”总路线指引下，全国掀起了大跃进和人民公社运动。楼茂春别的不懂，作为铁匠，对于当地用土高炉炼钢铁却看出了问题。他告诉别人说，拿了家里的铁器工具去回炉炼钢，那不行！

这一年的冬天，“反对大炼钢铁”的楼茂春被戴上了“反革命分子”的帽子，并被五花大绑地送往邻县的一个劳动农场。

于是，陪着母亲往农场看望父亲，成了楼忠福孩时最深刻的记忆，那也是他最高兴的日子。

如果没有这场变故，楼茂春可能会让自己的儿子承袭父业，楼忠福也很可能在若干年之后与他父亲一样，成为当地又一个颇有名气的打铁匠。可是，精于铁艺的楼茂春在劳动农场里发明了一种用于翻挖番薯的机器，使得农场领导在他两年半劳改期满之后仍然执意要将他留在那里，甚至承诺可以让楼茂春将妻儿一同接到农场团聚生活。王凤珠坚决不干，他不愿让儿子从小生活在高墙之内。结果，楼茂春不得不独自在农场又多待了三年。那时，他就发誓坚决不让儿子再干铁艺这一行当。

楼茂春没来得及给儿子传教手艺，却为他留下了一顶“黑五类子女”的帽子。戴着这顶帽子，楼忠福只念完小学就被赶出了校门。此时的楼忠福，在辍学之后参加了生产队里的劳动。

虽然干的只是放牛的活。但与牛在一起，少年楼忠福不必再承受他人的歧视，不仅没有了自卑，还有一种征服的自信。那是一头性情与他一样倔犟的水牛，体态健壮，桀骜不驯。楼忠福用了将近一年时间终于将它驯服。那是他少年中最快乐的日子，这头水牛也成了他最好的伙伴。许多个夕阳映照的黄昏，楼忠福横坐在牛背，嘴里哼着语录歌曲，走过村头姑娘艳羡的目光，那份自豪，多少弥补了他戴不上红卫兵袖章的遗憾。而且，不久牛背上又多了一位姑娘的身影，那就是后来成为他妻子的王益芳。

16岁那年，楼忠福还有机会到嘉兴“出息”了半年。

那天，城关建筑队队长于永炎在村头看上了他。

“你是铁匠楼茂春的儿子吧？叫什么名字？”

“楼忠福。”

“小伙子长得结实。我认识你父亲。别窝在田里了，多没出息。走，跟我去做建筑工吧。我那里正缺人手呢。”

能够出门赚钱学手艺，那是楼忠福梦寐以求的事。他很兴奋。

“行呀，去哪里?”

“嘉兴工地。”

第二天，楼忠福就随了于永炎坐上开往嘉兴的火车。那是他第一次乘坐火车。在这之前，他最远也就到过金华。

自然是从小工做起，每天工资1元4角5分。这已经是不错的收入了。像他这个年龄，在生产队里最多也只能拿个半劳力的工分。而每个工分值多少钱，能抵多少斤稻谷，得凭年成好坏，老天说话。

但在半年之后，楼忠福便被从嘉兴召回了东阳。

祸兮福之所倚。楼忠福从嘉兴回到东阳之后，却得到了后来成为他妻子的王益芳的爱情。

这是一个很能够体现楼忠福性格的精彩故事，王益芳也陪伴着他走过了风风雨雨的35年。因此，不可不讲。

王益芳，村里数得上的漂亮姑娘。高挑的身材，白皙的脸蛋，细眉皓齿，招人喜欢。他的父亲在城里当着工人，哥哥在部队当兵，两个弟弟还在上学。楼忠福从嘉兴回到东阳的时候，王益芳尚在念高中，但她父亲已经为宝贝女儿转成了城镇居民户口。

楼忠福还不知道城镇居民户口与他的农业户口究竟有多大的距离，他只是有一种懵懵懂懂的冲动，喜欢找王益芳说话，喜欢看见她的笑，喜欢她的每一身衣服，喜欢她的每一个转身。为了见她，楼忠福经常往她家里跑，帮着她家担水劈柴挑猪栏粪，反正什么活都愿意干，干着还不觉得累。王益芳呢，也愿意听他不断地重复讲着嘉兴的事，愿意看见这个比她还矮了小半头的家伙。

少男少女的爱情就这样逾越了世俗在两个人的一颦一笑中开始萌芽。

而当他俩的这份感情被家人察觉，即刻遭到了坚决的反对。那时的楼忠福是“黑五类子女”，父亲虽从农场回到了家里，但家境贫困，眼下住着的一间半旧屋还是租了别人家的，楼忠福就睡在那半间猪栏屋里。再说，当时的楼忠福身材矮小粗壮，人虽机灵，却是个“没有出息”的“田乌龟”。

少年气盛的楼忠福全然不管双方父母的劝阻，也不理会全村人的嘲讽，他只认准一个理：他有情于王益芳，王益芳也对他有意。

“去嘉兴之前我们就好了。”他理直气壮地对王益芳的母亲说。楼忠福指的那时所谓的“好”，是在他为生产队放牛期间，王益芳曾经多次骑过他的牛背。

王益芳高中毕业了。为了阻止楼忠福的“骚扰”，母亲将女儿反锁家中，后来干脆将她送往义乌的亲戚家里躲藏。这时的楼忠福颇像莎士比亚笔下的罗密欧，为了心中的朱丽叶，他变成了追求爱情的疯子。他曾经多次大胆地向王益芳家人表白自己对王益芳的爱慕之情，扬言为了娶她不惜拼命；他还三更半夜撬开王益芳家的门锁，要带心中的爱人远走高飞；后来又辗转找到藏匿王益芳的义乌亲戚家里，抢出爱人，逃离义乌，终被家人拦截……

人只有自觉到做人的自信与威风以后，才会产生勇敢的品质。勇敢是对自我的充分估价和对外在力量的一种藐视。

非常时代特殊的家庭身世背景锻造了楼忠福勇敢、坚强的个性。青年时代的楼忠福在爱情追求上已经初露执著与霸气。

那三年，楼忠福几乎做什么事都心不在焉，就一个想法：要娶王益芳为妻。

楼忠福的幸运在于，20 世纪 70 年代的中国，已经不是中世纪的欧洲，也并非 1400 多年前梁山伯、祝英台生活的社会。他的勇敢与执拗，不仅感动着王益芳，也最终获得了她父母的默许。

于是，疯狂的爱情故事便有了一个喜剧的结尾：

1973 年一个细雨濛濛的日子，楼忠福牵着生产队里借来的牛，从东阳到义乌，再让王益芳像他们以前曾经“好”过的那样，骑上牛背。楼忠福在前牵着牛索，新娘就这样“浪漫”地被接回了东阳。

36 年之后谈起年轻时的为爱疯狂，楼忠福笑称：霸气谈不上，勇敢、坚定、执著倒是事实。“20 岁可以为爱情疯狂，30 岁必须为事业疯狂。”他说，“人在不同阶段就应该有不同的追求。”

笔者试以楼忠福的“阶段论”解释人在不同阶段爱情与事业的关系，却遭到他的反对：“我的阶段论不能用在爱情上，70 岁、80 岁照样有爱情。”

据广厦人介绍，楼忠福在企业负责人会议上曾不止一次地告诫：家里的红旗永远不能倒，外面的彩旗永远不能飘，并对大家有一条不成文的要求：不准离婚。

“这条要求不仅针对大家，也适用我自己和我的儿子。”楼忠福说，“虽然‘家里没有理’可讲，但不准离婚是我对两个儿子的明确要求。没理也得做到。”

卢志信说：一不准赌博，二不准吸毒，三不准离婚；违法的事坚决不做；违背政府的事坚决不干。就凭着楼忠福的这几条，他相信广厦不会轻易被摧垮。

不拼不搏不是广厦人

在广厦集团杭州总部不远处，有一座保俶山。山在城市中间，不高，登上山去，城市与西湖美景尽收眼底。

保俶山上有座保俶塔，建于北宋年间，以朝霞映衬为最美，不远处复建的雷峰塔则有“雷峰夕照”之景，前者被喻为窈窕淑女，后者常被比作老衲。一老一少，隔湖相望，一朝一夕，相映成趣。正是这般别致的景味，在引发历代文人骚客文思涌动的同时，也让不少人在此生发思想的灵感。

楼忠福喜欢登保俶山。而那句关于登山的哲言很可能就来自于上山途中的灵感：

> 来到广厦，你一辈子都得登山，而且心中要有一座更高的山。它使你总往高处攀登，使你一抬起头，就看到前进的方向。

他把这句话写在了总部大楼的墙上，并反复在会议、谈话中一遍遍地重复。每一个进入广厦的新员工，首先必须记住的就是这句话。

楼忠福希望员工记住的是广厦的拼搏精神。

与同时代许许多多的民营企业一样，“拼搏”是广厦人创业初期的自觉感悟与行动。“不拼不搏不是广厦人，不富不豪不做广厦人。”这话激励了两代广厦人的持续创业，让广厦从一家小小的乡镇企业发展为拥有国内国外两个市场、涉足传统现代10多个产业、员工超过6万、年产值450亿元的大型集团公司。

“拼搏”就是为了“富豪”，“富豪”则需要通过“拼搏”实现。创富是那个时代从贫困中走出来的农民企业家最大的创业原动力，其最大理想无非也只是率领身边的民众实现共同富裕。后来，随着创富目标的实现，有了事业、成功与社会责任的更大追求，其人生观、财富观、文化观也随之发生深刻变化。而这种脱胎换骨式的价值观嬗变，又直接主导着他们的持续创业与思想发展，并影响着企业员工的观念变化与经济实体的质量提升。

“没有拼搏精神就没有今天的广厦；为了明天的广厦，我们还需要保持这种精神。”楼忠福一直在告诫自己，也在告诫他的团队。

因为萌芽于石缝间，所以生性顽强；因为成长在风雨中，所以需要勇敢；因为荒野默认无序，所以选择野蛮生长；因为缺少养分与呵护，所以才必须挣扎与拼搏。缺少“拼搏”，他们熬不过冬天，走不到今天。广厦如此，同类民营实体亦然。

持续恒久的“拼搏”还体现在实业家们不断延续的变革创新精神。

因时而变，因地而变，随机而变，这是许多民营企业创业初期形成的经营策略。这种“因变制胜”的经营之道，让拥有拼搏精神的实业家们屡试不爽。后来，求变策略延伸到技术革新与制度变革，也就有了一种被称为“创新”精神的归纳。

当代西方经济学家约瑟夫·阿洛伊斯·熊彼特是第一个提出“创新理论”的人，他在1912年出版的《经济发展理论》一书中首次提出：要建立一种新的生产函数，把一种从来没有过的关于生产要素和生产条件的“新组合”引入生产体系，这就是“创新”。在他看来，生产技术的革新和生产方法的变革在经济发展过程中具有至高无上的作用。而作为市场经济“灵魂”的“企业家”的职能就是引进“新组合”，实现“创新”。毫无疑义，熊彼特的“创新理论”强调“变动”与“发展”的历史观及重视“企业家”独特作用的新颖观点，在西方传统经济学中也颇具震撼意义。

当把中国传统的兵家思想与马克思、毛泽东、邓小平的社会主义学说以及西方熊彼特们的“发展经济学”理论结合一起，中国当代实业家也便有了更多的“变革”理由，“创新”一词因此也具有了特殊的寓意。楼忠福在不同时期提出的“出路出路，走出去才有路”、“转变思想，黄金万两”、“跳出建筑做建筑”、“多元化不是乱元化”、“先当好企业家再做慈善家”、“民营企业的最大优势在体制机制，最大毛病也在体制机制”、“全球金融危机下，民营企业更应该讲政治”、“错不在游戏规则，而在游戏者”、“抱团取暖不如冬令进补”、“抬头看路，智慧应对”等理念，正是对“创新”思想的“创新”运用。

温家宝在2008年对浙江民营经济曾经有过十个字的简洁评价：开拓、

创新、坚韧、吃苦、灵活。说的正是浙江民营实业家们的“拼搏”与“创新”精神。

相比于同样具有“敢为人先”和“勇于革新”精神的粤商，当代浙商的拼搏、创新耐力显然更为突出。将这两支中国重要的“商帮”作一个简单比对，或许我们还能在相同的时代背景下发现楼忠福实业思想成型的另一种必然。

“经世致用”的传统岭南文化和现代海派文化相结合，造就了粤商重商求富、敢于冒险、开放创新、敢为人先的粤商精神。20世纪八九十年代，当粤商凭借天时地利率先致富的时候，浙商却还在经历着创业如同针挑土的艰苦修炼。有资料显示，中国改革开放的前15年，大陆70%以上的外资来自香港。独占政策、区域优势的广东，依托香港最先完成了原始积累，并“摸着石头过河”，为全国改革开放杀出了一条血路。那时候，大地南倾，孔雀南飞，广东成为淘金者的乐园，“时间就是金钱，效率就是生命”，“见到绿灯赶快走，看见红灯绕着走，没有灯摸着走”，出自广东的崭新观念也成为全国传诵的时髦口号。与此同时，白云山的贝兆汉、万宝的邓绍深、科龙的潘宁、健力宝的李经纬、美的的何享健、格兰仕的梁庆德等一大批广东企业家已经成为全国著名的代表性人物。

那时候，许多浙江商人，还在“走遍千山万水，说尽千言万语，想尽千方百计，吃尽千辛万苦”，或者“白天当老板，晚上睡地板”，经历着原始积累的艰辛和改革创新的痛苦。

1984年，邓小平视察深圳、珠海、厦门经济特区，肯定经济特区的改革开放探索，楼忠福承包了只有几十万元资产的东阳城关建筑工程公司。第二年，他慕名来到深圳，改革开放前沿的冲天大浪把他击打得热血沸腾。到了1992年，邓小平再次南巡深圳等地，提出“胆子更大一些，步子更快一些”的改革开放新号令，楼忠福“乘势”组建起浙江省第一家建筑集团公司……应该说，楼忠福早期的许多创业理念与改革勇气就来自深圳这片滚烫的热土，广东企业家们的榜样也给予了他很大的力量。但直到组建广厦集团之前，他所执掌的还只是一家年产值不足亿元的乡镇企业。

浙江传统商业文化中有着浓厚的重商、事功色彩，永康籍的陈亮和永嘉籍的叶适，早在800多年前就提出了“农商并举、义利并重”的经济观，分别创立了“永康学派”和“永嘉学派”。传统的商业文化与开放、包容、创新的现代海洋文化相结合，让当代浙商具有了“自强不息、坚忍不拔、勇于创新、讲求实效”的浙江精神。[①]这种精神让浙商群体甘于从最苦最累的建筑餐饮、走南闯北的小商小贩和蝇头小利的针头线脑做起，由小及大，以小搏大，艰难成长。

以“草根”形容浙商是妥切的。他们一方面“遇到泥土就生长”，敏感的商业嗅觉使他们在市场经济中无孔不入，无处不在，石缝里也能顽强地寻找到生存的空间。并且，他们既不等不靠，独立自信，也乐于根须交织，抱团凝聚。温家宝曾经称赞：“意大利人说，他们九个人中就有一个企业，我说，温州人一个人就能办一家企业。温州人能吃苦，而且吃苦不叫苦，这就是中国人的力量所在。”另一方面，他们“遇到阳光就灿烂”，善于捕捉和创造机遇。经济学家焦新望曾经感叹：“浙江商人的经商意识是渗透到骨子里的，即使是菜市上卖菜的年轻人，也从未把自己看做是一个谋生的小贩，他们认为自己是在经商，是在做经理，甚至有名片、有手机。”

台湾作家龙应台讲过这样一个故事：她的一位朋友从以色列归来，带给她一蓬枯草，很难看。朋友告诉她，这叫沙漠玫瑰，浸泡在清水中，几天就会复活；离开水，又会渐渐枯萎；藏上一两年，再置于水中，它还能复活。半信半疑的她将这蓬干枯的杂草放在清水中，第一天毫无动静，第二天居然真的有了一点绿意，第三天，模糊的绿已变得实实在在，以后每一天，绿意都在顽强地向外延伸，到了第八天，展现在眼前的已经是完整、饱满、丰润的沙漠玫瑰了。

学者王志纲将浙商比作沙漠玫瑰：严酷的生存环境让这些草根人物练就了摧不垮、锤不扁、打不烂的强健生命力。他们就像沙漠玫瑰一样，气候恶劣时，会慢慢枯萎，了无生气。但只要气候变化，有一点点清水，有一点点雨露，它便可以渐渐复活，一圈一圈顽强地扩展它的绿意，演绎出惊天动地的生命赞歌。

浙商与粤商的区别不仅于此。王志纲同时认为：粤商“敏于行，而拙于思”；浙商虽多草根出身，却注重文化传统，善于在书本与实践中获取经营智慧和思想的努力。“这种追求必将使他们在财智时代如鱼在水、如鸟在林。”

---

① 2000年，浙江省委首次为“浙江精神”定位：自强不息、坚忍不拔、勇于创新、讲求实效。后来修改为“求真务实，诚信和谐，开放图强”，之后又增加了“创业创新”的提法。

如果说，波澜壮阔的社会时代是当代实业思想家群体成长的政治土壤，那么，差异的区域文化和人物特殊的家庭身世、成长历程便成为催生实业家个性化思想和差异性企业文化的养分。

有专业咨询公司一度曾将广厦企业的精神归纳为“团队、敬业、超越、贡献”，但很快又被楼忠福改回为“拼搏、创新、奉献”。这六个字是广厦人创业初期的精神概括，并被一直延续与强调。虽然这样的文字表述有些雷同，但这种精神来自创业人创业初期的自觉感悟与行动，并被20多年的创业实践所验证，它其实已经刻入企业与企业人的神髓。

楼忠福说：“胆识背后是勤奋。浙江人不是全国最聪明的，浙商的成功靠的就是勤奋、吃苦、敢拼搏。这才是浙商的精华。”

企业精神与企业文化不在乎如何表述，也不需要常变常新，更不是专业咨询机构可以随意强加于身的，它是来自企业与企业人灵魂深处的精灵。

接下来，让我们一起去感受广厦企业文化的特殊魅力，并从中进一步认识楼忠福个性化思想的精彩内涵。

磁场来自老板文化

作为一个概念的提出，美国学者特雷斯·E·迪尔和阿伦·A·肯尼迪肯定不是“企业文化”的最早发现者，但他们在1981年出版的管理专著《企业文化——企业生存的习俗和礼仪》确实引起了不小的轰动。在这本被称作“企业文化经典之作”的图书里，他们用丰富的例证说明：杰出而成功的企业都有强有力的企业文化，即为全体员工共同遵守的、自然约定俗成而非书面的行为规范，并有各种各样用来宣传、强化这些价值观念的仪式和习俗。在两个其他条件相差无几的企业中，由于其文化的强弱，对企业发展所产生的后果也完全不同。

当时，日本企业在二战后的飞速发展引起了全球关注，本以理性管理自豪的美国也不得不正视日本之谜。而日本的成功恰恰因了理性管理所忽视的管理软因素，其中最重要的就是融入企业的文化以及由此形成的“东方管理模式”。

于是，企业文化学奠基者劳伦斯·米勒惊呼：“今后的500强企业将是采用新企业文化和新文化营销策略的公司。”美国历史学家戴维·兰德斯也在其《国家的穷与富》一书中断言：“如果经济发展给了我们什么启示，那就是文化乃举足轻重的因素。”“谁拥有文化的优势，谁就拥有竞争优势、效益优势和发展优势。”哈佛商学院通过对世界各国企业的长期分析研究得出结论：“一个企业本身特定的管理文化，即企业文化，是当代社会影响企业本身业绩的深层重要原因。”通用电气董事长杰克·韦尔奇说：“最终的竞争优势在于一个企业的学习能力以及将其迅速转化为行动的能力。”

普遍认为，企业文化的核心就在企业精神与价值观，其内容则体现在理念、制度、行为与物质四个层面。优秀的企业文化应该是各个层面的相互渗透与和谐统一。按照“金字塔”管理学理论解释：“存在的企业”即企业的物质性是金字塔的塔基；往上第二层为“有形的企业”，指企业制度与外在形象；再往上第三层为“有文化的企业”，指蕴藏于企业制度、行为间的企业文化内涵；最高一层为“有哲学的企业”，那是能够折射思想与理念光芒的精神。日本松下幸之助就认为松下电器是“有哲学的企业”，他们生产的产品都是“一种哲学的附属物”。

要让企业达到“哲学”的最高境界，这很难。也许只有如松下幸之助等少数几位“经营管理之神”才能做到。

但这并不能阻止当代实业家们对其不懈追求与探索的努力。

广厦来自东阳，东阳乡土文化是其难以摆脱的文化烙印。这种文化曾经激励了广厦人前期的拼搏与创业，也可能会制约企业之后的发展与壮大。好在建筑企业天南地北，本身具有广泛的区域特征，因而也具备相当强的吸纳性与包容性。这种吸纳与包容，多少减弱了乡土文化的负面影响。

后来，广厦并购了许多跨区域、跨行业、跨所有制的企业，体制之间、理念之间、文化之间便有了更多的碰撞。这让广厦文化具有多样性、丰富性的同时，也增添了其文化规范与一致性的难度。

重庆一建并购初期弥漫的硝烟，便是最好的例证。

1998 年 9 月，郭向东带着一名财务总监和一位司机来到刚刚被广厦并购的重庆一建公司，走马上任董事长职务。他带来的还有广厦的使命和沿海开放地区的思想观念，而等待他的却是山城弥漫的浓雾和胜过蜀道的艰难。一场观念之争在一个人与几千人之间不可避免地爆发了。

观念之争首先来自公司核心层。由重庆市建工集团委派或公司内部产生的党委书记、总经理、工会主席等一开始就没将郭向东放在眼里。广厦不就是有钱嘛，你董事长管好你的资产，别的人事、经营、管理概不得过问。老国企自有国企人的思维方式，他们觉得企业改制无非是换了个老板，对效益提升也不抱太大的希望，建筑企业富能富到哪里去，能按时发放工资就行，若可以用广厦投资的钱为大家加点工资那就是最讨人心的实惠。

郭向东岂能容忍换汤不换药的企业改革。他自己租用了公司附近的简陋民房做宿舍，却提出先花十几万元将公司破旧的办公楼装修一新，办公室里全部装上了空调，更换了办公设施。新企业需要新形象，这是广厦的风格。

然后，他来到职工中间座谈调查，征求改革意见。谁知，热面孔贴上冷屁股，职工们对广厦与改革似乎都有抵触，也不太爱答理他这位董事长。

企业还在旧机制下老牛拉着破车。有人甚至浑水摸鱼，将企业资产占为己有，并拆走了办公室里刚刚装上的空调，他们以为这还是几个月前的“公家财产”，见者有份。郭向东心急如焚。

而当郭向东提出企业改革方案，阻力便从暗处跳到了明处。党委书记、总经理、工会主席联合怂恿职工对抗董事长。他们指责郭向东装修办公室是挥霍国有资产，董事长过问人事与管理是越权干涉，而广厦并购企业后不给职工加工资是违约食言。于是联合向市政府写信告状，要求罢免郭向东，要与新公司“拉爆”(分道扬镳)。

“我们辛辛苦苦干了几十年，现在却成了资本家的奴隶。工人阶级的领导地位哪里去了？国有企业的主人翁地位被资本家剥夺了。”类似的语言竟然出现在改革开放第20个年头的重庆。郭向东似有“乃不知有汉，无论魏晋”的隔世之感。

关键时刻，楼忠福专程赶往重庆。

在与公司领导谈话时，他强调：并购不是目的，关键在企业机制创新。无论阻力再大，观念一定要更新，改革决心决不动摇。重庆一建必须引入民营机制；总经理应该在董事会领导下实施改革；党委书记、工会主席应该支持董事会的改革行动。这是原则。

在项目经理座谈会上，楼忠福告诉大家：广厦的项目经理人人都有别墅汽车，身家百万、千万的也大有人在。但这些都不是国家给的，也不是天上掉下来的，是靠他们自己打拼干出来的。观念更新了，有了灵活的机制，大家卯足劲来干，重庆一建也能出现十个、一百个的百万富翁、千万富豪。

而在另一个职工座谈会上，一些人将火气喷向了楼忠福：“广厦不是答应会增加职工收入吗？为什么还不给我们加工资？”

楼忠福耐心解释：增加收入要有好的用人机制与激励机制，要调动大家积极性，一起干出来。现在你们反对改革，阻止好的机制进入，企业出不了效益，怎么增加收入？转变思想，黄金万两。增加收入，提高福利，那是指日可待的事。

有人说话更冲："广厦哪有钱？只把晦气带来了。"并扬言，"我在重庆踏了 50 年的山，怕过谁？"

楼忠福也不客气："重庆山有多高？海拔多少？在全国排老几？你们知道吗？"说话的人哑口了。楼忠福继续道："广厦人跋山涉水，走南闯北，什么样的山没见过？重庆这点山路，对广厦人来说根本不算什么。"

"广厦有句话，叫做'来广厦就是登山的'。"楼忠福笑着说，"我愿意与大家一起登山。包括重庆的山。"

楼忠福巧妙地以"山"对"山"，将广厦的拼搏理念与改革决心传递给了重庆一建的职工。

道理说了，态度明了，决心表了。然后举行股东会议，按照法律程序，把该定的事项确定下来，把改换的人员换下去。"多换思想少换人，不换思想就换人。这是广厦的理念，也应该成为重庆一建的理念。"楼忠福说。

接着，他又把这个理念带到重庆市政府与市建工集团，诚恳表明：广厦千里迢迢来到重庆投资，不是为了与谁过不去，但有谁要与企业改革过不去，对不起，不换思想只能换人。

当然，楼忠福还答应拿出几百万元，为职工先加工资，让工人感受改革的甜头，增强引入新机制的信心。

在政府与广厦集团总部的支持下，郭向东的企业改革顺利了许多。

很快，公司的三级管理体制变成了两级管理，19 个分支机构撤掉了 12 个，15 个机关处室合并为 10 个，科室人员也从 164 人精简到 111 人。接着，实行干部聘任制和全员劳动合同制，在重庆市首家推行项目全奖全赔承包制。在建立企业竞争机制与激励机制的同时，职工的市场意识、危机意识、忧患意识也逐渐形成，企业渐渐呈现出了活力。

同样在北京二建新公司揭牌仪式上，原公司主管机构领导对其被安排主席台二排位置也颇有不满，就为这事，据说差点砸了揭牌仪式的场。那是一种体制转换阵痛中的心理失落，还是不同区域、不同所有制实体间多种文化碰撞的尴尬。这种尴尬，不时地会在广厦的各个角落碰撞出火花。

建筑企业区域跨度大，员工队伍层次复杂，流动性明显，加之广厦经历了由乡镇企业到集团公司再到公众企业、从东阳到杭州再走向全国全球的多次转身，之后又进行了大范围、跨行业、跨所有制的扩张兼并，使其企业文化难以压膜成型。从国有企业改制到事业单位一夜间成为民营实体，从皇城根下的首都到偏远的中西部地区再到分布五大洲的国际市场，从拥有产权的管理层到说来就来、说走就走的项目经理，从辞官下海的政府官员到超过10万的民工队伍，不仅企业文化难以成型，传播弘扬更具难度。

在2005年杭州市宣传部门举办的一次企业文化培训班上，楼忠福以《企业文化之我见》为题，谈到了广厦企业文化的差异性、阶段论特征。

> 广厦企业文化很复杂，差异性非常大。有差异就有碰撞。面对博士、硕士、教授、医生、工程师，过去我老想，我的文化水平没你高，讲的话又那么通俗浅显，你怎么就听不懂呢？后来发现，他不是听不懂，而是没有站在你的位置上、以你的角度来认识问题。这给我一种启发：承认文化差异，就必须针对不同类群人员的价值追求与行为方式，在不同阶段采取不同的管理理念和管理方式，有的放矢。
>
> 企业文化是实实在在的，来不得半点虚假与空转，除非你不爱你的企业。政府部门凡事重过程，轻结果；企业却必须重结果，讲效益。
>
> 企业发展从小到大，由弱变强，并会根据国家政策和企业发展需要在不同时期采取不同的经营策略，因此企业文化要讲究阶段性。而差异性与阶段性的把握，关键又在一个“度”字上。一种好的企业文化，必然是能够调动人的积极性，企业发展了，个人也发展了，在每一个阶段都有新的提高。这是检验文化阶段性是否把握好“度”的标志。
>
> 民营企业最大的优势在体制机制，最大的毛病也在体制机制。因为它缺少约束，容易生变。制度不能解决所有问题，何况民营企业的制度本身又不硬。因此才更需要文化，让企业文化解决制度不及的认识、心理层面及自律问题。
>
> 在民营企业，企业文化就是老板文化。而所谓“老板文化”，简单而论，就是体现老板经营理念、管理理念的文化。
>
> 任何一个企业，乃至一个地区、一个国家、一个民族，凡是

大力倡导和弘扬的文化，都是反映其领导者的理想、信念、目标追求和价值取向的文化。民营企业老板什么样子，企业就会是什么样子。所以，要提升企业文化，关键在提升老板自身的经营、管理水平与责任意识。

楼忠福说："广厦的所有问题都是我的。我从不推卸责任。"卢志信则认为：楼忠福有一股磁场，总能吸引着一批人围绕周围，为他死心塌地地效力。这种磁场或许正来自于楼忠福自己所称的"老板文化"。

"产权决定体制，体制决定机制，机制决定文化。"吴小伟也认为，"眼下的企业文化就是老板文化。"

徐征宇却愿意将广厦文化理解成一种"默契"与"归属感"：有时，老板的权威与情感能够处理许多企业制度解决不了的问题。而这又不能简单地与现代企业制度对立起来。这种权威与情感在企业里会形成一个磁场，吸引并感染着企业内的所有人，让你默契地被磁场吸引，围着磁场转。这时候，"广厦文化"便表现为一种鲜明的"广厦化"。

不久前在东阳补充采访期间，为我们安排行程的是广厦股份有限公司监事会主席、兼任广厦东（阳）金（华）集团公司办公室主任的吕育土。这位"广厦元老"向我们展示了"广厦文化"最生动的一面。

从三建公司到东金集团，从广厦学院到广福医院，从白云文化城到紫荆庄园，从广厦大厦到楼忠福私宅，从忙里抽闲的东阳政府官员到热情好客的楼忠福母亲，从豪华的蓝天白云会展中心到简便实惠的职工食堂……有条不紊的安排让几天的采访行程充满乐趣。说好几点几分从宾馆出发，他准会提前几分钟在大堂等候；上了车，他会告诉你下一站和下下一站的行程安排；在你一个小时的采访期间，他已经妥善处理了因为我们到来而耽搁了的他的许多岗位事务；他一般不会主动向你介绍广厦，而你若问起，他则会有时间有地点带人物地为你讲述完整故事……严谨，认真，务实，高效——典型的广厦行事风格。在吕育土身上，似乎就没有不知道和办不成的事，要办而且会办得最好、最漂亮。看他办事，你有一种完全的信任与信赖——复杂与困难被他藏在了身后。

每顿用餐他都会安排我们在不同风格的不同地点，而且，每次都会让你在餐桌上认识几位新的朋友。话不多，酒量好，酒风比酒量更好。没有复杂的过程与程序，只有真诚与豪爽的示范。而他的豪爽与率直，又让你很难找到拒绝的理由，并且，绝没有勉强的尴尬。桌上放着你可能爱抽的国产高档香烟，他自己却抽着广厦人喜欢的“Davidoff”——一种价格不高、俗称“大哥大”的外烟——那也是楼忠福目前唯一喜欢的香烟品牌。在广厦，这种香烟已然成为统一的招牌，从楼忠福到楼正文，从吕育土到东金集团老总包继承，大有“不豪不爽不做广厦人，不抽 Davidoff 不是广厦人”之俗成默契——豪爽，显摆，追求差异，决不服输，事在人为，注重品牌，以及英雄看行动、复杂问题简单处理等，酒桌上无处不在广厦文化的影子。这种文化从广厦人的一举一动、一言一语中自然洋溢，并且极具传染力。

这让人回忆起了东阳三建时期的楼忠福。据早期与其有过密切交往的朋友介绍，那时，身披一件黑色呢大衣的楼忠福，走到哪里，总有一群“弟兄”相随左右，颇有些像周润发主演的上海滩上一呼百应的角色。

这也容易让人想起了游牧民族。在刚勇的马匹与骁勇的骑士之间也有一个强大的磁场，这个磁场能让人与马同时接受一种特殊的精神信息，并在奔腾冲杀中默契地互相传导，形成一种浑然合一的勇敢精神。

特雷斯·E·迪尔认为：企业文化由价值观、神话、英雄和象征凝聚而成，这些价值观、神话、英雄和象征对公司员工具有重大的意义。阿伦·A·肯尼迪也表示了相似的观点：企业文化是企业上下一致共同遵循的价值体系，一种员工都清楚的行为准则。

关于企业文化，目前已经有多达将近 200 种的定义。而我们从广厦及楼忠福身上看到的是：企业文化是一种价值体系，一种企业精神，一种上下左右默契遵循的思维方式和行为规范。而企业掌舵人（老板）的榜样示范作用，往往会使企业文化产生强大的磁场，这种磁场的力量在企业内部相互传导，不仅决定着企业的决策和执行能力，而且也将对企业的未来发展模式和永续潜力产生至关重要的影响。

对于实业思想家，企业文化还折射出其个性思想的精髓。

一花一世界，一叶一如来。同时代的实业家站在相似的实体平台上对相同的经济、社会与人生也会有着不尽相同的思想。在广厦文化之间梳理楼忠福的思想轨迹，我们很容易发现其在群体共性中凸显的个性特征：

拼搏论。楼忠福创业早期提出“不拼不搏不是广厦人”，25 年来一直念念不忘“保持拼搏精神”，即使从“做大做强”转而“不争百强做百年”之后，仍然强调要“继续打拼”。拼搏精神让广厦从一家镇属乡镇企业发展成全国百强的实体航母，也使广厦企业文化多了一种持续发展的刚性。

实用论。楼忠福信奉实用主义，思维、管理、用人、办事，一切手段都不重要，重要的是结果。他喜欢将复杂问题简单处理，实用理解政策与机遇、人才与政治、管理与效益以及义利、名利之间的关系。他习惯于自我否定，善于借鉴各类有用的理论与思想，并以实用价值在实践中取舍修正，对了坚持，错了就改，因变制胜，屈伸自如。

差异论。楼忠福争强好胜，追求标新立异，“做别人不做的，做出特色；做别人想不到的，做出意外；做别人不在乎的，做出感动；做别人做不好的，做出奇迹”。要做就做最好，要拿就拿第一，即使赞助也要独家。有时他会提出一些明显与传统或现行思想相悖的前瞻性观点，更多的时候则会在一句话的新闻和人所共知的政策缝隙里捕捉到商业机会。

阶段论。踩准了走快点，没把握时走慢点，不知怎么走时想一想。正是这种“快一步中慢半拍”的节奏感让楼忠福有了“抬头看路，智慧应对”、“学会适应生存环境”、“每一步都要踩在鼓点上”的思想理念。他善于在形势、政策的变化中以变应变，调整发展与经营策略，捕捉变化、运动中的制胜机会。

是改革开放的变革社会让当代实业家们有了放飞“米诺娃的猫头鹰”的冲动，是转型期体制与政策变化的机会让当代实业家们有了体现思想的可能，而开放宽松的实业平台则成为当代实业家们思想探索与实践的最好舞台。

楼忠福称：“我是幸运的，因为赶上了千载难逢的历史机遇。”幸运的不仅是楼忠福，而是整整一个群体。

第十四章　百年企业的梦想与现实

走出围城

做久做长，是中国民营企业在“做大做强”之后的另一个“梦想”。虽然实业家们知道这比他们之前努力的“做大做强”更为困难。

国家统计局城调队在2002年曾经有过一项调查，称中国民营企业的平均寿命为5.7年。于是，当年在广州举办的一个民营企业发展战略论坛上，“民营企业活不过六年”成为专家热议的话题。经济学家魏杰在20世纪末也曾下过预言：再过10年，现在的民营企业200个中间有一个能够存活下来就不简单。马云说得更加悲观：100个人创业，其中95个人连怎么死的都不知道，没有听见声音就掉进悬崖；还有4个人是你听到一声惨叫，他掉下去了；剩下一个可能不知道为什么还活着，也不知道明天还活不活得过去。

经济学家厉以宁曾经对中国民营企业的“非正常死亡”有过10种“戏说”。有资料显示，中国每年倒闭的民营企业超过百万家，这个数字在全球显然是最高的。

然而，还有更多的勇敢者正在前赴后继。浙江省工商局发布的数据显示，即使在金融危机爆发的2008年，该省全年注销歇业的私营企业为2.2万家，新登记企业则有7.02万家。虽然实际关闭的企业应该是注销歇业数字的一倍以上，但退出与进入两项数字相抵，浙江省2008年的企业总数仍然比上年增长了4.5%，其中私营企业数同比增长7%。广东省工商局的统计数据也显示：该省2008年注吊销企业合计6.24多万家，新增登记企业却有 10.06 万家，两者相抵，当年实际增加企业数 3.82 万家。

大浪淘沙，优胜劣汰，社会的车轮就在这样的前赴后继中滚滚向前。

而且，毕竟全球企业史上还有那么多的“百强”与“百年”的成功范例。

笔者案头就有一本已经被翻阅过几遍的经典图书——《基业长青》。这是一本创作于 1994 年、被作者自称为“世界上每一位 CEO、经理人和企业家都应该阅读，每一位公司董事、顾问、投资人、新闻记者、商学院学生，每一个对世界最成功企业的出众特质有兴趣的人，也都应该阅读”的图书。美国斯坦福商学院年轻学者吉姆·柯林斯和斯坦福大学副校长杰里·波勒斯教授经过 6 年时间对《财富》500 强中的 18 家企业进行跟踪研究，总结出“企业永续经营”的若干准则。该书一出版，便登上美国经管类畅销书榜，之后被翻译成 10 多种语言，在全球各地印刷超过 40 次，被称为是“继《追求卓越》之后最引人注目的企业研究力作”。

波音、花旗、福特、通用、惠普、IBM、强生、默克、宝洁、索尼、沃尔玛、迪士尼……在这一连串的“高瞻远瞩公司”中，定然可以寻找到企业“百强”与“百年”的许多理由。笔者不想引用该书案例佐证“百强”的途径与“百年”的可能，因为手上即将完成的这本图书并不在推介企业，而在企业家的描述，不在告诉“应该怎么做”的结论，而在揭示“为什么这么做”的思想。

如果说百强是企业的“围城”，百年则是实业家的一种理想。

“建立一个经久不衰的伟大公司的强烈愿望不是美国独有的。”吉姆·柯林斯在他的《基业长青》“再版导言”中说，“我们在每一种文化中都发现了造钟师。全世界觉悟的商业领袖都能直觉地感受到永恒核心价值和追求利益之上的核心使命的重要性。”

楼忠福在 2007 年复旦大学研究生班上曾经理直气壮地宣称：“都说富不过三代，我今天敢在这里说，广厦必富过四代。”

那时，广厦还在“百强”与“百年”之间徘徊。而到了 2009 年初，楼忠福下定决心“不争百强做百年”，广厦转身致力于“做稳做好”。

在北京出席了新中国成立 60 周年观礼活动的楼忠福显然对“百年广厦”有了更加清晰的想法。

“做百年首先要静下心来对企业内部的体制机制进行一番梳理。”楼忠福称：广厦将集中一段时间进行企业内部的产权改革，真正将一个楼忠福变成十个楼忠福。“一个人做 300 亿很累，10 个人每人做 100 亿并不难。”他说，“到那时，十个指头砍了一个还有九个，砍了两个还有八个。广厦就能做久做长。”

“第二要突出一个稳字。房产开发要争实力、求发展，少拿地、卖现房，做稳做好，增强抗风险能力。”一个“稳”字显然不是楼忠福的性格。笔者理解，“稳”只是阶段性措施，“好”才是实现“百年广厦”的最终目标。

楼忠福强调：建筑与房产开发是广厦的主业与品牌，永远不会放弃。此外，企业已经拥有传统产业之外的多个新兴利润增长点，那是百年广厦的另一种支撑。

比如能源。五年前广厦成立舟山能源集团公司，选址浙江舟山黄泽山岛开始筹建原油储运基地，目前项目已经正式获批。黄泽山岛与上海大小洋山港相望，拥有1640米长的海岸线，可建设8个分别为30万吨级、10万吨级和5万吨级的码头泊位。已获批准的首期项目计划投资22亿元，目前广厦已经投入5个多亿。楼忠福算了这样一笔账：项目建成后可储存原油350万立方约6500万吨。如果自己经营，每年产值超过300亿元。即使油库出租，每年也有20亿元的租金收入。原油储备是国家重要的安全战略，具有多项优势的广厦舟山项目很有可能在未来成为国家成品油储存基地。

还有制造工业。2006年以3.6亿元的总额收购的上海照明灯具公司、上海弘源照明电子公司和上海耿耿市政工程公司已经组建成上海明凯集团，并在江苏建湖、浙江东阳分别建设新的发展基地。这也是未来广厦不可忽视的利润增长点。更何况，明凯在上海市区拥有十多万平方米的厂区土地，沪外生产基地建成之后，这些厂区土地将能产生巨大的整合开发效益。

“旅游、宾馆饭店是房产业的延伸，为了提升房产品牌、品位，不会成为广厦的主业。而医院、学校，那是配合广厦发展在社会树立公众形象的需要，但要做就做出一流。如果需要，多投入一两个亿会怎样？”楼忠福称，“至于文化产业，广厦也不会放弃。有条件时还会增加投入。”

理想的“百年”被楼忠福诠释成了一种现实。

现实中还有一个企业交接班问题。这是百年企业无法回避的现实。

美国布鲁克林家族企业学院曾经有过一项家族企业传承的研究，结果显示：约有70%的家族企业未能传到下一代，88%未能传到第三代，只有3%的家族企业在第四代及以后还能继续经营。

中国第一所民企接班人学校创办人茅理翔则认为，一些二代不愿接班，正是缺乏社会责任感的表现。“民营企业还要发展，这也是一项重大的社会责任呀。”他在2006年正式将公司全盘交给儿子茅忠群打理之后，办起了一所“家业长青民企接班人专修学校”，65岁的他自称开始“第三次创业”，希望打造一所中国民企接班人的“黄埔军校”。

楼忠福也经常会被媒体问及企业接班人问题，他的回答是三句话：“儿子若能够胜任，坚决交给他；儿子若不能够胜任，坚决不用；不会为了儿子牺牲自己奋斗了几十年的事业。”

鲁冠球也持与楼忠福相似的观点：“在能够胜任的同等条件下，我肯定要选儿子，选我最信得过的人，把道德风险降到最低。”他认为这不仅是对自己负责，也是对企业负责，对社会负责。因此，他早早就将儿子鲁伟鼎带在身边一起上下班，手把手地教他如何处理企业事务。1992年，21岁的鲁伟鼎被推上了集团副总裁位置上历练，两年后正式出任万向集团总裁职务，如今已是名副其实的万向二代掌舵人。李嘉诚曾在董事会上专设小椅子，让不足10岁的两个儿子列席董事会旁听。世纪金源的黄如论也将长子黄涛从小培养，带他列席公司各种会议，完成大学教育后又让他从公司基层做起，手把手地传授自己的所有积累。

茅理翔则认为：“在信用缺失的经济环境中，要让那些创业者把经过多年拼搏创造出来的财富交给别人去打理，没有几个人放心得下。况且目前国内职业经理制度尚未形成，相关的法律法规也不健全，外聘经理难度较大，还是觉得儿子比较放心。”因此，当1994年独子茅忠群刚刚拿到上海交大电力电子技术硕士学位，茅理翔便执意动员他放弃赴美攻博机会，回家创业接班。茅忠群在1996年创立宁波方太厨具公司和方太品牌，自任方太总经理，2006年全盘接过公司事务。茅理翔的女儿茅雪飞则在此前接管了父亲早期创办的飞翔公司业务。

楼忠福称：“培养创业者比培养接班人更重要。”55岁的他应该还有更多时间从容处置企业交接班问题。而且，身边已有的成功案例也能够为他提供他愿意接受的资鉴。

一代自有一代人的历史使命。改革开放之后的中国第一代实业家已经基本完成了他们的历史使命。自我超越可以，欲以一代之力完成二代人的使命则显勉为其难。

而与他们的父辈相比，二代的吃苦耐劳、勤奋拼搏精神显然有所不及，对传统文化思想的理解与运用也略嫌逊色，资源利用、人际管控之术更为不足。因而，即使接班，若继续沿袭父辈经验而无创新，则定然难以超越。而若让二代弃辕更辄，换旧从新，则又是第一代创业人难以从感情上接受和最为放心不下的。这才是民营企业真正的交接班之惑。

其实，企业生命的延续只是一种形式，“百年”的真正意义不仅在时间与空间概念，正如“百强”也不只是一个简单的“大”字。

改革开放之后的中国第一代实业家留给社会的功绩已经刻入历史。从某种意义上说，这种功绩远远超越了其经济实体“百强”与“百年”的所有内涵。

巴菲特说：只有大潮褪去才能知道谁在裸泳。吉姆·柯林斯也说：跑得快的企业未必能跑得久。卓越是每一个企业的目标，长久卓越更是每一个企业的梦想。但在卓越之前，所有的企业首先必须要尽可能地活下去、活得好、活得久。生存是卓越的前提。

自近代以来百余年的中国企业发展历史已经证明这样一个事实：在中国，企业能否快速做大，取决于企业家的魄力与冲动；企业能否做强做好，取决于政策与环境给予的机会；而企业能否做长做久，很大程度上已经不再取决于企业家的愿望，而依赖于企业文化与企业内在的功力。

实业思想家的思想已经融入企业文化深处，它必然能给企业带来磁场之外的功力。

2007年9月，阿里巴巴的马云与台湾鸿海集团董事长郭台铭有过一场关于“大象和蚂蚁哪个更能在未来生存”的辩论。前者坚信“小才是美”，后者认为“大并不是坏事”，“只要这只大象能跳舞”。

让下面这则故事中的乡下小伙子告诉我们大与小、真与假、一天与一辈子的异同。

一位乡下小伙子进城应聘“世界最大”的“应有尽有”百货公司销售员。老板问：“做过销售吗？”小伙子答：“以前在村里挨家挨户推销过小商品。”老板见他机灵，决定试用一天：“就一天。记住，明天下班前我会检查。”

第二天临下班老板真的过来了，问他：“你今天做了几单买卖？”

“就一单。”小伙子有些不好意思。

“只一单？”老板很失望，“其他售货员一天至少可以完成二三十单生意的。你到底卖了多少钱？”

“五十万美元。”小伙子答。

老板不信："一单生意会有这么多钱？"那几乎是其他售货员一年的销售额呀。

"是这样的"，小伙子告诉老板，"上午有一位先生来买东西，我先卖给他一个小号的鱼钩，然后是中号的鱼钩，再然后是大号的鱼钩。之后我又卖给他小号的渔线、中号的渔线和大号的渔线。我问他上哪钓鱼？他说海边。我就建议他买条船。他跟我来到卖船的专柜，买了一艘 20 英尺长的船。然后他说他的汽车可能拖不动这么大的船。于是我又带他去了汽车销售区，卖给他一辆新款豪华型汽车。"

老板目瞪口呆："一个顾客仅仅来买个鱼钩，你就能卖给他这么多东西？"

"不是的。"小伙子继续回答老板，"他是来给他妻子买卫生棉的。我告诉他：你的周末算是毁了，干吗不去钓鱼呢？"

老板不敢再往下问，他决定聘用这位小伙子，并送给他自己10%的股份，让他一辈子服务公司。

倾听天都香颂

现在，让我们回到天都城，在枫丹白露的建筑艺术中，倾听一曲深情浪漫的天都香颂。①

"百年广厦从天都城做起。"天都城里有楼忠福一个比"百强"与"百年"更大、更为精彩的梦想。

实业家都有精彩的梦想。

20 世纪初，民族实业家张謇的最大梦想不仅在实业，更在南通。1903 年，张謇开始在家乡南通创办第一所学校，之后，几乎倾其所有，将实业利润全部投入到南通的城市建设，让一座原本人口不过 4 万、没有任何工业的小城成为经济、文化、交通、水利、医疗和慈善体系相当完备的"中

---

① 法国香颂（chanson）是法国通俗歌曲和情爱流行歌曲的泛称，以甜美浪漫的歌词著称于世。

国近代第一城”。

一开始，张謇就将他的大生纱厂选址在南通较为荒芜的城南唐闸，其“大生”厂名取自《易经》“天地之大德曰生”之句。从第一家纱厂到二厂、三厂，再到铁厂、油厂、面粉厂、印刷厂、轮船公司、垦牧公司，并以实业为支点，兴办师范学校、普通中小学和幼稚园，建起了图书馆、博物馆、气象台、剧场、体育场、俱乐部、公园、旅馆、银行、绣织局、女工传习所等城市设施，还有育婴堂、养老院、济良所、残废院、医院等慈善公益项目，竭尽全力以企业办社会。据《南通县图志》记载，至 1920 年，这里的居民已经接近万户，人口近 5 万。通扬运河沿岸工厂林立，商业繁荣，吸引了许多社会学者前往参观考察，南通很快成为当时中国最著名的县城。梁启超将其称为“理想的文化城市”，英文《密勒氏评论报》主笔 J. B. 鲍威尔称赞其是“中国大地上的天堂”。据称当年国外发行的世界地图上，中国许多大城市均未有标出，南通方位上却赫然印着“唐家闸”三个字。张謇因此也在他 70 岁的时候被评选为中国“最敬仰之人物”，1937 年中华书局刊行的《中国百名人传》中，起为黄帝，末乃张謇。

胡适称张謇为“近代中国史上很伟大的失败的英雄……他独力开辟了无数新路，做了 30 年的开路先锋，养活了几万人，造福于一方，而影响及于全国。终因开辟的路子太多，担负的事业过于伟大，而不能不抱着许多未完的志愿而死”。孙中山也曾对张謇之子张孝若说：“我是空忙。你父亲在南通取得了实际的成绩。”毛泽东则称赞：“中国的民族工业有四个人不能忘记……轻工业不能忘记张謇。”

张謇一生俭朴生活，创业也以失败告终，但在南通却完成了他人生的最大寄托——理想社会、强国兴邦之梦。

张謇的半生努力不仅奠定了南通的现代化基础，而且其创造的“南通模式”直接影响了朱葆三、卢作孚、范旭东、穆藕初、荣氏兄弟等人的“社会化”尝试。

张謇之后，买办实业家朱葆三在上海郊区购置了 1000 亩土地，计划建造一个类似南通的试验城。卢作孚也仿效张謇，在四川北碚建中学，盖工厂，还有医院、公园、科学院、图书馆、电影院、植物园等城市设施，倡导文明、健康新生活。到 20 世纪 30 年代，经过卢作孚的几年经营，北碚已经是当时四川境内最先进的地区，成为继南通之后的又一个“全国模范之地”。

与此同时，荣宗敬、荣德生兄弟俩则在家乡无锡的工厂里设立起“劳工自治区”。自治区内建有男女职工宿舍和家属宿舍，办有食堂、储蓄所、合作社、医院、工人夜校、子弟学校、图书馆、电影场，乃至公墓、功德祠，可谓齐备。工人从生活、教育、文化娱乐、劳动保险到生老病死都能得到一定程度的保障，宛若一个一应俱全的独立“公社”。后来，为处理自治区内纠纷事宜，甚至还设立了一个工人自治法庭。他们希望在这里寻找到“厂方利益即各工友利益”的劳资和谐环境——那定然是荣氏兄弟在实业之外的另一个“梦想”。

陈嘉庚的梦想在福建集美，霍英东的梦想在广东南沙……

“天都城就是广厦，广厦就是天都城。”楼忠福的梦想在天都城。4A级公园，五星级酒店，香榭丽舍大街，埃菲尔铁塔，枫丹白露建筑，法兰西风情，卫星镇，示范城……10年来，这座规划容纳10万人口的“国际生活示范城”确实耗费了楼忠福大量的资金与精力——他寄望在这里创造一种超越现实的模式与理想。

建筑人的最大夙愿在建筑精品。25年来，广厦已经捧回26尊鲁班奖“小金人”，那是广厦人的最爱与骄傲。楼忠福希望在天都城留下更多的传世建筑精品，让“凝固的音乐”在这里流淌永恒的生命旋律。

“仅有文化氛围还不够，要把生命意识融入建筑。”楼忠福对天都城的每一个设计、每一幢建筑都极为挑剔。建造天都城酒店之前，他亲自带着设计师赴巴黎等地考察，后来又提出了“城市设计”概念，委托专业机构将天都城从城市空间到文化特色、从城市色彩到景观小品进行全方位、高品位的规划设计。而对早期少量建筑存在的设计与质量缺陷，让他至今心痛。“广厦是做建筑的，建筑人做自己的房产，没有理由不做出质量最好的精品来。”他承诺，“天都城的建筑质量广厦要负责到底，负责一辈子。”

天都城山峦葱郁，溪流缠绕，生态环境甚优。“好的资源一定要做出最好的作品”，楼忠福说，“天都城的品位还不够，要再调整，再定位，再提升”。就在不久前，他还推翻了已经开工的爱丽山庄别墅群整体设计，要求全面提升品质、品牌和品位。

“天都城是坐标，社会已经将天都城与广厦品牌连在一起，与广厦股票连在一起，与我楼忠福的形象、水平连在一起了。我们是在赚钱做事业。天都城应该成为广厦重中之重的品牌。”为此，他在2009年8月再次委派次子楼江跃担当第一责任人，让广厦房产集团总部直接负责天都城的设计、营销与技术施工管理。“人不够加人，人不好换人。总之，为了广厦的事业，必须把天都城做好。”

“到一地，住一地，撑一地市面。”建筑人沐风沥雨，四处“藏匿”，一辈子无中生有，有而复无，平地起高楼，盖好高楼再到另一地“藏匿”，继续着沐风沥雨。于是，那尊金灿灿的“鲁班奖”就成为建筑人最大的欣慰。如今，楼忠福寄望在天都城留下一个比“小金人”更珍贵的奖项——百年建筑，传世精品。颁奖人应该是居住在天都城的居民，以及他们的后人。

除了建筑精品，楼忠福在天都城的另一个寄望便是让更多的农民早日过上与城市人相同的现代文明生活。

10年前，他提前嗅到了城市化发展的商机。那时，改革开放已经使中国的经济和社会结构发生了巨大变化，但仍然有将近七成的人口生活在农村，城市化水平不仅落后于世界平均水平，也比国内工业化进程滞后了20个百分点。国家规划提出，到2010年，中国城市化率要达到45%，全国城市人口达到6.3亿左右，这意味着今后每年会有几千万人进入城市。

农村需要城镇化，而城市必然对蜂拥而至的人口扩张不堪重负。楼忠福想到，在城市郊区建一座城，让那里的农民提前享受城市文明生活，也可以让其他途径进城的农民在城市郊区住上高品质而价格实惠的房子。同时，帮助政府加快实现城市经营市场化，而企业也可以在市场化经营中实现长远目标的赢利。这是他当年毅然决定投资杭州大都城，率先尝试“企业经营城市”战略的初衷。为此，他向政府承诺：先做环境后开发，先做好旅游再做好房产。

可是，中国的城市化步伐并没有楼忠福预期的那么快，但有两点楼忠福始终坚持：

一是天都城的规划不能变，品质不能降。

二是对失地农民的补偿安置不打折扣，企业再困难也要保证农民利益不受损害。

“发展小城镇本来就是为了农民利益，但如果城镇化建设中不得不占用一些农地的矛盾解决不好，让农民失地又失业，就违背了城镇化的本来意义。”这样的理念广厦已经坚持了10年，新华社、《人民日报》并就广厦为拆迁农民提供“创业钱、保险带、就业路、安居房”的经验有过专文介绍。

据介绍，天都城项目至今已征地4000多亩，安置拆迁户1000多户，迁坟1000多座，未发生过一起与村民之间的冲突纠纷，更没有征地拆迁农户的上访事件。同时期东阳紫荆山庄的征地过程中，楼忠福亲自安排咖啡馆，与 40 多位利益相关的农民一个个地交谈沟通。谈完了，每人一个红包。600 亩土地的征用也没有发生一起矛盾纠纷。

楼忠福说："要依法拆迁，最大可能地满足农民的利益要求，让农民在城镇化发展中不仅不会受到利益损害，而且还能够维护和发展利益。"于是，除了严格按照国家政策给足农民补偿，保证他们赖以生存和发展的"创业钱"，为失地农民全部办理养老保险，帮助他们系上"保险带"，广厦还优先为拆迁农民及其子女提供就业岗位，开辟"就业路"，让他们拥有相对稳定的经济收入，同时，为拆迁农民就近建造"安居房"，让他们融入天都城优美的生活环境。

高品质，低价位。天都城最早推出的每平方米低于 2500 元的实惠价格确实为许多买不起市区高价房的消费者提供了诱人的选择。虽然，这里的房价已被之后疯狂的杭州楼市几度推高，但逐渐配套的交通、环境和仍然低于同类地段的价格，让这座不断扩大的新城几度房源脱销。

天都城里还洋溢着来自法兰西文化的一种浪漫，那是中国人生活中最为稀缺的奢侈享受。楼忠福冀望通过天都城为国人严谨、自律的生活方式增添一些来自异域风情的轻松和国际现代的新潮享受，包括天都城内及其周边生活的农民。

现代与时尚并非都市的专利，浪漫与奢华也不应该只是法国人独享的生活方式。楼忠福想让天都城告诉所有的农民。

这里应该有最漂亮的建筑，最美的环境，最好的生态，也有地铁，有方便的交通和配套的城市生活设施。在这里，自然与建筑、居住与旅游、创业与生活、城市市民与郊区农民、中产阶层与普通百姓都能够以最少的隔阂和最大的相容和谐相处，共享现代文明生活。"天都城里除了价格实惠的公寓楼，还会有高档的坡地排屋、别墅，让普通百姓与高端人群和睦相处。"这是楼忠福的愿望。天都城酒店总经理许志荣则介绍：酒店正在计划建造高尔夫练球场，兴建庞大的地下酒窖，引进地道的法国红酒，让天都城居民在家门口就能品尝正宗的法国风味餐饮。

这里有浪漫的法兰西情调，也有中国传统文化；有现代化的设施，也有时尚的商业。在这里，中西文化交融，传统与现代承接，商业与文化接轨，居住者能够在文化中享受生活，在生活中品味文化。楼忠福称：天鹅湖畔休闲的垂钓只是天都城居民享受生活的一个细节；每年数千对的青年男女选择天都城作为婚纱拍摄外景，也只是人们钟情浪漫的一种开始。天鹅湖里很快会邀请到美丽的天鹅在此安家，文化产业也将引入天都，香榭丽舍大街将成为一条时尚潮流的特色商业街，还有美酒、鲜花、咖啡馆……天都公园以及生活小区中的文化氛围和浪漫细节将会越做越好。“浪漫，是天都城的生活。”楼忠福笑着说，“中国浪漫之都在杭州，杭州浪漫之地在天都。”

这里不仅休闲，而且温馨，充满关爱；这里连接都市与乡村，还有广泛的国际交流；这里不纯粹是一个居住的空间，而是一座高品质的国际生活示范城。甚至，它的“示范”意义不仅仅局限在杭州，楼忠福希望“天都城模式”能够助推全国的城镇化进程，让全国更多的农民能够早日享受天都城居民同样的品质生活……

楼忠福的理想是在杭州建造一座百年示范城，让中国农民早日与城市居民一起平等地生活在富足、文明的理想天堂。在这个中式天堂里，还应该有一些异域的浪漫风情。

“安得广厦千万间，大庇天下寒士俱欢颜。”楼忠福很想用“农民”两字替换杜甫诗句里的“寒士”。来自农村的楼忠福对农村与农民始终有着一种割舍不断的情结。当年被全国推广的广厦农民工管理“四好”经验，就已经融入了他对农民权益、人格的所有尊重。

当然，绝对不可替换的是“广厦”，还有与广厦融为一体的“楼忠福”三个字。

“我姓‘楼’，一辈子做建筑，盖楼为业；‘忠’在中间，义在心里，这是我的秉性，想改也改不了；‘福’在最后，人家说我一辈子有福气，我却更愿意施福于人，造福于民，这是我的最终理想。”楼忠福对自己的名字这样解释。

这样的名字，如何能够替换？

后 记

敲打键盘开始本书创作之前，我们发现自己已经站在了无数思想巨人的肩膀上，并常常在俯视中生发一种深深的感动：为变幻莫测的历史变迁，为飞逝的时间空间和永远抓不住时空衣襟的人群，也为芸芸众生中当代实业思想家们坚强不屈的身影。

人物与案例都是现存的，寻找故事中的思想却需要走进人物迷宫般的内心世界。有时，为了细察人物的思想轨迹，我们不得不将他们放在时代的手术台上解剖；更多的时候，为了保持理性，我们则只能站在远处凝视已经被剖析的人物……这时候，便感觉到一种残忍与酸痛，仿佛被解剖的是自己，又怕剖析之后仍然找不到我们想要寻找的东西。于是，便想离开。一回头，却常常被他们的思想光束刺痛眼球。于是，又有一种拥抱人物的冲动。

感谢楼忠福先生，让我们能够在他丰富的思想领域里自由出入；感谢广厦，为剖析楼忠福思想提供了充分的案例资料；同时也感谢数千年来为人类贡献了杰出智慧的思想家们，让我们能够站在他们高耸的肩膀上俯视历史与时代；感谢所有在实业活动中创造了思想的实业家群体，让我们拥有了那么多的典型案例与生动故事来诠释他们的思想过程与思想结晶。

感谢中国民营经济研究会会长保育钧先生，是他对中国民营经济一以贯之的“鼓与呼”，增进了我们对实业思想家群体“思与辨”的激情；而他在为本书所作序言中的“思与辨”，无疑又将激励更多人对这个群体继续“鼓与呼”的勇气。

感谢香港商报首席记者龙镇洋先生，他为本书提供了许多有价值的创作素材；感谢许许多多我们无法一一罗列的中外理论家、作家、记者和专家学者们，他们的观点和史料案例，丰富了本书的创作；还要感谢香港亚太投资杂志社的 Apple 先生以及目前分别就读于浙江大学和宁波大学的柴燃恒小姐、宋歌骐骥先生，他们富有成效地参与了本书繁重的资料检索工作。

最后，感谢读者。你们对本书的关注就是对中国当代实业思想家群体的关注。虽然，相对于你我，这俨然已是一个强势的群体，而在时代与体制的荒野上，他们仍然是石缝间羸弱的草木。“思想”是他们的身份证，而“弱者”是他们藏在胸口的另一张名片。因此，读者才会发现我们在介绍描述这个群体时偶尔的辞藻华丽和感性评议。那不是一种献媚，而是一份尊重与崇敬。改革开放年代，一切都可以大张旗鼓地破与立，而真正高举旗帜冲锋陷阵者，也只寥寥，他们却在思想的河流里游弋得潇洒，创造了奇迹；30 年间，中国的太阳每天都是新的，崭新的不只是我们的社会与生活，更有难能可贵的思想与观念。我们歌颂思想。

此外，书中还引用了部分媒体的新闻报道，敬请联系未及的版权所有者能在看到图书后与我们联络，谢谢。

作　者

责任编辑:贺　畅

图书在版编目(CIP)数据

智者天行/宋荣汉　周建顺著. —北京:人民出版社,2011.1
ISBN 978-7-01-009437-3

Ⅰ.①智…　Ⅱ.①宋…②周…　Ⅲ.①楼忠福-生平事迹
Ⅳ.①K825.38

中国版本图书馆 CIP 数据核字(2010)第 221271 号

智者天行

ZHIZHE TIANXING

宋荣汉　周建顺　著

人民出版社 出版发行
(100706　北京朝阳门内大街 166 号)

北京新魏印刷厂印刷　　新华书店经销

2011 年 1 月第 1 版　2011 年 1 月北京第 1 次印刷
开本:700 毫米×1000 毫米　1/16　印张:16.25
字数:300 千字

ISBN 978-7-01-009437-3　　定价:40.00 元

邮购地址:100706　北京朝阳门内大街 166 号
人民东方图书销售中心　电话(010)65250042　65289539